Schülerbuch

GERMAN LANGUAGE SCHOOL
DEUTSCHE SPRACHSCHULE
CLEARBROOK, B.C.

Wer? Wie? Was? Mega 3
Schülerbuch

Autoren
Max Moritz Medo, Rainer E. Wicke, Jürgen Weigmann, Thomas Vieth
Illustration
Marlene Pohle
Redaktion
Alida Kresz-Bonmann
Mitarbeit
Kerstin Diedrich
Sanja Köster
Wiebke Schmidt
Tiziana Stillo
Umschlaggestaltung
Yong-Ki Lee

Herzlichen Dank an alle Personen und Institutionen, die uns Fotos und Texte für dieses Buch zur Verfügung gestellt haben. Für ihre große Unterstützung im Lektorat danken wir besonders Volker Allendorf und Melanie Jurewicz. Außerdem danken wir Peter Blöcker, Ellen Bornowsky, Rainer Domisch, Elke Hughes, Jürgen Langer und Karl Suess für ihre wertvollen fachlichen Ratschläge!

Satz
Weiß GmbH & Co. KG, Oldenburg
Druck
Druckzone GmbH & Co. KG, Cottbus

9 8 7 6 5 4 3 2 1
11 10 09 08 07 06 05
1. Auflage 2005

ISBN-13: 978-3-86035-**130**-7
ISBN-10: 3-86035-**130**-3

Symbole in MEGA 3

Höre gut zu!

Schreibe in dein Heft!

Partnerarbeit

Gruppenarbeit

Copyright © 2005 by
VUB Printmedia GmbH, Gilde Verlag, Rubensstraße 1-3, D-50676 Köln, www.gilde-verlag.de

Das Werk und seine Teile sind urheberrechtlich geschützt. Kopie, Nachdruck, Vervielfältigung oder Verwertung, auf jede Art und Weise, sind verboten und ohne schriftliche Genehmigung des Verlages nicht gestattet. Weder das Werk noch seine Teile dürfen ohne eine solche Einwilligung digitalisiert, überspielt, gespeichert oder in ein Netzwerk eingespielt werden. Dies gilt auch für Intranets von Firmen, Schulen und sonstigen Bildungseinrichtungen.

Inhalt

1 Das Schönste an den Ferien

Themen
- Ferienerlebnisse
- Ferienangebote
- Nachrichten aus dem Urlaub

Texte
- Bericht
- Gedicht
- Brief
- Interview
- Zeitungsanzeige
- Postkarte
- Lied

Das lernen wir
- Ferienerlebnisse lesen, hören, nacherzählen
- über Vergangenes berichten
- Informationen telefonisch einholen
- Zeitungsanzeige und Postkarte schreiben

Strukturen
- Perfekt und Präteritum
- Ländernamen
- Orts- und Zeitangaben

Seite 8

2 Abschreiben verboten!

Themen
- Schule gestern und heute
- Lehrer
- Probleme, Kummerkasten
- Ungewöhnliche Schulen

Texte
- Brief
- Gedicht
- Comic
- Zeitungsartikel
- Interview

Das lernen wir
- Schule gestern und heute vergleichen, von der eigenen Schule erzählen
- Personen beschreiben
- Briefe schreiben
- Ratschläge formulieren
- Comics erstellen

Strukturen
- Personalpronomen im Dativ
- Adjektivdeklination im Dativ
- Partikel
- Wortbildung mit *un-, -los, -voll*

Seite 14

3 Und was ist dein Hobby?

Themen
- Kinder und Freizeit
- Logikus – das Ratespiel
- Hobbys
- Was machen wir heute?
- Musikfestival

Texte
- Bericht
- Statistik
- Dialog
- Eintrittskarte
- Plakat
- Zeitungsartikel

Das lernen wir
- über Freizeitaktivitäten und Hobbys berichten
- statistische Daten auswerten
- sich verabreden
- über eine Veranstaltung schreiben

Strukturen
- Genitiv mit dem bestimmten Artikel
- *seit, seitdem*
- Substantivierung von Verben mit *-en*
- Konjunktionen *damit, um ... zu*
- erweiterter Infinitiv
- Verben mit Dativobjekt

Seite 20

+PLUS
Aussprache: Lange und kurze Vokale
Kommunikation: Gruppenspiele; Drei-Punkt-Rede
Pfiffikus: Lernkartei

Seite 26

4 Guten Appetit!

Themen
- Andere Länder, anderes Essen
- Frühstückstisch
- Bestellungen
- Gesunde Ernährung

Texte
- Comic
- Dialog
- Speisekarte
- Interview
- Gedicht
- Sprichwort

Das lernen wir
- Essgewohnheiten vergleichen
- eine Bestellung am Telefon aufgeben
- Sprichwörter erklären
- Gedicht in Theaterstück umschreiben

Strukturen
- trennbare und nicht trennbare Verben im Perfekt
- *statt, anstatt*
- Substantivbildung mit: *-ung, -keit, -heit*

Seite 30

Inhalt

5 Meine Familie und ich

Themen
- Verwandtschaft
- Familienstreitigkeiten
- Regeln in der Familie
- Jugendschutzgesetze
- Zwillinge

Texte
- Dialog
- Statistik
- Bericht
- Gedicht
- Comic
- Gesetzestext
- Fachtext
- Romanauszug

Das lernen wir
- von seiner Familie erzählen
- eine Geschichte schreiben
- Stellung nehmen
- über Regeln diskutieren
- Fachtexte lesen

Strukturen
- Genitiv mit Possessivpronomen
- Adjektivendungen mit Dativ und Genitiv
- *obwohl*
- reflexive Verben
- Verben mit Dativ- und Akkusativobjekt
- *man*-Sätze

Seite 36

6 Die eigenen vier Wände

Themen
- Wohnungen und Möbel
- Auf dem Flohmarkt
- Kinderzimmer
- Anders wohnen
- Auf der anderen Seite des Fensters

Texte
- Grundriss
- Dialog
- Rollenspielkarte
- Zeitungstext
- Witz
- Kurzgeschichte

Das lernen wir
- Wohnungen beschreiben
- Zimmerbeschreibungen hören und verstehen
- Dialoge nach Vorgaben entwerfen
- kleine Erzählung schreiben

Strukturen
- Sätze mit *wenn* und *wenn - dann*
- Präpositionen mit *da- / dar-*
- Verbpaare *stehen / stellen, legen / liegen*
- *wegen*

Seite 42

+PLUS

Aussprache: Mit Hindernissen sprechen
Pfiffikus: Brückenwörter suchen, Vokabeln lernen
Kommunikation: Gruppenspiele, Das ABC-Spiel

Seite 48

7 Von Malern, Metzgern und Modedesignern

Themen
- Berufe
- Schülerjobs
- Projekttage
- Fantasie- und Traumberufe

Texte
- Gedicht
- Anzeige
- Telefongespräch
- Projektbericht

Das lernen wir
- über Vor- und Nachteile sprechen
- Berufe beschreiben
- Jobanzeigen lesen
- sich telefonisch um einen Schülerjob bewerben
- über Traumberufe berichten

Strukturen
- Relativsatz (Nominativ, Akkusativ)
- *zwar ... aber, einerseits ... andererseits*
- *wo- / da-* + Präposition
- Fragesätze mit *ob*

Seite 52

8 Blick in die Zukunft

Themen
- Gute Vorsätze
- Horoskope
- Aberglaube
- Intelligente Geräte
- Zukunftsvorstellungen

Texte
- Horoskop
- Comic
- Kurzgeschichte
- Gebrauchsanweisung

Das lernen wir
- über gute Vorsätze sprechen und schreiben
- Horoskope lesen diskutieren
- Gebrauchsanweisungen lesen, hören und selbst schreiben
- Zukunftsvorstellungen schildern

Strukturen
- Futur I
- *um ... zu* mit Modalverben
- trennbare Verben
- *her- / hin-*

Seite 58

5 fünf

Inhalt

9 Unterwegs

Themen
- Die Geschichte der Fahrzeuge
- Große Erfinder
- Fahrt zur Schule
- Unterwegs

Texte
- Lebenslauf
- Biografie
- Zeitungsbericht
- Verkehrsmeldung
- Romanauszug

Das lernen wir
- Biografie und tabellarischen Lebenslauf vergleichen und schreiben
- Vor- und Nachteile von Verkehrsmitteln vergleichen
- über Verkehrsregeln sprechen
- Verkehrsmeldungen aus dem Radio verstehen

Strukturen
- Plusquamperfekt
- *nachdem, bevor*
- Jahreszahlen
- Relativsätze mit Präposition
- *während, als, wenn*
- Fragesätze *über wen/worüber*

Seite 64

+PLUS
Kommunikation: Pantomime, Dialoge schreiben
Pfiffikus: Lesestrategien
Aussprache: Wortakzent, Satzakzent

Seite 70

10 Kleider machen Leute

Themen
- Mode gestern und heute
- Im Geschäft
- Markenkleidung
- Ein neues Aussehen

Texte
- Gedicht
- Dialog
- Kurzgeschichte
- Interview
- Zeitungsartikel
- Märchen

Das lernen wir
- Personen detailliert beschreiben
- Kleider kaufen
- eine Diskussion führen
- einen Märchenabschnitt lesen, interpretieren und frei weitererzählen
- Theater spielen

Strukturen
- Reihenfolge der Personalpronomen im Satz
- Demonstrativpronomen im Nominativ, Akkusativ, Dativ
- Partizip Präsens

Seite 74

11 Jeder kann etwas tun

Themen
- Lebensräume
- Rettet die Seehunde!
- Demonstration
- Kinder und Natur

Texte
- Dialog
- Plakat
- Interview
- Lexikoneintrag
- Diagramm

Das lernen wir
- Fachtexte lesen, hören und darüber sprechen
- Lebensräume in Deutschland und im eigenen Land vergleichen
- Referat schreiben
- Daten aus Grafiken auswerten

Strukturen
- Substantive ohne Artikel
- *doch* in Antworten
- Passiv
- Infinitiv als Imperativ
- Imperativ
- Adverbien mit Akkusativ

Seite 80

12 Einschalten und abschalten

Themen
- Fernsehprogramm
- *Wetten, dass … ?*
- *Wissen macht Ah!*
- *Schloss Einstein*

Texte
- Fernsehprogramm
- Referat
- Experiment
- Drehbuch

Das lernen wir
- Fernsehprogramm lesen und vergleichen
- über Sendungen sprechen
- Sendeformate kennen lernen
- Experiment beschreiben
- Drehbuch lesen, Dialoge schreiben
- Referat schreiben

Strukturen
- indefinite Pronomen
- *um … zu, anstatt … zu, ohne … zu*
- *sowohl … als auch, weder … noch*

Seite 88

6 sechs

Inhalt

+PLUS
- Kommunikation: Gruppenspiele
- Aussprache: Vokale vor -ß und -ss; Buchstabenspiele
- Pfiffikus: Informationen in Texten suchen

Seite 96

13 Wünsch dir 'was!

Themen
- Was ist Glück?
- Was wäre, wenn ...?
- Wünsche
- Shell-Jugendstudie
- Erfolgreiche Jugendliche

Texte
- Wörterbucheintrag
- Gedicht
- Statistik
- Internetseite
- Zeitungsartikel

Das lernen wir
- Bitten, Vorschläge und Ratschläge formulieren
- Web-Artikel zu Ende schreiben
- statistische Daten auswerten
- Informationen einholen, informieren

Strukturen
- Konjunktiv II
- Präpositionen mit Dativ

Seite 100

14 Einmal München und zurück

Themen
- Bloß keine Großstadt!
- Die Reisevorbereitungen
- Fahrt und Unterkunft
- Unsere Klassenfahrt – ein Tagebuch

Texte
- Prospekt
- Veranstaltungskalender
- Fahrplan
- Hotelbroschüre
- Stadtplan
- Tagebuch

Das lernen wir
- Entscheidungen treffen und die Wahl begründen
- ein Programm mithilfe von Veranstaltungsprospekten zusammenstellen
- Fahrkarten kaufen
- Zimmer telefonisch reservieren

Strukturen
- Ordinalzahlen und Datumsangaben
- echte und unechte reflexive Verben
- Präpositionen mit Genitiv
- Abtönungspartikel *überhaupt, ganz, ja*

Seite 108

15 Leseratten aufgepasst!

Themen
- Schulbibliothek
- Buchempfehlungen
- *Uwe schwänzt die Schule*
- *Der verlorene Blick*
- Bücher und Autoren

Texte
- Dialog
- Klappentext
- Kurzgeschichte
- Buchbesprechung
- Romanauszug
- Comic

Das lernen wir
- Buchempfehlungen hören, lesen und schreiben
- Inhaltsangabe schreiben
- Klappentexte schreiben
- literarische Texte lesen und fortsetzen
- Gefühle und Verhalten beschreiben
- fragen und informieren

Strukturen
- Abtönungspartikel *denn, doch*
- *je ..., desto ...*
- Konjunktiv II - Vergangenheitsform

Seite 116

+PLUS
- Aussprache: Zungenbrecher
- Pfiffikus: Paraphrasieren
- Kommunikation: *Das Mega 3-Spiel*

Seite 124

Grammatikanhang
zum Nachschlagen und Wiederholen

Seite 128

Quellenverzeichnis
der Texte und Bilder

Seite 158

1 Das Schönste an den Ferien …

A

1 Welcher Text passt zu welchem Foto? Ordne die Bilder den Texten zu.

In den Ferien habe ich mit meinem Vater eine Radtour gemacht. Wir sind zehn Tage lang durch Holland gefahren und haben gezeltet. Am zweiten Tag hat es plötzlich ein Gewitter gegeben. Zum Glück haben wir gleich einen Zeltplatz gefunden und konnten uns unterstellen. Wir haben schnell unser Zelt aufgebaut. Dann haben wir kalte Würstchen gegessen und mein Vater hat mir von früher erzählt. **(Tim)**

Wir, meine Eltern, mein Bruder und ich, haben drei Wochen lang Urlaub in Polen gemacht. Wir haben an einem See gewohnt. Wir haben mehrmals Ruderboote gemietet und sind damit am Ufer entlang gefahren. Das war toll, aber auch sehr anstrengend. Am nächsten Tag haben uns die Arme wehgetan und wir haben nur am Strand in der Sonne gelegen. Mein Bruder und ich haben auch geangelt und wir sind viel geschwommen. **(Jonas)**

Ich bin zu Hause in Köln geblieben, habe mich aber nie gelangweilt. In der ersten Woche habe ich auf dem Reiterhof reiten gelernt. Dann habe ich an einem Ferienkurs im Jugendzirkus Linonelli teilgenommen. Wir haben Jonglieren gelernt und Clown gespielt. Da habe ich auch eine neue Freundin gefunden. Leider waren die Ferien viel zu kurz! **(Lisa)**

Meine Ferien waren wunderbar. Zwei Wochen lang war ich mit einer Jugendgruppe auf einem Zeltplatz im Bayerischen Wald. Wir haben an einem See gezeltet und sind oft schwimmen gegangen. Jeden Tag haben wir etwas Schönes gemacht: Wir haben Theater gespielt, T-Shirts bemalt und eine Nachtwanderung gemacht. Abends haben wir meistens Lieder am Lagerfeuer gesungen. **(Jana)**

Ich bin auch zu Hause geblieben. Anfangs habe ich nicht gewusst, was ich machen soll. Dann habe ich mit meiner Mutter in die Zeitung geschaut und wir haben interessante Ferienprogramme gefunden. Ich habe zweimal die Sternwarte besucht. In den letzten zwei Wochen habe ich an einem Kletterkurs teilgenommen. Das war total aufregend und hat viel Spaß gemacht! **(Nina)**

Ich bin in England gewesen und habe einen Sprachkurs gemacht. Vier Wochen lang musste ich Englisch lernen, weil meine Noten in Englisch ziemlich schlecht waren. Es hat immer geregnet. Das waren nicht gerade tolle Ferien! Aber wir haben auch mehrere Ausflüge gemacht. Wir sind natürlich auch in London gewesen und genau an diesem Tag hat es ausnahmsweise einmal nicht geregnet. **(Daniel)**

2 Zu welchen Fotos findest du keinen Text? Wo sind diese Kinder gewesen?

3 Was denkst du, was haben sie erlebt? Erzähle. Diese Wörter helfen dir.

wetten, springen, Gardasee, in der Sonne liegen

sich langweilen, kennen lernen, Nordsee, am Strand

4 Höre, was wirklich passiert ist.

8 acht

Das Schönste an den Ferien ...

5 Lies die folgenden Aussagen. Höre noch einmal den Text an. Welche Aussagen sind richtig, welche sind falsch? Schreibe die falschen Sätze richtig in dein Heft.

a Johanna ist in den Bergen gewesen.
b Maria ist die Schwester von Johanna.
c Johanna und Maria haben sich Taucherbrillen geliehen.
d Im Wald haben sie eine Jugendgruppe kennen gelernt.
e Die Jugendgruppe hat Sand untersucht.
f Jakob war mit seiner Familie am Gardasee.
g Der Gardasee liegt in Deutschland.
h Seine große Schwester heißt Claudia.
i Jakob und seine Schwester verstehen sich gut.
j Die Schwester hat Jakob in den See gestoßen.
k Jakob hat die Wette verloren.
l Seine Schwester musste in den Ferien alleine spülen.

6 Suche in den Ferientexten auf Seite 8 Verben im Perfekt mit *haben* oder *sein*.
Erinnerst du dich an die Regel? Lege eine Tabelle in deinem Heft an.

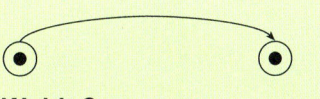

Perfekt mit haben	Perfekt mit sein
Tim hat ... gemacht	Er ist ... gefahren.
...	...

Diese Formen kannst du mit dem Perfekt mischen.

ich war
hatte
konnte
musste
durfte
wollte
sollte

7 Arbeitet zu zweit. Fragt euch gegenseitig, was ihr in den Ferien gemacht habt.

Wo warst du in den Ferien?
Mit wem warst du dort?
Wie war das Wetter?
Wen habt ihr kennen gelernt?
Was habt ihr gemacht?
Wie oft habt ihr das gemacht?
Wie lange seid ihr geblieben?
Wann seid ihr zurückgekommen?
Wohin möchtest du nächstes Jahr fahren?

GA 1.2

Wohin?	Wo?	Wann? Wie lange?
nach Ungarn / Chile / England	in Ungarn / Chile / England	zwei / drei ... Tage / Wochen (lang)
in die Schweiz / in die Türkei	in der Schweiz / in der Türkei	am ersten / zweiten / letzten ... Tag
nach Köln / Stockholm / Berlin	in Köln / Stockholm / Berlin	in der ersten / ... Woche
nach Hause	zu Hause	in den ersten / letzten ... Wochen
ans Meer	am Meer	morgens / mittags / abends
an die Nord- / Ostsee	an der Nord- / Ostsee	tagsüber / nachts
an einen See	am See	die ganze Zeit ...
in die Berge	in den Bergen	ab und zu ...
zu meinen Großeltern	bei meinen Großeltern	

GA 1.3, 4, 5, 6

8 Was findest du am schönsten an den Ferien?

„Das Schönste an den Ferien
sind hohe Wellen im Meer!" sagt Sabine.

„Das Schönste an den Ferien
ist Rollschuhfahren im Park!" sagt Otto.

„Das Schönste an den Ferien
ist Fernsehen den ganzen Tag!" sagt Renate.

„Das Schönste an den Ferien
sind Schafe auf dem Bauernhof!" sagt Astrid.

„Das Schönste an den Ferien
ist die Radtour mit meinem Opa!" sagt Bernhard.

„Das Schönste an den Ferien
ist der Rundflug über der Stadt!" sagt Tanja.

„Das Schönste an den Ferien
ist das Wandern von Berg zu Berg!" sagt Evelyne.

„Das Schönste an den Ferien
ist das lange, lange Frühstück!" sagt Robert.

„Das Schönste an den Ferien
ist das Lachen von Mama und Papa!" sagt Christine.

„Das Schönste an den Ferien
sind die Ferien!" sagt Hans.

von Ernst A. Ekker

9 Fertige eine kleine Collage zu deinen Ferien an.
Du kannst eigene Fotos, Ansichtskarten, Eintrittskarten usw. benutzen, aus Zeitschriften Fotos ausschneiden oder selbst zeichnen und schreiben. Dann erzähle zu deiner Collage.

1

Das Schönste an den Ferien ...

B

1 Marius hat seine Ferien an der Nordsee verbracht. Höre gut zu!

Labels on image: fotografiert · gesegelt · ertrunken · gekocht · gewesen · gesonnt · geblieben · gespielt · gegessen · gefahren · geritten

2 Höre noch einmal den Text. Schreibe die Verben am Bildrand auf Zettel.
Bringe die Zettel in die richtige Reihenfolge: Was passiert zuerst, was danach?

3 Erzähle nun von Marius' Ferien.

Das Schönste an den Ferien ...

1 Davids Ferien

Liebe Franziska,   Klagenfurt, den 14. August 2005

in diesem Jahr verbringe ich meine Ferien ganz anders als sonst: in einem Workcamp in Österreich. Hier sind viele junge Leute zwischen 16 und 25 Jahren und wir alle arbeiten freiwillig zwei bis sechs Wochen lang in einem sozialen Projekt oder in einem Umweltprojekt. Wir wohnen zusammen auf einem Zeltplatz und das Spannende ist, dass wir alle aus ganz verschiedenen Ländern kommen. Wir sprechen verschiedene Sprachen und verstehen uns trotzdem gut!

Ich habe mich für ein soziales Projekt entschieden. Zusammen mit Florent aus Frankreich und Bülent aus der Türkei arbeite ich in einem Kindergarten für behinderte Kinder. Das ist eine sehr schöne Arbeit! Wir malen mit den Kindern, spielen Theater und machen lange Spaziergänge. Gestern habe ich mit Florent ein Waschbecken repariert. Das war ein Spaß! Danach waren wir beide von oben bis unten nass!

Unser Camp liegt in der Nähe von Klagenfurt, einer schönen kleinen Stadt. Nach der Arbeit essen wir gemeinsam zu Abend und machen danach meistens noch etwas zusammen. Zum Beispiel einen Ausflug nach Klagenfurt oder in die schöne Umgebung.
Ich muss jetzt Schluss machen, weil ich Bülent und Maria aus Brasilien versprochen habe, dass wir im See schwimmen gehen. Hier ist es abends noch sehr warm!

Bülent spricht übrigens gut Deutsch, weil er in der Schule Deutsch gelernt hat. Maria arbeitet hier in einem Umweltprojekt im Nachbarort. Wir unterhalten uns auf Englisch, so wie es die meisten anderen auch tun.
Jetzt muss ich mich beeilen!
Viele liebe Grüße und bis bald,

dein David

2 Wovon erzählt David in seinem Brief?
Lege eine Tabelle in deinem Heft an.
Ergänze die Tabelle mit möglichst vielen Informationen.

Workcamp	Tagesablauf / Projekte	Personen
Jugendliche aus verschiedenen Ländern	zusammen arbeiten	Bülent, ...

3 Die Schülerzeitung möchte über Workcamps berichten.
Führe nach den Ferien ein Interview mit David!

4 Welche Aussage trifft zu? Höre gut zu und schreibe die Sätze richtig in dein Heft.

1 David hat a) durch einen Bericht im Radio b) durch eine Annonce in der Zeitung c) durch einen Zeitungsartikel vom Workcamp erfahren.
2 David ist a) allein mit dem Zug b) zusammen mit dem Teamleiter im Zug c) mit dem Reisebus nach Klagenfurt gefahren.
3 Jeden Tag ist er um a) 6:30 Uhr b) 7:00 Uhr c) 7:30 Uhr aufgestanden.
4 In der Küche haben a) die Jugendlichen b) österreichische Köche c) die Leiter des Workcamps gearbeitet.
5 Die Jugendlichen haben a) in einer Jugendherberge b) bei Gastfamilien c) in Zelten übernachtet.
6 David a) hat sich gut erholt b) hat wenig geschlafen c) hat keinen Spaß gehabt.
7 Am Abend hat David a) mit seinen Eltern telefoniert b) mit den anderen Jugendlichen Musik gehört oder Gitarre gespielt c) auch gearbeitet.
8 David a) möchte nie wieder an einem Workcamp teilnehmen b) nimmt im nächsten Jahr wieder an einem Projekt in Österreich teil c) nimmt im nächsten Jahr an einem Projekt in Frankreich teil.

5 Schreibe für die Schülerzeitung einen Bericht über Davids Erlebnisse im Workcamp.

6 Möchtest du auch einmal deine Ferien in einem Workcamp verbringen? Warum (nicht)?

1 Das Schönste an den Ferien …

D

1 Endlich Ferien – sechs Wochen keine Schule! Hier siehst du Angebote für Kölner Schüler. Welche Anzeige passt nicht?

Linonelli
Kinder- und Jugendzirkuswerkstatt
Mit Bällen jonglieren, auf einem Seil tanzen, Tücher aus Nasen zaubern, mit Musik, Licht und Bewegung eine Zauberwelt erschaffen …
Möchtest du das auch?
Der Jugendzirkus **Linonelli** öffnet in den Sommerferien sein Zelt für dich. Jeder kann mitmachen!
Montag bis Freitag 9 – 12 Uhr,
Preise und Informationen unter
Tel.: 0201 426 380

Rängeldängel-Rappelzappel
Musik mit Rhythmus – mit Trommeln, Dosen, Pfeifen und anderen ungewöhnlichen Mitteln.
Dienstags 16.00 – 17.30
Alter: ab 10 Jahren
Tel.: 0201 424 46 82

Suche **Mädchenfahrrad** in gutem Zustand.
Tel.: 0201 334 22 88

Reitkurse auf dem Henriettenhof. Vom 5. Juli bis zum 15. August finden Reitkurse für Anfänger und Fortgeschrittene statt. Außerdem lernt ihr hier alles, was ihr über Pferdepflege wissen müsst. Informationen und Anmeldung unter
Tel.: 0201 34 58 00

Die Kölner **Sternwarte** ist jeden Tag ab 19:30 Uhr geöffnet. Entdeckt die Sternbilder und die Krater auf dem Mond. Der Eintritt ist frei. Bei schlechtem Wetter bitte vorher anrufen.
Tel.: 0201 775 57 17

Schwindelfrei?
Kletterkurse in der Kölner Südstadt an zehn Meter hoher Wand! Anmeldung für Ferienkurse unter
Tel.: 0201 830 29 79

2 Welches Ferienangebot interessiert dich am meisten? Warum? Interessiert dich nichts davon? Warum nicht? Was möchtest du lieber machen?

3 Hört und lest den Text und spielt die Szene nach.

- Kletterhalle Alpino, mein Name ist Reichert, guten Tag!
- Guten Tag, mein Name ist Anna Pauli. Ich interessiere mich für die Kletterkurse. Können Sie mir sagen, wann sie stattfinden?
- Für Anfänger oder für Fortgeschrittene?
- Für Anfänger.
- Ja, es gibt da zwei Kurse, einen montags von 16 bis 18 Uhr und einen samstags von halb elf bis halb eins.
- Und wann beginnen die Kurse?
- In der ersten Ferienwoche, also am 28. Juni, beziehungsweise am 3. Juli.
- Was kostet der Kurs denn?
- Sechs Doppelstunden 80 Euro, für Schüler 50 Euro.
- Aha. Ja, ich möchte mich gerne anmelden. Für den Kurs montags.
- Wie ist denn dein Name, bitte?
- Anna Pauli.
- Gut, Anna, ich habe einen Platz für dich reserviert.
- Vielen Dank! Auf Wiederhören.
- Auf Wiederhören!

4 Schreibt zu zweit ein Telefongespräch zu einer anderen Zeitungsanzeige. Lest es vor.

5 Überlege mit deinem Partner, welche Ferienveranstaltung ihr den Kindern in deiner Stadt anbieten könnt. Schreibt zusammen eine Zeitungsanzeige.

Das Schönste an den Ferien ...

1 Svenja war in Österreich in den Bergen.
Ihren Eltern hat sie diese Postkarte geschrieben, ihrer Freundin Lina hat sie eine Kurznachricht von ihrem Handy gesendet. Findet ihr die Kurznachricht?

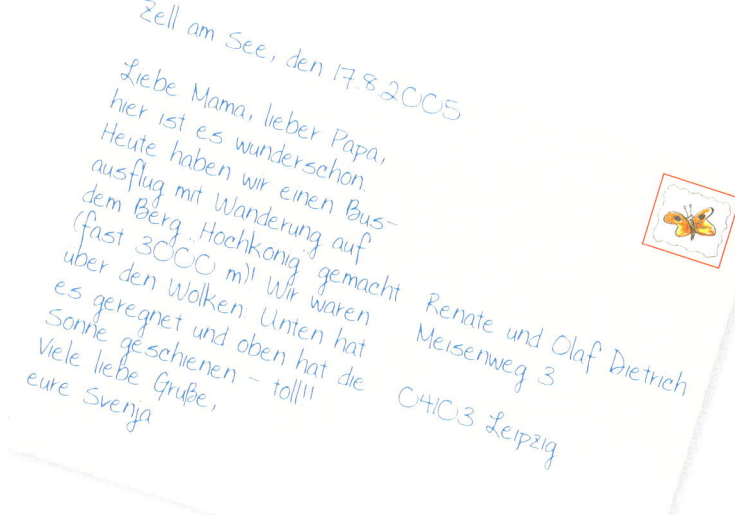

Zell am See, den 17.8.2005

Liebe Mama, lieber Papa,
hier ist es wunderschön.
Heute haben wir einen Bus-
ausflug mit Wanderung auf
dem Berg „Hochkönig" gemacht
(fast 3000 m)! Wir waren
über den Wolken. Unten hat
es geregnet und oben hat die
Sonne geschienen – toll!!
Viele liebe Grüße,
eure Svenja

Renate und Olaf Dietrich
Meisenweg 3
04103 Leipzig

---

viel sonne viel
sand super leute tolle
partys! meld mich wenn
ich wieder da bin

---

heute bergtour, unten
regen, oben sonne, tolle
aussicht. viele grüße!

---

radtour ist klasse
jeden tag 70 km
muskelkater wetter ok
bis freitag Gruß

Hallo, hier ist es
super, total heiß, immer
am Strand, surfen ist
klasse. Grüße!

---

gruß von der nordsee.
haben viel spaß beim
zelten, reiten, rad fahren.
meer leider zu kalt.
ziemlich windig. bis bald.

---

gut angekommen,
heute stadtrundfahrt im
regen, hotel gut, essen
lecker, liebe grüße!

---

2 Vergleiche die Kurznachricht mit dem Postkartentext. Welche Unterschiede findest du?

3 Aus welchen Urlaubsorten wurden die anderen Kurznachrichten gesendet?

Budapest   Mallorca   Bodensee   Türkei   Holland

4 Schreibe die Postkarten, die die anderen Kinder ihren Eltern aus diesen Urlaubsorten geschrieben haben.

5 Höre das Lied. Was erfährst du über den Sänger und seine Schwester? Erzähle.

6 Schreibe die Postkarte, die der Sänger bekommen hat.

> Meine Schwester schreibt mir
> eine Postkarte.
> Aus der Stadt, in der sie wohnt.
> Sie schreibt, sie hofft, dass es mir gut geht.
> Und dass sich das Musikmachen lohnt.
> Meine Schwester geht mit einer Freundin zu
> einer Party an einem Baggersee.
> Sie erzählt, sie hofft, dass es mir gut geht.
> Dass wir uns leider viel zu selten sehen.

2 Abschreiben verboten!

A

1 Schule gestern und heute

Also lautet der Beschluss, dass der Mensch 'was lernen muss.
(Wilhelm Busch)

Nicht für die Schule, für das Leben lernen wir.

Vor hundert Jahren sah es in der Schule ganz anders aus als heute. Oft saßen bis zu vierzig Kinder in einem Klassenraum. Ältere und jüngere Schüler lernten zusammen. Der Lehrer stand vor der Klasse hinter seinem Pult. Die Schüler saßen vor ihm in Zweierbänken, Mädchen und Jungen immer getrennt. Alle Schüler mussten Schuluniformen tragen.
Die Erziehung in der Schule war viel strenger als heute. Es war sehr wichtig, gehorsam, fleißig und sauber zu sein. Die Lehrer forderten Disziplin von den Schülern. Zum Beispiel mussten die Schüler immer ruhig sitzen: die Hände auf dem Tisch und die Füße auf dem Boden. Wenn sie etwas sagen wollten, mussten sie aufstehen. Bei Ungehorsam schlug sie der Lehrer manchmal mit dem Stock, oder der Schüler musste in der Ecke des Klassenzimmers stehen.
Da Hefte und Stifte sehr teuer waren, schrieben die Schüler mit Kreide auf schwarzen Schiefertafeln. Das war praktisch, denn man konnte die Tafel wieder sauber wischen und neu darauf schreiben. Die Schüler hatten nicht so viele Fächer wie heute. In der Grundschule lernten sie vor allem Rechnen, Schreiben und Lesen. Auf dem Gymnasium waren die wichtigsten Fremdsprachen Latein und Altgriechisch.

 2 Lege eine Tabelle in deinem Heft an und ordne die Aussagen von oben zu.
Überlege: Wie ist es heute an deiner Schule? Ergänze.

	Schule früher	Schule heute
a) Mädchen und Jungen		
b) Fächer		
c) Kleidung der Schüler		
d) Klassenraum		
e) Lehrer		
f) Unterrichtsmaterial		

3 Berichte über deine Tabellenergebnisse – denke dabei an das Präsens und an das Präteritum.

Früher gab es in der Schule ...
Heute gibt es in der Schule ...

Präsens	**Präteritum**
es gibt	es gab
sie haben, sie sind	sie hatten, sie waren
sie dürfen, können, müssen, wollen, sollen	sie durften, konnten, mussten, wollten, sollten

4 Wie ist das an eurer Schule? Erzählt.

GA 2.1

Abschreiben verboten!

1 Reto ist aus der Schweiz nach Deutschland gezogen. In der Schule ist alles neu für ihn.

Verena: Wie gefällt es dir in unserer Schule, Reto?
Reto: Ganz gut. Aber es ist hier ganz anders als bei uns in der Schweiz.
Verena: Wieso? Wie meinst du das?
Reto: Dort sind wir den ganzen Tag in der Schule – nicht nur vormittags wie hier. Außerdem fangen wir mit Französisch an und lernen erst später Englisch. Französisch war mein Lieblingsfach. Was ist dein Lieblingsfach?
Verena: Ich habe am liebsten Chemie. Der Chemielehrer ist auch mein Lieblingslehrer. „Einstein" ist sein Spitzname, eigentlich heißt er Herr Steiner. Aber er sieht ein bisschen aus wie Albert Einstein. Er ist sehr nett und kann den Stoff gut erklären. Er hat viel Geduld mit uns!
Reto: Heute habe ich auch mit einem sehr netten Lehrer gesprochen. Er hatte eine Brille, ziemlich große Segelohren, einen langen Schnurrbart und hat eine schreckliche Krawatte zu einem feinen Anzug getragen. Er hatte eine ganz freundliche Stimme. Weißt du, wer das ist?
Verena: Das ist Herr Heinrich, unser Englischlehrer. Er ist ziemlich nett! Du musst nur immer Englisch mit ihm sprechen – egal ob falsch oder richtig. Dann ist er zufrieden mit dir!

GA 2.2

2 Lies den Text und schau dir die Zeichnung an. Welcher Lehrer ist Herr Heinrich, welcher „Einstein"?

3 Verena macht Zeichnungen von einigen Lehrern. Kannst du die Lehrer beschreiben?

GA 2.3,4

Verena erzählt:
Die Sportlehrerin **hat** ein**en** groß**en** Mund.
Die Kunstlehrerin **trägt** ein grün**es** Kleid.
Der Geschichtslehrer **trägt** ein**e** kurz**e** Weste.

Die Frau **mit dem** groß**en** Mund ist die Sportlehrerin.
Die Frau **mit dem** grün**en** Kleid unterrichtet Kunst.
Der Mann **mit der** kurz**en** Weste unterrichtet Geschichte.

> dick / dünn, groß / klein, kurz / lang, rund / eckig, schön / hässlich, braun / blond / grau,
> schmal / breit, schick, gestreift / kariert / gepunktet, weit / eng, modern / altmodisch

4 Arbeite mit deinem Nachbarn. Schreibe fünf Fragen auf, dein Nachbar soll sie beantworten.

Wer ist die Frau mit ...?

der Bauch	der Kopf	das Gesicht	die Nase	der Mund	der Schnurrbart
der Vollbart	die Haare (Pl.)	die Frisur	das Ohr	das Auge	die Augenbraue
die Hand	der Fuß	die Kleidung	das Hemd	die Hose	die Krawatte
der Rock	der Schal	das Kleid	die Weste	der Schuh	der Stiefel

2 Abschreiben verboten!

C

1 Anja aus der Klasse 7b schreibt an ihre Brieffreundin Katharina.

Düsseldorf, den 13.02.2005

Liebe Katharina,

bitte entschuldige, dass ich dir so lange nicht geschrieben habe. Ich musste in letzter Zeit ziemlich viel für die Schule arbeiten.

Eigentlich hatte ich bisher keine Probleme in der Schule, aber Mathematik fiel mir im letzten Schuljahr wirklich sehr schwer. Wir hatten einen total strengen Mathelehrer, Herrn Werkmann. Er war oft schlecht gelaunt und wenn ich etwas nicht verstand, war er sofort ungeduldig und unfreundlich. Wenn ich an der Tafel Aufgaben lösen sollte, zitterte meine Hand vor Angst und ich konnte gar nicht mehr denken. Vor zwei Monaten sagte mir Herr Werkmann dann, dass ich wahrscheinlich eine Fünf im Zeugnis bekomme, weil die letzten Klassenarbeiten so schlecht waren.

Ich war total traurig und wusste gar nicht, was ich tun sollte. Ich habe dann mit unserem Klassenlehrer Herrn Langemann gesprochen. Er war ziemlich nett und verständnisvoll. Er gab mir die Telefonnummer von einem guten Schüler aus der zwölften Klasse, von Frank. Mit Frank lernte ich dann sechs Wochen lang Mathe – jeden Tag! Und ... ich habe es geschafft! Auf dem Zeugnis habe ich eine Vier bekommen und im nächsten Schuljahr haben wir eine neue Mathelehrerin! Zum Glück bleibt Herr Langemann unser Klassenlehrer. Wir haben Englisch bei ihm und der Unterricht bei ihm macht großen Spaß, weil er so humorvoll ist und immer so interessante Sachen mit uns macht.

Und wie geht es dir? Du hast doch eigentlich nie Probleme in der Schule, oder?

Übrigens: Dieses Jahr darf ich wieder am Schüleraustausch teilnehmen. Meine Eltern lassen mich mitfahren, weil ich so fleißig Mathe gelernt habe. Kann ich wieder bei euch wohnen?

Ich hoffe, wir sehen uns im Oktober!

Schreib mal wieder! Bis bald und liebe Grüße,

deine Anja

GA 2.5, 6

2 Wie sieht Anja ihren Englischlehrer, wie ihren Mathelehrer? Schreibe zu jedem Lehrer fünf Stichwörter auf und erzähle dann.

3 Welche Verbformen findest du im Text? Ordne zu. Ergänze die anderen Formen.

Präsens	Perfekt	Präteritum
	habe geschrieben	

4 Höre gut zu. Was erfährst du über diese Lehrer? Schreibe Stichwörter in dein Heft und berichte.

Frau Wienands ist ... / Herr Pesch ... / Frau Menden ...

GA 2.7

streng, (un)gerecht, humorvoll, humorlos, ernst, kann gut erklären, (un)geduldig, (un)sympathisch, (un)freundlich, gut / schlecht gelaunt, verständnisvoll, vergesslich, lustig, nett

5 Wie in jeder Klasse gibt es in der Klasse 7b auch manchmal Probleme:

GA 2.8

Die Schüler streiten sich, haben Schwierigkeiten im Unterricht oder mit den Lehrern. Aber die 7b hat eine tolle Idee gehabt: Sie hat einen Kummerkasten aufgestellt. Die Schüler können jetzt ihre Probleme auf kleine Zettel schreiben und sie in den Kummerkasten werfen.

Einmal im Monat lesen die Schüler zusammen mit ihrem Klassenlehrer die Kummerzettel und suchen nach Lösungen.

6 Überlegt zu zweit: Wie kann man die Probleme lösen? Berichtet.

Ich finde es nicht gut, dass uns die Jungen in der Pause nicht mitspielen lassen. Vera, Klara und ich wollen auch Fußball spielen, aber weil wir Mädchen sind, lassen uns die Jungen nicht mitspielen!

An manchen Tagen geben uns die Lehrer überhaupt keine Hausaufgaben auf und an anderen Tagen geben sie uns in jedem Fach so viele Hausaufgaben auf, dass ich den ganzen Nachmittag und auch noch am Abend lernen muss. Das ärgert mich!

16 sechzehn

Abschreiben verboten!

7 Was wünscht ihr euch für eure Schule? Schreibt zu zweit Briefe für den Kummerkasten mit drei Sätzen.

Ich finde es (nicht) gut, dass ...   Ich ärgere mich darüber, dass ...
Ich bin der Meinung, dass ...
Ich finde / denke / glaube, dass ...
Ich wünsche mir / ich möchte, dass ...

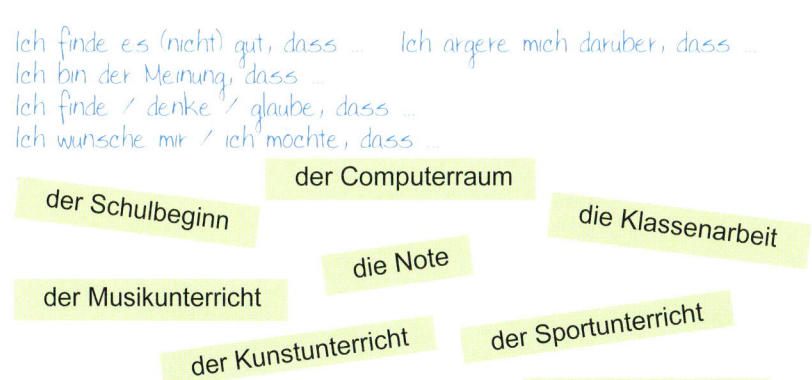

Noten, Noten, Noten

Hab´ ich eine Fünf gebaut,
schimpfen meine lieben Eltern
ziemlich lang und reichlich laut.

Schreib´ ich aber eine Zwei,
fragen die aus meiner Klasse,
ob ich wohl ein Streber sei.

Am besten, alle Noten
würden streng verboten.

von Paul Maar

8 Hausaufgaben: ja oder nein? Teilt euch in zwei Gruppen auf. Eine Gruppe ist für die Abschaffung von Hausaufgaben, die andere ist dagegen. Sucht mindestens fünf Gründe für eure Meinung. Jetzt diskutiert vor der Klasse. Aus jeder Gruppe kommen zwei Schüler nach vorne, ein fünfter ist der Moderator.

9 Ergänzt die Geschichte: Wer sagt was? Das letzte Bild fehlt: Wie geht die Geschichte aus? Arbeitet in Gruppen und spielt danach die Szene in der Klasse vor.

10 Zeichne selbst einen Comic mit Sprechblasen und kurzen Texten.

> **Denke daran:**
> • die Personen sprechen und denken
> • unter den Bildern können Angaben stehen: später / nach zwei Tagen / plötzlich ...
> • Comics haben Geräusche: bumm, krach, aua, iiiihhh, uuups, grrrr ...

11 Höre dir den Text an. Warum kommt Michael zu spät zum Unterricht?

siebzehn 17

2 Abschreiben verboten!

D

1 Stell dir vor, du hast Privatunterricht, ganz allein mit deinem Lehrer. Was gefällt dir? Was gefällt dir nicht?

2 Lies den Text. Welche von diesen Überschriften passen zu den einzelnen Absätzen?

- Ein Schüler auf einer kleinen Insel
- Allein mit dem Lehrer – das ist nicht so schlimm
- Der Schüler gegen den Lehrer
- Der Weg zur Schule
- Unterricht wie überall

Deutschlands kleinste Schule: Alles für einen

Abschreiben? Unmöglich. Und Ablenkung im Unterricht gibt es auch kaum.
Sven ist der einzige Schüler auf einer winzigen Insel.

1 Sven Glienke hat es nicht einfach. Egal, ob der Dreizehnjährige in der Nase bohrt oder die Hausaufgaben nicht gemacht hat, der Lehrer sieht alles! Als am Montag die Schule nach sechs Wochen
5 wieder anfing, saß Sven mit seinem Lehrer Henning Schlüter wieder alleine da. Denn auf der Insel Nordstrandischmoor gibt es nur achtzehn Bewohner und unter ihnen nur einen Schüler und einen Lehrer. Der Lehrer wohnt im Schulhaus: „Wenn ich unten die
10 Tür höre, stelle ich die Kaffeetasse beiseite." Dann ist sein Schüler schon da. Sven geht morgens um viertel vor acht aus dem Elternhaus und kommt meistens mit dem Fahrrad in die Schule. Wenn es windig ist, kommt er manchmal mit dem Traktor.
15 Im kleinen Schulhaus auf der Insel gibt es aber denselben Unterrichtsstoff wie in ganz Deutschland: So stehen am Montag, dem ersten Schultag, Englisch, Deutsch und Mathe auf dem Stundenplan. 28 Stunden in der Woche geht Sven zur Schule. Am liebsten un-
20 terrichtet Schlüter Geschichte, die Lieblingsfächer von Sven dagegen sind Mathe und Sport.
Beim Sportunterricht wird es manchmal schwierig. Fußball spielen die beiden immer gegeneinander. „Allein gegen den Lehrer zu gewinnen, ist natürlich

schwierig", findet der Junge, „aber das ist egal, Haupt- 25
sache Fußball." Sven ist ganz verrückt nach Fußball. Eine Lieblingsmannschaft hat er auch: Bayern München. Henning Schlüter ist schon lange Schalke 04-Fan. Aber die beiden mögen sich trotzdem. Das ganze Schuljahr allein mit dem Lehrer – 30
eigentlich ist das ein Schüler-Albtraum. Aber Sven nimmt es locker: „Ich finde das in Ordnung, kenne es gar nicht anders. Und ich kann hier viel lernen." Das klingt sehr vernünftig, aber eigentlich ist Sven genau wie die meisten anderen Dreizehnjährigen und 35
meint „dass ich hier keine Freunde habe, ist ziemlich schade!"

3 Schau dir jetzt nur die Überschriften (Aufgabe 2) an: Was kannst du über Sven erzählen?

4 Welche Sätze bedeuten das Gleiche?

Hauptsache …!   Er ist ruhig, er ärgert sich nicht.
Sven hat es nicht einfach.   Das Wichtigste ist …
Sven nimmt es locker.   Es ist schwierig für ihn.

5 Kannst du dieses mit anderen Worten sagen? Das Wörterbuch kann dir helfen.

Das ist ein Schüler-Albtraum.
Am Montag stehen Deutsch und Mathe auf dem Stundenplan.
Sven ist ganz verrückt nach Fußball.

Abschreiben verboten!

1 Lernen unterwegs – eine Schule für Zirkuskinder

1 Zirkuskinder leben in einem Zirkus. Ihr Vater ist vielleicht Zauberer und ihre Mutter Seiltänzerin oder die Mutter arbeitet mit Schlangen und der Vater mit Tigern. Die Kinder helfen mit und manche treten auch schon im Zirkus auf. Da sie Kinder sind, müssen sie aber auch zur Schule gehen. Das ist schwierig, denn die Kinder reisen mit dem Zirkus von Stadt zu Stadt. Früher besuchten manche Zirkuskinder bis zu 30 verschiedene Schulen in
5 jedem Jahr. Klar, dass viele Zirkuskinder große Probleme in der Schule hatten.

Seit 1994 gibt es eine bessere Lösung: An zwei Tagen in der Woche gehen jetzt Lehrerinnen und Lehrer zum Zirkus und unterrichten die Kinder direkt auf dem Zirkusplatz. An den anderen Tagen
10 lernen die Kinder aus Büchern und schreiben ihren Lehrern E-Mails, wenn sie Fragen haben.

In jeder Zirkusschule unterrichtet immer nur ein Lehrer, darum lernen alle Kinder zusammen – egal wie alt sie sind. Natürlich lernt jedes Kind aus an-
15 deren Büchern, je nachdem, wie alt es ist. Für die Zirkuskinder ist der Schulalltag nun viel einfacher geworden. Sie müssen nicht mehr jede Woche eine andere Schule besuchen, nicht jede Woche andere Lehrer und Klassenkameraden kennen
20 lernen und aus anderen Schulbüchern lernen. Sie haben nun eine feste Lehrerin und einen eigenen Lehrplan.

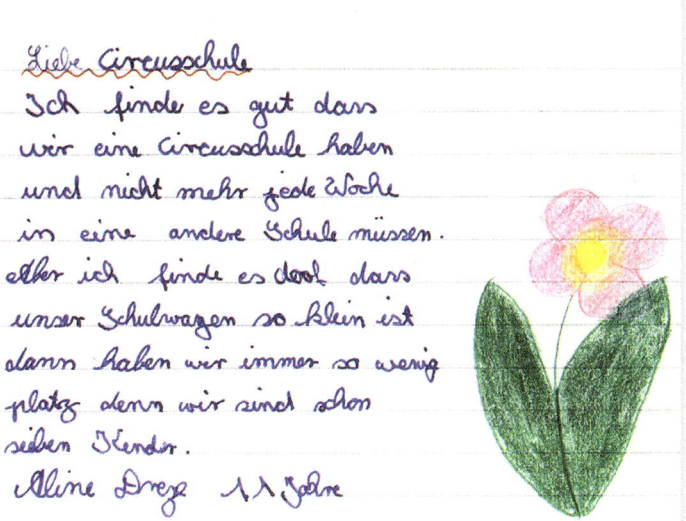

2 Wie lernten Zirkuskinder früher und wie lernen Sie heute? Lies den Text und mache dir Stichwörter. Berichte dann.

früher	heute
viele verschiedene Lehrer	immer dieselbe Lehrerin

3 Vergleiche die Zirkusschule mit Deutschlands kleinster Schule.
Welche Gemeinsamkeiten gibt es und welche Unterschiede?

4 Stell dir vor, du triffst Sven oder Aline. Du hast bestimmt viele Fragen, schreibe fünf davon auf.
Arbeitet zu zweit. Dein Partner spielt Sven oder Aline. Stelle ihm deine Fragen, er antwortet.
Spielt euren Dialog auch in der Klasse vor.

5 Höre dir das Interview mit einer Zirkuslehrerin an und beantworte diese Fragen:
Wo unterrichtet sie?   Wie sieht ihr Klassenraum aus?
Warum mag sie ihre Schule?   Wie viele Schüler lernen zusammen?

3 Und was ist dein Hobby?

A

1 Lies die Texte und ordne sie den Fotos zu.

Wenn **David** nicht gerade in der Schule ist, trifft er sich meistens mit seinen Freunden. Im Sommer gehen sie oft zusammen in den Park. Dort sind immer viele andere Jugendliche. Manche spielen Fußball, manche spielen Gitarre oder singen, manche liegen einfach nur in der Sonne und unterhalten sich. Der Sommer ist für David und seine Freunde die schönste Zeit des Jahres, weil man dann so viel im Freien unternehmen kann. Im Winter, wenn es kalt ist, bleiben sie oft zu Hause und sehen fern. Manchmal finden sie das aber langweilig. Ins Jugendcafé gehen sie nur ab und zu, weil das zu teuer ist. Zwei, drei Cola und schon ist ein großer Teil des Taschengeldes weg!

Marie macht in ihrer Freizeit am liebsten Musik. Vor einiger Zeit hat sie sogar eine Band gegründet. Der Name der Band ist „Schräge Töne". Sie ist die Sängerin, lernt aber jetzt auch Gitarre spielen. Sie singt auch in einem Chor, die Proben findet sie allerdings oft langweilig. In einem neuen Stück singt sie ein Solo, dafür muss sie viel üben. Wenn sie tagsüber keine Zeit hat, dann übt sie abends. Oft ist sie dann schon sehr müde, aber sie übt trotzdem, denn sie möchte eine gute Sängerin werden.

a

b

c

d

Teresas Familie hat einen großen Bauernhof. Es gibt immer viel zu tun, deswegen muss das Mädchen zu Hause oft mithelfen. Sie kümmert sich eigentlich gerne um die Tiere. Am Wochenende macht sie immer die Ställe der Kühe sauber. Das findet sie ziemlich anstrengend. Sie sammelt aber gerne morgens die Eier der Hühner ein. Von allen Tieren auf dem Bauernhof mag sie ihr Meerschweinchen Poldi am liebsten. Manchmal findet Teresa es schade, dass sie nur wenig Zeit für ihre Freunde hat, weil sie so viel helfen muss.

Henning bekommt nicht viel Taschengeld. Darum muss er zweimal in der Woche jobben. Er trägt Zeitungen aus. Das ist nicht sehr anstrengend und macht ihm sogar meistens Spaß. Außerdem bleibt ihm noch genug Zeit für seine Freunde. Nur wenn es regnet, ist sein Job ziemlich unangenehm. An solchen Tagen freut sich Henning immer auf die Badewanne. Er badet lange, liest dabei Comics und isst Schokolade.

2 Was machen die Kinder in ihrer Freizeit? Was macht ihnen Spaß und was nicht?
Schau dir die Tabelle an. Ordne die Beschäftigungen der Kinder zu.

3 Schreibe diese Tabelle in dein Heft und trage ein, was du in deiner Freizeit machst.

Das macht er/sie freiwillig und es macht ihm/ihr großen Spaß.	Das muss er/sie machen, macht es aber gerne.
Freunde treffen	
Das macht er/sie freiwillig. Es macht aber nicht sehr viel Spaß.	Das muss er/sie machen und macht es nicht gerne.

GA 3.1

Schräge Töne ist der Name **der** Band =
Schräge Töne ist der Name **von der** Band

Die Gitarre **des** Mädchen**s** =
Die Gitarre **von** Marie =
Marie**s** Gitarre

20 zwanzig

Und was ist dein Hobby?

3 B

1 Womit beschäftigen sich deutsche Jugendliche am liebsten in ihrer Freizeit?

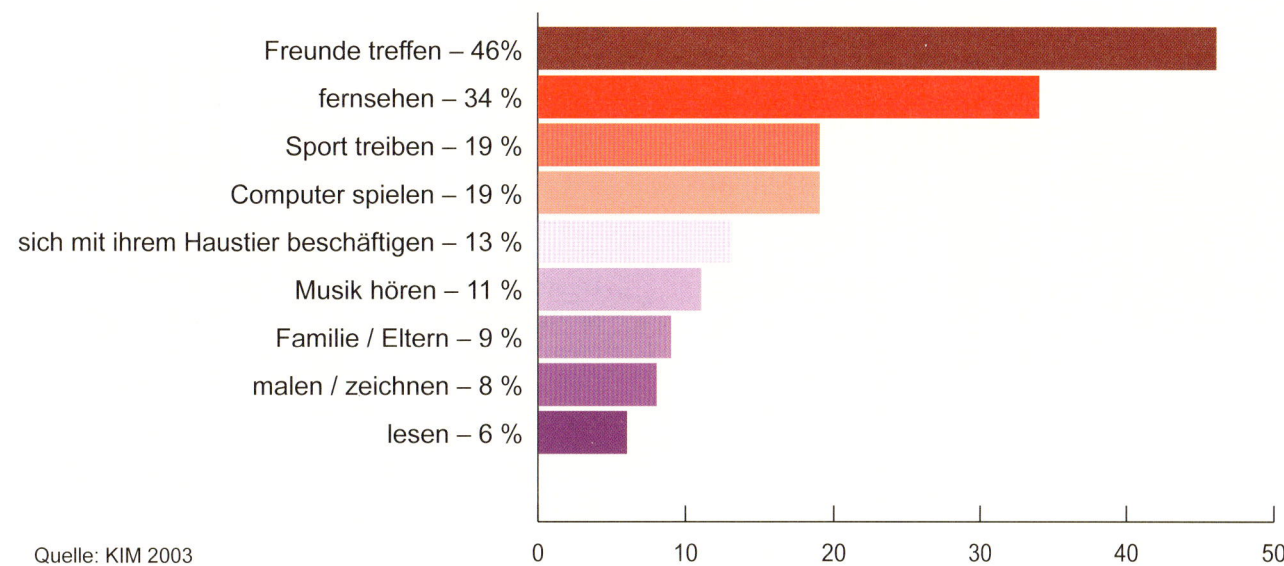

Quelle: KIM 2003

2 Was stimmt? Was stimmt nicht? Korrigiere die falschen Sätze.

a Am liebsten hören die Jugendlichen Musik.
b Sehr viele Jugendliche malen gern in ihrer Freizeit.
c Nur wenige Jugendliche treffen sich gern mit Freunden.
d Dreiundvierzig Prozent der Jugendlichen sehen am liebsten fern.
e Nur neun Prozent der Jugendlichen verbringen ihre Freizeit mit der Familie.
f Sie beschäftigen sich genauso gern mit Computerspielen wie mit Sport.
g Die meisten Jugendlichen beschäftigen sich lieber mit ihren Freunden als mit einem Haustier.
h Neunzig Prozent der Jugendlichen treiben in ihrer Freizeit Sport.
i Die wenigsten Jugendlichen lesen in ihrer Freizeit.

| viele | → | die meisten |
| wenige | → | die wenigsten |

GA 3.2

 3 Was macht ihr in eurer Freizeit am liebsten? Befrage deine Klasse und schreibe die Ergebnisse auf.
Vorschlag:
Lege zu jeder Frage ein Stabdiagramm an. Einmal „ja" = 1 Zentimeter.
Vergleicht das Diagramm im Buch mit der Umfrage in eurer Klasse. Gibt es viele Unterschiede?

4 Kindheit in Deutschland um 1950

Die Kinder in den 50-er Jahren des zwanzigsten Jahrhunderts spielten meistens draußen: auf der Straße, im Wald und in den Trümmerfeldern. Oft gab es „Banden" mit mehreren Kindern. Die älteren Kinder waren die Anführer und die jüngeren Kinder die Mitglieder.
Die Kinder spielten Murmeln, Seilhüpfen, Verstecken, Fangen oder Schule. Oft spielten Mädchen und Jungen getrennt. So spielten die Mädchen nicht Fußball oder „Cowboy und Indianer". Die Jungen spielten nicht mit Puppen.
Die wenigsten Kinder konnten sich damals Spielzeug kaufen. Die Kinder oder die Eltern der Kinder bastelten das Spielzeug selbst.

5 Lies den Text und vergleiche ihn mit den Freizeitaktivitäten der Kinder von heute.

Die Kinder in den 50-er Jahren spielten ___   *Die Lieblingsspiele der Kinder heute sind ___*
Früher spielten die Kinder mit ___   *Das Spielzeug der Kinder heute ___*

einundzwanzig 21

3 Und was ist dein Hobby?

C

1 Logikus – das Ratespiel. Lest den Text mit verteilten Rollen (Moderator, Lea, Klara, Lukas, David).

1 **Moderator**: Herzlich willkommen, liebe Zuschauer, zu unserer Sendung LOGIKUS, dem Ratespiel für Jugendliche. Heute ist Lea Aarberg bei uns zu Gast. Sie ist 14 Jahre alt und kommt
5 aus Kettenbach im Taunus. Herzlich willkommen.
Liebes Team, wir haben Lea eingeladen, weil sie ein ungewöhnliches Hobby hat. Ihr dürft zehn Fragen stellen, um Leas Hobby zu erraten.
10 Sie darf nur mit „ja" oder „nein" antworten. Auf geht's!
Lukas: Sammelst du etwas?
Lea: Nein.
David: Übst du dieses Hobby zu Hause aus?
15 **Lea**: Ja.
Klara: Bewegst du dich dabei viel?
Lea: Nein.
Lukas: Machst du etwas Kreatives, also etwas Künstlerisches?
20 **Lea**: Ja.
David: Brauchst du dazu Stifte und Papier und Farben?
Lea: Ja auch, aber nicht nur. Ich brauche auch andere
25 Sachen.
Moderator: Lea, bitte antworte dem Team nur mit „ja" oder „nein". Du brauchst also Stifte und Farben?
30 **Lea**: Ja, das stimmt.
Klara: Hm, lasst uns doch mal kurz nachdenken. Malst du vielleicht Bilder?
Lea: Nein, das ist es nicht.
35 **Lukas**: Natürlich nicht, sie hat doch gesagt, dass sie nicht nur Stifte und Papier verwendet. Brauchst du also auch andere Materialien?
40 **Lea**: Ja, richtig.
David: Stifte und Papier und vielleicht Stoff oder Wolle?
Lea: Ja.
Moderator: Ihr habt nur noch zwei Fragen.
Klara: Stoff, Papier, Stifte. Da denke ich an Mode. 45
Denkst du dir vielleicht Schnitte für Kleider aus und nähst sie dann auch?
Lea: Ja, genau! Ich schneidere fast alle meine Kleider selbst. Zuerst mache ich eine Zeichnung auf Papier, dann schneide ich den Stoff zurecht 50
und zum Schluss nähe ich.
David: Super geraten, Klara!
Moderator: Ich gratuliere dem Rateteam. Mit neun Fragen habt ihr Leas Hobby erraten. Vielen Dank auch dir, Lea. Schön, dass du da warst und
viel Spaß noch beim Nähen. 55
Lea: Vielen Dank.
Moderator: Auf Wiedersehen, liebe Lea, liebes Team. Auf Wiedersehen, liebe Zuschauer. Bis zur nächsten Woche und bis zu einer neuen Folge
von LOGIKUS. 60

2 Leas Hobby. In welcher Reihenfolge macht sie was?   GA 3.6

Dann schneidet sie den Stoff zurecht. Es sieht super schick aus. Dann kauft sie Stoff. Zuerst denkt sie sich einen schönen Schnitt aus. Später näht sie ihn mit der Nähmaschine. Dann zeichnet sie den Schnitt mit Seife auf den Stoff. Zum Schluss zieht sie ihr neues Kleid an.

3 Beschreibe andere Hobbys. In welcher Reihenfolge macht man was?

> Zuerst, dann, danach, später, zum Schluss…

4 Höre nun Ausschnitte aus weiteren Sendungen. Errätst du das Hobby?

5 Spielt Logikus in Gruppen. Wählt einen Moderator, einen Kandidaten und ein Rateteam.
Wichtig: Der Kandidat darf nur mit „ja" oder „nein" antworten.

Und was ist dein Hobby?

1 Welcher Text passt zu welchem Bild?

Sarah: Mein liebstes Hobby ist Tanzen. Ich bin Mitglied in einer Rock'n'Roll-Gruppe und wir treffen uns zweimal pro Woche, um zu trainieren. Manche Leute denken, dass Tanzen gar kein richtiger Sport ist, aber die sollen es einmal selbst ausprobieren! Mein Tanzpartner und ich nehmen auch an Wettkämpfen teil. Dann übe ich zusätzlich noch zu Hause, damit wir endlich einmal gewinnen. Besonders gut gefällt mir, dass wir viel unterwegs sind und immer wieder andere, nette Tanzpaare kennen lernen. Außerdem finde ich die Kleider toll, die wir extra für die Wettkämpfe bekommen!

Christian: Letztes Jahr gab es bei uns in der Nähe ein Schiffsunglück. Öl und Giftstoffe flossen ins Wasser und viele Fische starben. Seitdem engagiere ich mich für Greenpeace. Denn wir müssen etwas ändern, damit die Natur nicht ganz kaputt geht. Letzte Woche haben meine Freunde und ich darum am See Müll gesammelt. Dann haben wir die Müllsäcke in die Stadt gebracht und auf den Marktplatz gestellt. Die Leute haben ziemlich darüber gestaunt, wie viel wir gefunden haben.

Rafael: Seit zwei Jahren bin ich bei der Jugendfeuerwehr. Wir lernen dort, wie man ein Feuer löscht. Wir üben immer wieder, um schnell zu sein, wenn es in unserem Dorf wirklich einmal brennt. Wenn ein echtes Feuer gelöscht werden muss, machen Jugendliche natürlich nicht mit. Manchmal machen wir aber Wettkämpfe: Wer am schnellsten ist, gewinnt. Das ist immer sehr lustig. Wenn ich 18 Jahre alt bin, gehe ich auf jeden Fall in die „richtige" Feuerwehr.

Miriam: Ich bin verrückt nach Musik. Meine große Schwester ist schon seit fünf Jahren in einer Trommelgruppe. Als ich klein war, hat sie mich oft mitgenommen, damit ich zuhören konnte. Zu meinem 12. Geburtstag haben meine Eltern mir dann eine eigene Trommel geschenkt, damit ich endlich selbst mitmachen kann! Das Trommeln ist gar nicht so schwierig und macht sehr viel Spaß. Bei schönem Wetter treffen wir uns manchmal im Park, um dort zu spielen. Dann bleiben oft Leute stehen, um uns zuzuhören und manchmal beginnen sie sogar zu klatschen und zu tanzen.

2 Erzähle von deinem Hobby. Berichte, warum es ein schönes Hobby ist. Deine Klassenkameraden sollen Lust bekommen, auch einmal mitzumachen.

3 Suche in den Texten Sätze mit *damit* und mit *um zu*. Überlege: Wann benutzt du was?

> Ich trainiere, **um** fit **zu** bleiben!

> **Wir** treffen uns zweimal pro Woche. Ziel: **Wir** trainieren.
> **Wir** treffen uns zweimal pro Woche, **um zu** trainieren.
>
> **Ich** übe zusätzlich zu Hause. Ziel: **Wir** gewinnen.
> **Ich** übe zusätzlich zu Hause, **damit** wir endlich einmal gewinnen.

4 Warum macht Lea das? Bilde Sätze mit *um zu* und *damit*.

Sie ölt die Maschine.
Sie liest regelmäßig Modezeitschriften.
Sie kauft billige Stoffe.
Sie spart ihr Taschengeld.
Sie ändert alte Kleidung.

eine bessere Maschine kaufen
sie sieht modischer aus
die Kleider sind nicht teuer
sie geht nicht kaputt
neue Ideen bekommen

3 Und was ist dein Hobby?

E

1 Ordne die Eintrittskarten und Plakate folgenden Veranstaltungen zu:

Schwimmbad   Kino   Demonstration   Konzert   Straßenfest   Lesung   Fußballspiel

2 Wo möchtest du gerne hingehen? Was möchtest du dort machen?

3 Rafael und Miriam verabreden sich.
Zu welcher Veranstaltung gehen die Freunde? Warum? Wer kommt mit? Wann treffen sie sich?

> **Mutter**: Schmitt.
> **Rafael**: Hallo, hier ist Rafael Haberstock. Ist Miriam zu Hause?
> **Mutter**: Hallo Rafael! Ja, sie ist da. Einen Moment, bitte. Mi-ri-am, Te-le-fon!!
> **Miriam**: Ja, hallo?
> **Rafael**: Hallo Miri, hier ist Rafael. Ich wollte dich fragen, ob du Lust hast, heute Nachmittag mit Sarah und mir ins Kino zu gehen.
> **Miriam**: Ins Kino, bei dem schönen Wetter? Da möchte ich lieber etwas draußen machen.
> **Rafael**: Hm, eigentlich hast du Recht. Hast du eine Idee?
> **Miriam**: Ja, bei uns im Viertel ist Straßenfest und die Band meines Bruders spielt da auch. Lass uns doch da hingehen. Wie findest du das?
> **Rafael**: Ja, das ist eine tolle Idee. Ich muss zuerst Sarah fragen, aber sie ist bestimmt einverstanden.
> **Miriam**: Schön, dann kommt doch gegen halb vier bei mir vorbei. Dann gehen wir zusammen hin.
> **Rafael**: Okay. Wenn Sarah einverstanden ist, hole ich sie ab und wir sind um halb vier bei dir.
> **Miriam**: Gut, ich freue mich schon.
> **Rafael**: Ich mich auch. Bis dann.
> **Miriam**: Ja, bis dann, tschüss.
> **Rafael**: Tschüss.

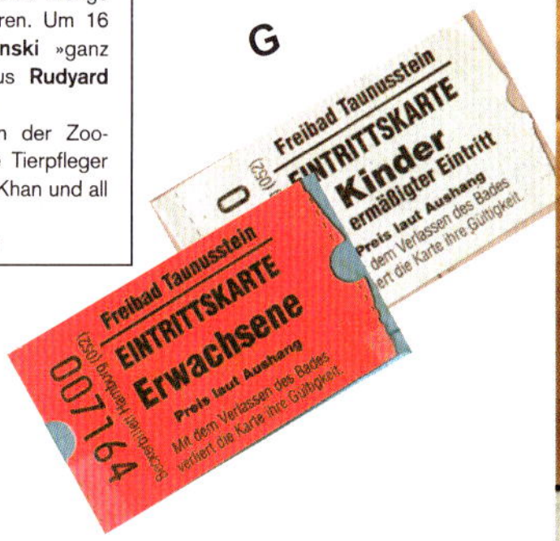

GA 3.7,8

4 Höre dir das Gespräch zwischen Christina und Arne an.
Wann treffen sie sich? Wer kommt mit? Wohin gehen sie?

5 Arbeitet zu zweit. Sucht euch eine Veranstaltung aus und schreibt selbst einen Dialog.

24 vierundzwanzig

Und was ist dein Hobby?

1 Die Popkomm – das größte Musikfest der Welt

Im Sommer 1992 feierten die Menschen in Köln ein großes Musikfest. Es war so erfolgreich, dass man beschloss, ein solches Fest jedes Jahr im Sommer zu veranstalten. Es bekam den Namen Popkomm. Seitdem kamen jährlich über zwei Millionen Besucher nach Köln und die Popkomm wurde zum größten Musikfest der Welt.

Seit 2004 findet die Popkomm in Berlin statt: mit noch mehr Bands, Bühnen und Besuchern.

Viele Konzerte sind umsonst und finden unter freiem Himmel statt. In der ganzen Innenstadt baut man Bühnen auf, damit die vielen Besucher genügend Platz finden. Bei den Konzerten herrscht eine tolle Stimmung: Tausende von Fans singen die bekannten Lieder mit und feiern gemeinsam den Sommer.

Auf der Popkomm treten über zweihundert internationale und nationale Bands und Sänger auf. Mehr als zweitausend Helfer sind nötig, um das Festgelände mit genügend Strom, Toilettencontainern und Wasserleitungen zu versorgen. Vier Notärzte und hundertdreißig Sanitäter stehen bereit, um im Notfall zu helfen.

2 Lies den Text und beantworte schriftlich die Fragen.

a Was ist die *Popkomm*?
b Wann findet sie statt?
c Wo finden die Konzerte statt?
d Wie viel kostet eine Eintrittskarte?
e Wie viele Menschen helfen während der Veranstaltung? Wie viele treten auf?
f In welcher Stadt fand die *Popkomm* zum ersten Mal statt?
g Wo feiert man sie heute? Seit wann?

3 Schreibe einen Text zu einer Veranstaltung in deiner Stadt.

4 Was erzählen die Bilder? Finde passende Überschriften.

5 Höre jetzt gut zu und ordne die Geräusche den Bildern zu. Was hörst du?

Aussprache

1 Höre gut zu und sprich nach. Welche Vokale sind lang und welche kurz?

die H**aa**re	die Erdb**ee**re	**oh**ne
die Gef**ah**r	k**e**nnen	die S**o**nne
der **A**ffe	die L**ie**be	sch**o**n
f**ah**ren	die M**i**tte	das H**uh**n
das W**a**sser	sp**ie**len	m**u**ss
der T**ee**	das T**ie**r	die S**u**ppe
der B**e**sen	schw**i**mmen	bes**u**chen

2 Lang oder kurz? Vervollständige die Regeln.

- Vokale, die vor einem Doppelkonsonanten stehen (-nn-, -mm-, -ss- usw.), spricht man ... aus.
- Steht nach den Vokalen a, e, o, oder u ein -h-, spricht man diese Vokale ... aus.
- Die Buchstaben -ie- spricht man wie ein langes ... aus.
- -ee- und -aa- spricht man ... aus.

3 Höre gut zu und suche in den Gedichten Beispiele für diese Regeln.

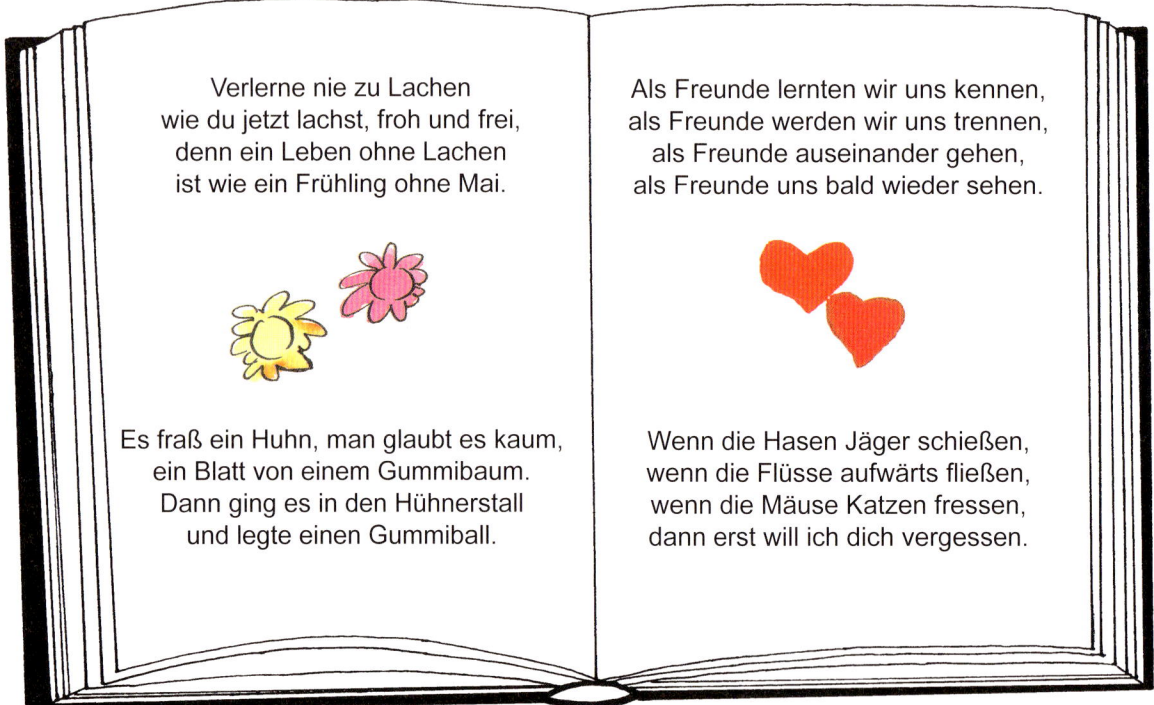

Verlerne nie zu Lachen
wie du jetzt lachst, froh und frei,
denn ein Leben ohne Lachen
ist wie ein Frühling ohne Mai.

Es fraß ein Huhn, man glaubt es kaum,
ein Blatt von einem Gummibaum.
Dann ging es in den Hühnerstall
und legte einen Gummiball.

Als Freunde lernten wir uns kennen,
als Freunde werden wir uns trennen,
als Freunde auseinander gehen,
als Freunde uns bald wieder sehen.

Wenn die Hasen Jäger schießen,
wenn die Flüsse aufwärts fließen,
wenn die Mäuse Katzen fressen,
dann erst will ich dich vergessen.

4 Lies die Gedichte auf unterschiedliche Weise: laut, leise, ganz langsam, immer schneller.

5 Höre gut zu und sprich nach.

> die Fahrräder, die Bäder, erzählen, die Fächer, die Sätze, die Bälle, kämmen, das Geschäft, aufhängen, die Blätter
> der Füller, dünn, die Nüsse, flüstern, die Türme, füttern, das Glück, hübsch, der Rücken, zurück
> die Mühe, begrüßen, das Büro, der Schüler, führen, früh, der Frühling, das Frühstück, süß
> können, öffnen, geöffnet, Köln, der Löffel, die Röcke, plötzlich, die Schlösser
> die Bauernhöfe, die Brötchen, die Böden, gehören, größer, am größten, die Königin

6 Bildet Sätze mit möglichst vielen -ü- und -ö-. Welches Paar hat den Satz mit den meisten -ü- und -ö-?

+ PLUS

7 -ei- und -ie-
Höre gut zu und sprich nach.

Reise   Riese   Weise   Wiese   zeigen   Ziegen

8 Lies die Wörter abwechselnd mit deinem Partner. Einer von euch liest alle Wörter mit -ie-, der andere alle mit -ei-.

zeigen, Ziege, Zeit, schreiben, Riese, schrieb, Eis, diese, meistens, Wiese, Biene, mein, viel, Reise, leise, Freitag, Wein, schreien, reiten, schief, Seife, Liebe, ziehen, Papagei, wieder, Türkei, spielen, Schweiz

9 -ei-, -eu- oder -äu-

Höre gut zu und sprich nach. Schreibe dann die Wörter in eine Tabelle in dein Heft. Zwei dieser drei Buchstabengruppen spricht man gleich aus. Welche?

– ei –	– eu –	– äu –
zeigen	deutsch	

Eier, Zeugnis, häufig, zeigen, heute, schreiben, Träume, Polizei, Häuser, träumen, Europa, Bein, Freund, weinen, Läuse, Bäume, Freundin, leider, Feuer, Käufer, Schwein, Leute, Räume, arbeiten, Deutschland, Bleistift, Mäuse, Flugzeug, drei, deutsch, Bäuche, aufräumen

10 -äu- findest du oft im Plural von Wörtern mit -au-. Wie heißen die Wörter im Singular?

Häuser – Haus
Bäume – ♦♦♦   Mäuse – ♦♦♦   Bäuche – ♦♦♦   Räume – ♦♦♦   Läuse – ♦♦♦   Träume – ♦♦♦

Kommunikation

1 Ich packe meinen Koffer ...
Die Regeln zu diesem Spiel sind durcheinander geraten. Könnt ihr die richtige Reihenfolge erraten?

	Wer einen Fehler macht, muss sich hinsetzen und macht nicht mehr mit. Wer als letzter übrig bleibt, hat gewonnen!
	Der nächste wiederholt das und nennt danach eine weitere Sache, zum Beispiel: „Ich packe meinen Koffer und packe einen Pullover und eine Sonnenbrille ein."
	Einer fängt an und sagt zum Beispiel: „Ich packe meinen Koffer und packe einen Pullover ein."
	Wichtig ist, dass ihr euch gut merkt, was die anderen gesagt haben. Die Sachen müsst ihr immer in der richtigen Reihenfolge nennen und dürft keine davon vergessen.
1	Bildet Sechsergruppen und stellt euch in einem Kreis auf. Nun stellt euch vor, ihr packt einen Koffer.
	Der dritte kann dann sagen: „Ich packe meinen Koffer und packe einen Pullover, eine Sonnenbrille und Bücher ein."

Nun hört gut zu: Habt Ihr es richtig gemacht?

2 Erzählkette
Das Spiel *Ich packe meinen Koffer* kann man auch mit Sätzen spielen und so eine ganze Geschichte erfinden. Zum Beispiel zum Thema Ferien:

Schüler 1: „Mascha war in den Ferien am Meer."
Schüler 2: „Mascha war in den Ferien am Meer. Sie ist dort oft schwimmen gegangen."
Schüler 3: „Mascha war in den Ferien am Meer. Sie ist dort oft schwimmen gegangen. Am Strand hat sie ein anderes Mädchen kennen gelernt."

+ PLUS

3 Die einsame Insel

Bildet Gruppen von vier bis sechs Schülern. Stellt euch vor, ihr müsst zusammen vier Wochen auf einer kleinen, einsamen Insel leben und ihr dürft nur fünf Sachen mitnehmen. Einigt euch darauf, welche fünf Sachen ihr mitnehmt. Die Sätze im grünen Kasten helfen euch dabei.

Ich meine, dass	wir **auf jeden Fall** ... brauchen.
Ich denke, dass	... am wichtigsten ist, weil ...
Ich finde, dass	wir ... mitnehmen müssen, weil ...
Meiner Meinung nach müssen wir	**unbedingt** ... mitnehmen.
Das finde / meine / denke ich	auch.
	überhaupt nicht.
	Ach, nein!
	Warum denn?
	Viel wichtiger ist doch ...!

4 Die Drei-Punkt-Rede.
Kannst du auf Deutsch eine Rede halten? Mit dieser Anleitung geht es ganz leicht.

Am Anfang behauptet oder fordert ihr etwas. → *zum Beispiel:*
1. Hausaufgaben sollten abgeschafft werden.

Danach nennt ihr
drei Beispiele für eure Behauptung
oder
drei Gründe für eure Forderung. →
2. Warum?
Sie machen keinen Spaß.
Man kann sich zu Hause nicht gut konzentrieren.
Man hat keine Zeit mehr für seine Hobbys.

Zum Schluss nennt ihr
eure Schlussfolgerung
oder
euren Lösungsvorschlag. →
3. Deswegen sollten wir lieber jeden Tag zwei Stunden länger Schule haben und keine Hausaufgaben mehr bekommen.

5 Schreibe eine Gegenrede.

6 Findet ein Thema und entwerft dazu eine Drei-Punkt-Rede. Tragt sie den anderen vor.

7 Hört die Reden der anderen Teams. Sucht eine aus, mit der ihr nicht einverstanden seid und schreibt eine Gegenrede.

+ PLUS

 8 Schaut euch die Bildergeschichte *Der kleine Herr Jakob* an. Schreibt dann eine kleine Geschichte mit Dialog dazu. Diese Wörter können dir helfen:

das Fernglas   *das Fußballstadion*   *die Mauer*   *die Eintrittskarte*

Lernkartei
Mit einer Lernkartei kannst du Vokabeln so gut lernen, dass du sie nicht wieder vergisst.

Vorbereitung:
Du brauchst eine kleine Schachtel, zum Beispiel einen alten Schuhkarton. Klebe vier Pappstücke als Trennwände in die Schachtel, so dass du fünf Fächer erhältst. Das erste Fach soll ganz schmal sein, das zweite etwas breiter und das letzte am breitesten.

Für die Vokabelkarten nimmst du Zettel aus festem Papier, so groß, dass sie gut in die Schachtel passen.
Schreibe auf die Vorderseite der Karte das deutsche Wort und einen ganzen Satz, in dem es vorkommt. Auf die Rückseite schreibst du das Wort in deiner Sprache. Du kannst auch eine Zeichnung dazu malen.

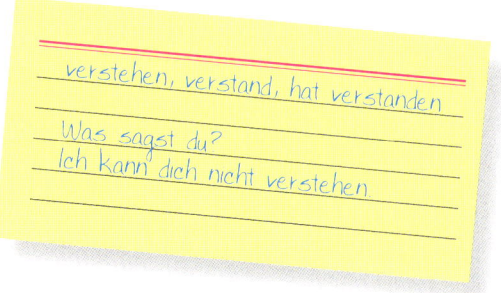

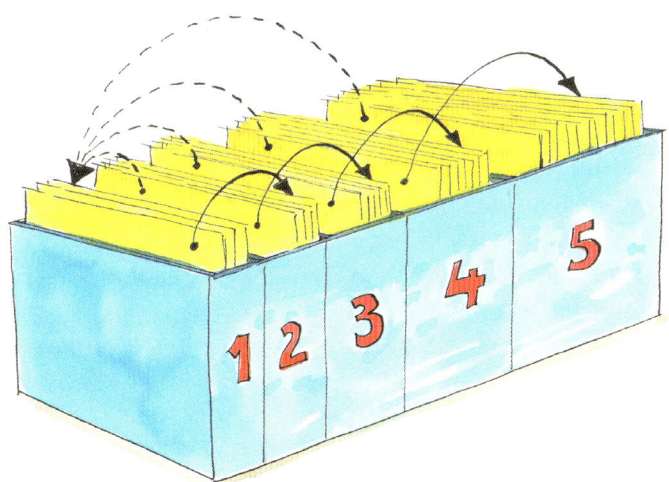 

Nun geht's los:
In das erste Fach der Schachtel steckst du so viele Karten wie hineinpassen - die deutsche Seite nach hinten. Nimm nun eine Karte aus dem ersten Fach, lies das Wort in deiner Muttersprache und überlege dir, wie es auf Deutsch heißt. Dreh danach die Karte um. Wenn deine Antwort richtig war, kommt die Karte in das zweite Fach, sonst zurück in das erste Fach.
So machst du es mit jeder Karte aus dem ersten Fach.
Wenn dein zweites Fach voll ist, machst du weiter. Nimm die Karten auch aus dem zweiten Fach: Bei einer richtigen Antwort steckst du diese Karten in das dritte Fach. Wenn du die Antwort nicht wusstest, kommt sie zurück in das erste Fach.

Arbeite das erste Fach jeden Tag durch, alle anderen Fächer nur dann, wenn sie voll sind.
Es wird etwas länger dauern, bis ein Zettel im fünften Fach ankommt, dann kannst du aber sicher sein, dass du dieses Wort nicht mehr vergisst!

4 Guten Appetit!

A

1 Andere Länder – anderes Essen
Lies die Texte. Weißt du, aus welchem Land die Kinder kommen? Sucht zusammen die Länder auf der Weltkarte.

Spiros: Im Sommer wird es sehr, sehr heiß bei uns. Dieses Klima ist gut für die Olivenbäume. Wir sind berühmt für unsere Oliven, die in keinem Salat fehlen dürfen. Und das Olivenöl natürlich auch nicht. Im Salat ist auch oft Feta, so heißt bei uns der leckere Schafskäse.

Miguel: Mein Land ist berühmt für die Paella, ein Reisgericht mit Fisch oder Fleisch. Außerdem gibt es bei uns leckere Tapas, das sind kleine Speisen wie zum Beispiel Oliven, scharfe Kartoffeln, Tintenfischringe und vieles mehr.

Tiziana: Die Pizza kommt aus meinem Land, aber sie ist eigentlich kein Nationalgericht mehr, denn heute kann man überall auf der Welt Pizza essen.

Lucía: Unsere Bananen exportieren wir in die ganze Welt. Bestimmt hast du schon einmal eine Kiste mit unseren Bananen in eurem Supermarkt gesehen. Und der Kaffee, den deine Eltern trinken, kommt wahrscheinlich auch aus meinem Land.

Maria: Vielleicht kennt ihr Wiener Schnitzel, denn es ist in vielen Ländern beliebt. Wir essen am liebsten Kartoffelsalat dazu.

Özgür: In Deutschland gibt es viele Imbissbuden, in denen man Döner kaufen kann. Döner ist ein Stück Fladenbrot gefüllt mit Fleisch, Salat und Knoblauchsoße. Der Döner wird hier fast mehr gegessen als in meinem Heimatland – er ist schon fast das Lieblingsessen der Deutschen geworden.

Jean: Mein Land ist sehr berühmt für sein Brot. Es sieht aus wie eine Stange – das Baguette. Dieses Brot essen wir zu jeder Mahlzeit. Zum Frühstück essen wir oft ein süßes Hörnchen. Es sieht aus wie ein Halbmond und heißt *Croissant*.

Mette: Bei uns im Norden Europas gibt es den besten Lachs. Aber natürlich gibt es hier auch andere Fischsorten. Unser Land ist berühmt für seine Fischindustrie.

Tibor: Gulasch kommt aus meinem Land. Das ist eine Suppe mit Fleisch und viel Paprika.

2 Weißt du mehr über diese Länder? Erzähle.

3 Was isst und trinkt man gern in deinem Land? Erzähle.

Guten Appetit!

B 4

1. **Was für Wörter fallen euch zum Thema Essen ein? Sammelt sie an der Tafel.**

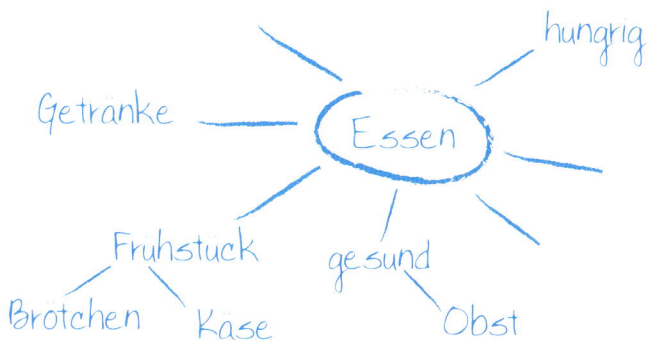

Du hast wohl einen Clown gefrühstückt? = Du bist heute aber sehr lustig.

2. **In Deutschland stehen nicht nur Brot, Brötchen, Butter, Marmelade und Honig auf dem Frühstückstisch, sondern auch Wurst, Käse und Eier. Viele Deutsche frühstücken auch Müsli mit Jogurt oder Milch und Obst. Dazu trinken sie Kaffee oder Tee und Orangensaft.**

3. **Decke deinen Frühstückstisch. Wie sieht er aus? Fotografiere oder male ihn.**

4. **Frage einige Klassenkameraden:**
   1. Wo frühstückst du?
   2. Was isst du zum Frühstück?
   3. Was trinkst du?
   4. Nimmst du ein zweites Frühstück mit in die Schule? Was?

der Teller (tief, flach, klein)	
die Tasse	der Löffel
die Untertasse	die Gabel
das Glas	das Messer
die Schüssel	die Kanne
der Eierbecher	der Brotkorb

das Frühstück → frühstücken
das Mittagessen → zu Mittag essen
das Abendessen → zu Abend essen

5. **Vergleicht jetzt: Sind eure Frühstücksgewohnheiten anders als in Deutschland?**

Die meisten Schüler essen mehr / weniger ...

4 Guten Appetit!

C

1 Sieh dir die Bilder an und schreibe auf: Was kannst du wo kaufen?

- im Supermarkt
- im Schnellrestaurant
- im Eiscafé
- am Kiosk
- in der Metzgerei
- in der Bäckerei
- am Obststand
- an der Wurstbude

Am Kiosk kann ich Saft, Cola .... kaufen.
In der Bäckerei gibt es Brot, Brötchen ...

2 Lies die Dialoge. Suche dir einen Partner und schreibt zusammen andere Szenen zu den Bildern. Spielt diese vor der Klasse vor.

GA 4.1

● Guten Tag, was darf es sein?
● Ein Roggenbrot und ein Rosinenbrötchen, bitte.
● Soll ich das Brot schneiden?
● Nein danke. Wie viel macht das?
● Zwei Euro achtzig für das Brot und fünfzig Cent für das Brötchen: Das macht drei Euro dreißig.
● Bitte sehr.
● Danke. Auf Wiedersehen.
● Auf Wiedersehen.

● Ich möchte bitte einen Döner mit Hähnchenfleisch.
● Zum Mitnehmen oder möchtest du ihn hier essen?
● Zum Mitnehmen.
● Mit Knoblauchsoße?
● Ja, gerne, aber nur ein bisschen.
● So, bitte sehr! Drei Euro fünfzig.
● Einen Moment, ich habe es bestimmt passend. Bitte.
● Danke, tschüss.
● Tschüss.

● Ja, bitte?
● Ich hätte gerne ein Eis.
● Im Becher oder in der Waffel?
● In der Waffel, bitte.
● Wie viele Kugeln möchtest du?
● Zwei: Walnuss und Vanille.
● Hier, bitte. Das macht 1,40 €.
● Es tut mir Leid, ich habe es nicht kleiner.
● Das macht nichts! Hier hast du 3,60 € zurück.
● Vielen Dank. Auf Wiedersehen.

Guten Appetit!

1 Höre gut zu!
Welche Pizza und welches Getränk bestellt Herr Köster?
Wann kommt die Bestellung?

2 Schau in der Speisekarte nach: Wie viel muss Herr Köster zahlen?

3 Arbeitet zu zweit und spielt ein Telefongespräch. Bestellt telefonisch eine Pizza und ein Getränk.

4 Im Restaurant

Kellner:	Guten Abend, haben Sie sich schon entschieden?
Herr Krug:	Na endlich, wir dachten schon, dass Sie uns vergessen haben!
Kellner:	Entschuldigung, ich habe nicht bemerkt, dass Sie warten.
Herr Krug:	Schon gut, wir haben uns in der Zwischenzeit gut unterhalten.
Kellner:	Was darf ich Ihnen denn zu essen bringen?
Frau Krug:	Für mich bitte ein Rahmschnitzel mit Pommes Frites und Salat.
Herr Krug:	Ich habe für mich das Lachsfilet mit Reis ausgesucht.
Kellner:	Danke, das habe ich notiert. Was möchten Sie dazu trinken?
Frau Krug:	Wir haben eigentlich zwei Bier bestellt, aber Ihr Kollege hat eines verschüttet und kein zweites gebracht. Er ist einfach verschwunden.
Kellner:	Das tut mir wirklich Leid. Ich bringe Ihnen gleich zwei Bier - auf Rechnung des Hauses!

Wie bildest du hier das Perfekt?

5 Sieh dir die Perfektformen in diesem Dialog an.
Lege eine Tabelle in deinem Heft an und trage sie ein.

GA 4.2

Perfekt mit sein		Perfekt mit haben	
mit ge-	ohne ge-	mit ge-	ohne ge-
			hat bestellt

6 Suche für jede Spalte weitere Formen und schreibe sie in die Tabelle.

4 Guten Appetit!

E

1 Sind die Deutschen zu dick?
Die Reporter der Schülerzeitung *Denkpause* haben ein Interview mit dem Ernährungswissenschaftler Professor Dr. Mathias Huth geführt.
Leider sind die Antworten durcheinander geraten. Kannst du helfen?

a Sind die Deutschen zu dick?
b Woran liegt das?
c Gibt es noch andere wichtige Gründe?
d Was ist denn schlecht an Fastfood wie Bratwurst und Pommes frites?
e Was raten Sie den Menschen?

> Sie sollten auf eine abwechslungsreiche Ernährung achten und viel Obst und Gemüse essen. Es ist viel besser, zwischendurch einen Apfel oder einen Jogurt zu essen anstatt Süßigkeiten. Auch sollten die Familien zu Hause wieder mehr selbst kochen, anstatt Fertiggerichte aus dem Supermarkt zu kaufen.

> Ja! Gerade im Sommer, wenn die Temperaturen steigen und die Kleidungsstücke fallen, sieht man es in den Parks und Schwimmbädern: Immer mehr Menschen haben Übergewicht.

> Fastfood enthält zuviel Fett und Salz und viel zu wenig Vitamine. So eine schlechte Ernährung kann zu vielen Krankheiten führen. Karies, Diabetes, Krebs und Herzkrankheiten nehmen unter uns Deutschen immer mehr zu.

> Das liegt vor allem daran, dass viele Menschen in Deutschland mehr essen, als sie verbrauchen. Sie sollten viel mehr Sport treiben. Sogar die Kinder haben zu wenig Bewegung. Anstatt Basketball zu spielen oder schwimmen zu gehen sitzen sie stundenlang vor dem Computer oder sehen fern.

> Ja, ein anderer wichtiger Grund ist die schlechte Ernährung. Anstatt zu Hause eine richtige Mahlzeit mit beispielsweise Gemüse und Kartoffeln zu essen, gehen viele Menschen zur Imbissbude und essen Bratwurst und Pommes frites. Das ist eine schlechte Gewohnheit. Das Essen geht zwar schneller, macht aber dick!

2 Der Ernährungswissenschaftler Professor Dr. Mathias Huth hat den jungen Reportern nach dem Interview ein paar Tipps für eine gesunde Ernährung aufgeschrieben. Habt ihr noch andere Tipps?

Tipps für eine gesunde Ernährung
1) Brot, Nudeln, Reis, Cornflakes und Kartoffeln essen. Sie haben kaum Fett, dafür aber viele Mineralien und Vitamine.
2) Jeden Tag etwas Milch trinken oder Milchprodukte wie Jogurt und Quark essen.
3) Fünfmal am Tag kleinere Portionen Obst oder Gemüse essen.
4) Lebensmittel mit wenig Fett essen. Fastfood- und Fertiggerichte vermeiden.
5) Mindestens ein bis zwei Liter Wasser oder Saft trinken.

Es ist besser, … zu … als …   Anstatt zu …   sollten sie …   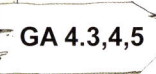 GA 4.3,4,5

3 Suche im Text Wörter, die auf *-ung* oder *-heit* enden. Kennst du die Wörter, die ihnen ähnlich sind?

4 Schneide Bilder von Lebensmitteln aus Zeitschriften und Prospekten aus und stelle eine gesunde Mahlzeit zusammen. Klebe die Bilder auf einen Pappteller und berichte:

Auf meinem Teller gibt es … / Das ist gesund, weil es … enthält…

Guten Appetit!

1 Lies den folgenden Text. Du musst nicht jedes Wort verstehen. Versuche herauszufinden, worum es geht.

Die Sache mit den Klößen

1 Der Peter war ein Renommist.
Ihr wisst vielleicht nicht, was das ist.
Ein Renommist, das ist ein Mann,
der viel verspricht und wenig kann.

2 Wer fragte: „Wie weit springst du, Peter?"
bekam zur Antwort: „Sieben Meter."
In Wirklichkeit – Kurt hat's gesehn –
sprang Peter bloß drei Meter zehn.

3 Als man einmal vom Essen sprach,
da dachte Peter lange nach.
Dann sagte er mit stiller Größe:
„Ich esse manchmal dreißig Klöße."

4 Die anderen Kinder lachten sehr,
doch Peter sprach: „Wenn nicht noch mehr!"
„Nun gut", rief Kurt, „wir wollen wetten!"
(Wenn sie das bloß gelassen hätten.)

   a Formuliere die Wette – was sagt Kurt zu Peter?

    Ich wette mit dir, dass ...
    Wenn du ... , dann bekommst du ...

5 Die anderen Kinder saßen stumm
um Peter und die Klöße rum.
Beim siebten und beim achten Stück
bemerkte Kurt: „Er wird schon dick."

6 Beim zehnten Kloß ward Peter weiß
und dachte: Kurt erhält den Preis.
Ihm war ganz schlecht, doch tat er heiter
und aß, als ob's ihm schmeckte, weiter.

   b Peter geht es nach zehn Klößen schlecht, er hört aber nicht auf zu essen. Wie geht das Gedicht weiter? Denkt euch mehrere Möglichkeiten aus.

7 Er schob die Klöße in den Mund
und wurde langsam kugelrund.
Der Anzug wurde furchtbar knapp.
Die Knöpfe sprangen alle ab.

8 Die Augen quollen aus dem Kopf.
Doch griff er tapfer in den Topf.
Nach fünfzehn Klößen endlich sank
er stöhnend von der Küchenbank.

9 Die Köchin Hildegard erschrak,
als er so still am Boden lag.
Dann fing er grässlich an zu husten,
dass sie den Doktor holen mussten.

10 Mit Schmerzen und für teures Geld
ward Peter wiederhergestellt.
Das Renommieren hat zu Zeiten
auch seine großen Schattenseiten.

von Erich Kästner

2 Schreibt in Gruppen ein kleines Theaterstück über *Die Sache mit den Klößen*. Spielt es den anderen vor!

3 Schau dir die folgenden Sprichwörter an. Welches passt am besten zu dem vorigen Gedicht?

1. Viele Köche verderben den Brei.
2. Hunger ist der beste Koch.
3. Seine Augen waren größer als sein Magen.
4. In der Kürze liegt die Würze.

4 Du hörst vier kleine Geschichten. Welches Sprichwort passt zu welcher Geschichte?

5 Bildet zwei Gruppen und sammelt fünf Sprichwörter aus eurer Muttersprache. Schreibt dann dazu eine kleine Geschichte auf Deutsch. Die andere Gruppe muss erraten, welches Sprichwort es ist.

5 Meine Familie und ich

A

1 Frau Borsch hat einen Familienstammbaum aus Fotos zusammengestellt und schaut sich diesen mit ihrer Tochter Melanie an. Frau Borsch und Melanie sind auf Bild D zu sehen. Über welche Fotos sprechen sie?

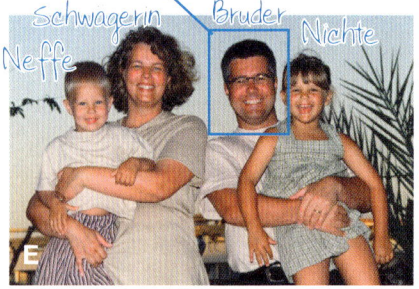

○ Mama, wer ist denn der Junge auf dem ersten Bild links unten?
● Das ist mein Vater 1939, kurz vor Beginn des Krieges. Und schau, da sind auch die Geschwister meines Vaters, meine Tante Anna und mein Onkel Werner.
○ Wer sind denn die Eltern der drei? Die beiden, die hinter ihnen sitzen?
● Nein, das sind meine Urgroßeltern, die Eltern meiner Oma. Siehst du die Frau mit der gestreiften Schürze? Das ist meine Oma, also die Mutter meines Vaters. Daneben siehst du meinen Opa. Er ist nicht der richtige Vater meines Vaters, sondern sein Stiefvater.
○ Und wer sind die anderen beiden da?
● Das ist der Bruder meines Opas. Die junge Frau neben ihm ist seine Verlobte gewesen. Die beiden wollten heiraten, aber er ist kurze Zeit später gestorben.
○ Das ist aber traurig. Und hier, auf diesem Bild bist du mit deinen Eltern und deinen Geschwistern. Wie alt warst du denn da?
● Das war 1969, also war ich damals sechzehn Jahre alt, meine kleine Schwester vierzehn und mein Bruder acht.
○ Die beiden Mädchen mit den weißen Kleidchen auf dem anderen Foto kenne ich aber nicht.
● Doch, das sind meine Kusinen Rita und Karola 1962. Erkennst du denn Onkel Werner, den Vater meiner Kusinen? Das ist der Mann hinter den beiden. Er ist auch oben auf dem Bild von 1939.
○ Ach ja, stimmt. Hier, dieses Bild mag ich am liebsten, mit dir und Verena. Du schaust mich so nett an!
● Ihr seid sehr süß, ihr zwei! Das war 1983. Und jetzt bist du schon verheiratet. Was für ein schönes Bild: Die Hochzeit meiner großen Tochter.

2 Über welche Fotos sprechen sie nicht? Was ist darauf zu sehen?

Den Genitiv kennst du aus Kapitel 3.

Nominativ	Genitiv
mein Vater / Bruder	**meines** Vaters / Bruders
mein	
meine	
meine	

3 Kannst du die Tabelle in deinem Heft ergänzen?

4 Bringe Fotos von deiner Familie mit und erzähle dazu.

GA 3.1
GA 5.1,2,3

36 sechsunddreißig

Meine Familie und ich

1 In Deutschland leben 83 Millionen Menschen. Davon sind 14,9 Millionen Kinder und Jugendliche. Ihre Familien sind ganz unterschiedlich. Kannst du die Angaben in der Statistik lesen?

Familien mit 1 Kind	46%
Familien mit 2 Kindern	40%
Familien mit 3 Kindern	11%
Familien mit 4 und mehr Kindern	3%

Die meisten Kinder sind Einzelkinder.

… Prozent der Kinder haben … Geschwister.

2 Was erfährst du über die Familien dieser Kinder? Vergleiche ihre Situation mit der Tabelle.

Martin (13):

 Ich bin der Älteste in unserer Familie. Ich habe drei kleine Geschwister. Meine jüngste Schwester ist erst ein Jahr alt. Manchmal muss ich auf sie aufpassen, das mache ich aber gerne. Ich finde es toll, in einer so großen Familie aufzuwachsen, obwohl wir natürlich auch manchmal streiten und unseren Eltern oft helfen müssen. Aber mir gefällt, dass immer etwas los ist und dass es nie langweilig ist. Trotzdem bin ich sehr froh, dass ich ein eigenes Zimmer habe. Mein kleiner Bruder nervt mich manchmal, weil er immer dabei sein will, wenn ich Besuch habe.

Julia (14):

Meine Eltern sind geschieden. Mein kleiner Bruder und ich leben bei meiner Mutter. Obwohl wir uns eigentlich ganz gut verstehen, gibt es oft Krach. Zum Beispiel schlafe ich gern lange, aber mein Bruder steht immer früh auf und weckt mich dann. Das finde ich nicht in Ordnung. Außerdem stört mich, dass ich jedes Mal meine Mutter fragen muss, wenn ich telefonieren will. Wenn ich abends zu Freunden gehe, muss ich immer um neun Uhr wieder zu Hause sein. Meine Mutter verbietet mir, länger auszugehen. Das kann ich aber verstehen, denn sie macht sich sonst Sorgen. Jedes zweite Wochenende sind wir bei unserem Vater.

Christopher (12):

 Ich bin ein Einzelkind. Das gefällt mir, weil meine Eltern viel Zeit für mich haben. Mein Vater geht mit mir ins Fußballstadion oder wir gehen alle zusammen ins Kino. Aber manchmal finde ich das auch anstrengend, weil meine Eltern immer genau darauf achten, was ich mache und was ich nicht mache. Obwohl ich in den meisten Fächern eine Zwei oder Drei habe, sind sie mit meinen Noten immer unzufrieden und sagen, dass ich mehr lernen muss. Das ärgert mich! Ich möchte mehr Zeit haben, Computer zu spielen und fern zu sehen. Aber meine Eltern erlauben mir das nicht. In den Ferien wünsche ich mir manchmal Geschwister. Denn alleine mit meinen Eltern ist es oft langweilig.

3 Was gefällt den Kindern an ihrer Familie, was nicht? Erzähle.

 4 Lies noch einmal die Texte von Martin, Julia und Christopher. Welche Ausdrücke benutzen sie, um zu sagen, dass ihnen etwas gefällt / nicht gefällt? Schreibe in dein Heft.

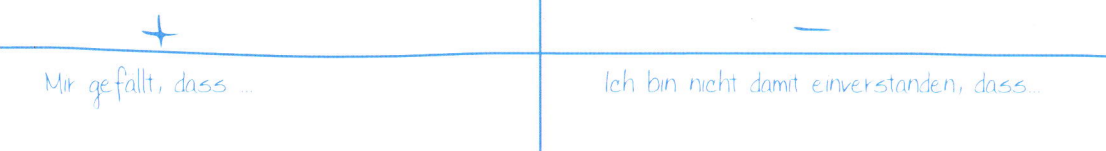

5 Was gefällt dir an deiner Familie und was nicht?
Schreibe eine kleine Geschichte, die in den letzten Tagen oder Wochen in deiner Familie passiert ist, um deinen Mitschülern zu erzählen, wie es bei dir zu Hause ist.

5 Meine Familie und ich

C

1 Höre gut zu.
Wer spricht welchen Satz?
Ordne die Sätze den Familienmitgliedern zu.

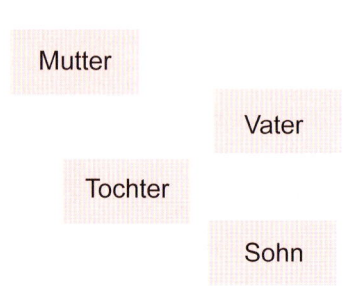

- Könnte einer von euch bitte mal Staub saugen?
- Ich hab´ keine Zeit! Ich muss jetzt für die Mathearbeit lernen.
- Na, dann saugst du halt, wenn du fertig bist.
- Nein, dann muss ich mich duschen, ich gehe doch heute Abend mit Paula ins Kino!
- Das kann ja wieder lange dauern! Hanna muss sich duschen und sich eincremen und sich dreimal umziehen und sich schminken und die Haare fönen ... und ich kann stundenlang nicht ins Badezimmer!
- Lass mich in Ruhe! Kämm dich lieber mal! Du siehst unmöglich aus!
- Jetzt hört auf zu streiten! Hanna muss lernen, also Lukas, hilf du Mama jetzt.
- Staub saugen ist Mädchenarbeit! Außerdem habe ich eine Stauballergie.
- Mädchenarbeit! Stauballergie! Was sind denn das für Ausreden? Dann räum' bitte euer Zimmer auf!
- Ich räume doch nicht Hannas Sachen auf!
- Wenn du mal aufräumst, findest du vielleicht auch endlich Toms CD wieder! Er wartet schon seit Wochen darauf, dass du sie ihm zurückgibst!
- Das geht dich gar nichts an!
- Schluss jetzt! Lukas, du räumst euer Zimmer auf und Hanna, du saugst Staub, wenn du mit dem Lernen fertig bist.
- Ich habe aber keine Zeit!
- Typisch! Hanna hat keine Zeit! Hanna macht nie etwas. Immer nur ich!
- Ich stehe die ganze Woche in der Küche, wasche, bügle und räume eure Sachen auf. Und wenn ich euch bitte, mir ein bisschen zu helfen, habt ihr keine Zeit! Muss ich denn immer alles alleine machen?

2 Warum streiten die Familienmitglieder? Wer ist womit unzufrieden?

3 Hilfst du zu Hause? Wobei?

4 Bildet Vierergruppen und schreibt einen neuen Dialog. Spielt den Dialog dann der Klasse vor.

> spülen - abtrocknen - bügeln - Staub wischen - Staub saugen - kehren - Fenster putzen - aufräumen - Wäsche aufhängen - Boden wischen - Tisch decken - beim Kochen helfen - einkaufen

Meine Familie und ich

1 Lest das Gedicht laut vor. Klatscht den Rhythmus oder klopft ihn mit.

Katharina, Katharine
schrieb auf einer Schreibmaschine
nachts um zwölf, als alles schlief,
an die Eltern diesen Brief:

Sagt mir einmal, warum dürfen
große Leute Suppe schlürfen?
Warum dürfen sie laut gähnen,
warum stochern sie in Zähnen,
weshalb dürfen sie in Ohren
mit dem kleinen Finger bohren?
Warum darf ich's aber nicht?
Warum habe ich die Pflicht,
einem Musterkind zu gleichen
Fragezeichen

von Hans Manz

2 Schreibe das Gedicht in dein Heft und unterstreiche die Reimwörter.

3 Decke den Text ab und versuche das Gedicht mit Hilfe der Bilder zu sprechen.

4 Mache eine Liste mit Regeln, die du von deinen Eltern oder anderen Erwachsenen hörst.

Man soll nicht schlurfen, man soll nicht in der Nase bohren, man soll ...

5 Diskutiert in der Klasse: Findet ihr diese Regeln sinnvoll? Befolgt ihr sie? Welche befolgt ihr nicht? Warum nicht? Befolgen Erwachsene diese Regeln immer?

6 Jugendschutzgesetz

Nicht nur die Eltern bestimmen Regeln für die Kinder, auch der Staat erlaubt oder verbietet Kindern und Jugendlichen bestimmte Dinge. Diese Regeln des Staates findet man im Jugendschutzgesetz.

§ 3 Aufenthalt in Gaststätten ist Jugendlichen erlaubt, aber nur bis 24.00 Uhr.

§ 4 Kinder und Jugendliche bis 16 Jahre dürfen keinen Alkohol trinken, Jugendliche ab 16 keinen starken Alkohol.

§ 6 Kinder und Jugendliche dürfen nur solche Filme sehen, die für ihr Alter freigegeben sind.

§ 10 Rauchen ist für Kinder und Jugendliche unter 16 Jahren verboten.

§ 12-14 Jugendmedienschutz: Kinder und Jugendliche dürfen nur solche Computerspiele spielen und nur solche Internetseiten ansehen, in denen keine Gewalt vorkommt und in denen die Menschenwürde nicht verletzt wird.

Sieh dir die einzelnen Paragraphen an. Vor welchen Gefahren soll das Jugendschutzgesetz schützen? Findest du diese Gesetze sinnvoll?

7 Wie ist das in deinem Land?
Erkundige dich nach den Gesetzen zum Schutz der Kinder und Jugendlichen.

Meine Familie und ich

1 Alle Menschen haben Augen, Ohren und Nasen.
Und trotzdem sind alle Menschen unterschiedlich und einzigartig. In einer Familie sehen sich Brüder und Schwestern aber oft ähnlich und große Eltern haben meistens auch große Kinder. Wie kommt das? Die Antwort liegt in unseren Genen. Gene sind eine Art Bastelanleitung, ein Bauplan. Die eine Hälfte des Plans kommt von der Mutter, die andere Hälfte vom Vater. Die Gene entscheiden, ob ein Mensch blaue oder braune Augen hat, lockige oder glatte Haare, dunkle oder helle Haut, ob er groß ist oder klein und vieles mehr, was wir noch nicht wissen.

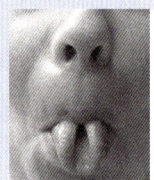
2 Kannst du deine Zunge einrollen? Wenn ja, können es deine Eltern wahrscheinlich auch. Wenn nicht, können es deine Eltern wahrscheinlich auch nicht. Oder kann es nur dein Vater? Nur deine Mutter? Und deine Geschwister? Wer hat das Zungenroller-Gen?

3 Was hast du von deinem Vater, was von deiner Mutter geerbt? Wem siehst du ähnlich?

4 Wie ist das bei dir und deinen Geschwistern? Seid ihr euch sehr ähnlich oder seid ihr ganz unterschiedlich? Denke auch über eure Charaktereigenschaften nach.

5 Eineiige Zwillinge sehen sich sehr ähnlich. Die Eizelle, aus der sich das Baby entwickelt, teilt sich zu Beginn der Schwangerschaft in zwei Eizellen. Beide Eizellen enthalten dieselben Gene. Aus diesem Grund sehen die beiden Babys fast gleich aus. Zweieiige Zwillinge entstehen aus verschiedenen Eizellen. Sie müssen nicht das gleiche Geschlecht haben und sehen sich nicht ähnlicher als normale Geschwister.

6 Drillinge = drei Kinder auf einmal: Eineiige Drillinge sind wie eineiige Zwillinge aus einem Ei entstanden. Sie haben die gleichen Gene und sehen sich deshalb sehr ähnlich. Drillinge sind noch viel seltener als Zwillinge.
Der Anfang mit drei Babys ist schwer: Eines der Kinder hat immer Hunger oder braucht eine frische Windel. Die Eltern wechseln 550 Windeln im Monat.
Man braucht auch einen Drillingskinderwagen und der ist so groß, dass man damit gar nicht mehr in die Geschäfte hineinkommt.

7 Eineiige Zwillinge ähneln sich zwar sehr, aber sie haben trotzdem verschiedene Fingerabdrücke. Jeder Fingerabdruck ist einzigartig. Wie sehen deine aus?

8 Hast du dir früher einen Zwillingsbruder oder eine Zwillingsschwester gewünscht? Warum oder warum nicht?

Meine Familie und ich

1 Kennt ihr die Geschichte vom doppelten Lottchen?

Luise und Lotte sind eineiige Zwillinge. Als sie noch sehr klein waren, trennten sich ihre Eltern. Luise wuchs beim Vater auf und Lotte bei der Mutter. Die beiden Mädchen wussten nichts voneinander, bis sie sich im Alter von neun Jahren in einem Ferienheim trafen. Sie entdeckten, dass sie Zwillingsschwestern waren und tauschten ihr Zuhause: Luise fuhr zur Mutter nach München und Lotte zum Vater nach Wien. Die Mädchen sind einander so ähnlich, dass die Eltern lange nichts merken. Eines Tages flog aber der Schwindel auf. Die Eltern versöhnten sich und nun ist die Familie wieder beisammen. Ab jetzt gehen Lotte und Luise zusammen in die Schule. Die Familie sitzt gerade im Zimmer des Schuldirektors.

1 Herr Kilian, der Direktor der Mädchenschule ist ehrlich verblüfft, als Herr Palfy und seine Frau eine zweite Tochter anmelden, die der ersten aufs Haar gleicht. Aber er hat als alter Lehrer manches erlebt, was nicht weniger merkwürdig war, und so gewinnt er schließlich die Fassung wieder.
   Nachdem die Schülerin in ein großes Buch eingetragen worden ist, lehnt er sich gemütlich im Schreibtischsessel zurück und sagt: „Als jungem Lehrer ist mir einmal etwas passiert, das muss ich Ihnen und den beiden Mädchen erzählen! Da kam zu Ostern ein neuer Bub in meine Klasse. Ein Bub aus armen Verhältnissen, aber blitzsauber und, wie ich bald merkte, sehr ums Lernen bemüht. Er kam gut voran. Im Rechnen war er sogar in kurzer Zeit der Beste von allen. Das heißt: nicht immer! Erst dachte ich: „Wer weiß, woran's liegen mag!" Dann dachte ich: „Das ist doch seltsam! Manchmal rechnet er wie am Schnürchen und macht keinen einzigen
10 Fehler, andere Male geht es viel langsamer bei ihm, und Fehler macht er außerdem!"
   Der Herr Schuldirektor macht eine Pause und zwinkert Luise und Lotte zu. „Endlich verfiel ich auf eine seltsame Methode. Ich schrieb mir in ein Büchlein, wann der Bub gut und wann er schlecht rechnete. Und da stellte sich ja nun etwas ganz Verrücktes heraus. Montags, mittwochs und freitags rechnete er gut – dienstags, donnerstags und samstags rechnete er schlecht."
15 „Nein, so was!", sagt Herr Palfy. Und die zwei kleinen Mädchen rutschen neugierig auf den Stühlen.
   „Sechs Wochen sah ich mir das an", fährt der alte Herr fort. „Es änderte sich nie! Montags, mittwochs, freitags – gut! Dienstags, donnerstags, samstags – schlecht! Eines schönen Abends ging ich zur Wohnung der Eltern und teilte ihnen meine Beobachtung mit. Sie schauten einander halb verlegen, halb belustigt an, und dann meinte der Mann: „Mit dem, was der Herr Lehrer bemerkt hat, hat's schon seine Richtigkeit!" Dann
20 pfiff er auf zwei Fingern. Und schon kamen aus dem Nebenzimmer zwei Jungen herausgesprungen. Zwei, gleich groß und auch sonst vollkommen ähnlich! „Es sind Zwillinge", meinte die Frau. „Der Sepp ist der gute Rechner, der Toni ist – der andere!" Nachdem ich mich einigermaßen erholt hatte, fragte ich: „Ja liebe Leute, warum schickt ihr denn nicht alle beide in die Schule?" Und der Vater gab mir zur Antwort: „Wir sind arm, Herr Lehrer. Die zwei Buben haben zusammen nur einen guten Anzug!"
25 Das Ehepaar Palfy lacht. Herr Kilian schmunzelt.
   Luise ruft:
   „Das ist eine Idee! Das machen wir auch!"
   Herr Kilian droht mit dem Finger. „Untersteht euch! Fräulein Gstetter und Fräulein Bruckbaur werden ohnedies Mühe genug haben, euch immer richtig auseinander zu halten!"
30 „Vor allem", meint Luise begeistert, „wenn wir uns ganz gleich frisieren und die Sitzplätze tauschen!"

aus Erich Kästner: Das doppelte Lottchen

verblüfft = erstaunt
sich aufs Haar gleichen = genau gleich aussehen
die Fassung wiedergewinnen = sich wieder beruhigen
Bub = Junge
wie am Schnürchen = schnell und ohne Probleme

2 Lest gemeinsam den Text. Was habt ihr verstanden?

3 Schreibt die Geschichte der Jungen mit euren eigenen Worten auf.

6 Die eigenen vier Wände

A

das Schlafzimmer   das Wohnzimmer   die Terrasse

das Arbeitszimmer

die Vorratskammer

der Garten

der Abstellraum

das Badezimmer

die Eingangstür

der Balkon   die Küche   der Flur   das Esszimmer

1 Beschreibe Robinsons Wohnung: Welche Zimmer und Räume erkennst du?

GA 6.1

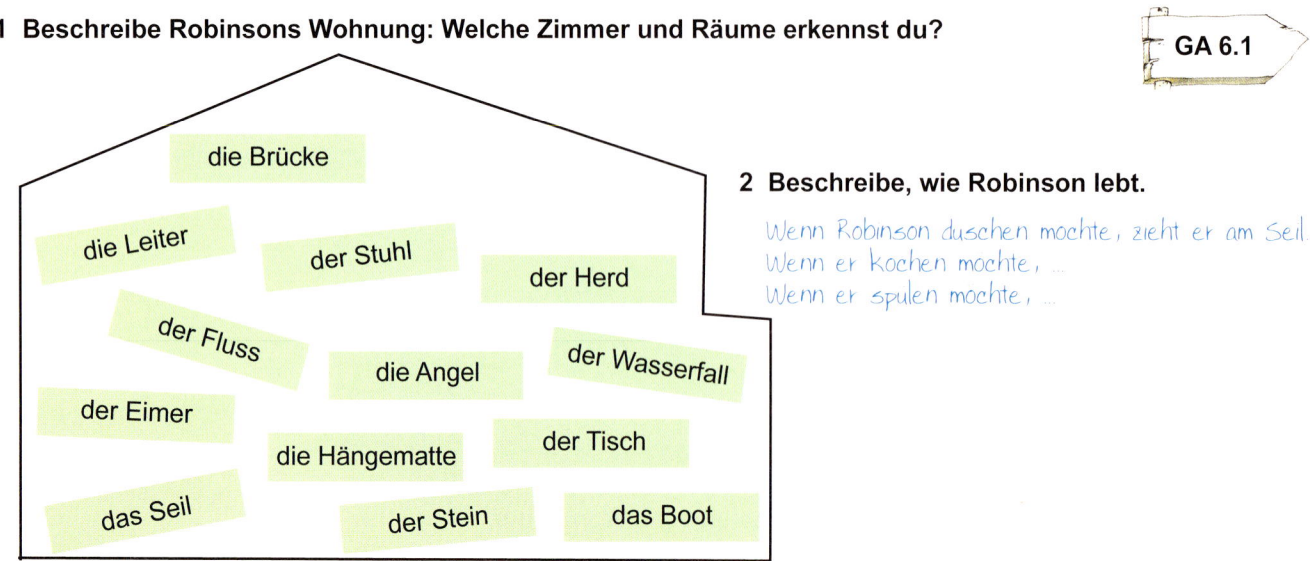

die Brücke
die Leiter
der Stuhl
der Herd
der Fluss
die Angel
der Wasserfall
der Eimer
die Hängematte
der Tisch
das Seil
der Stein
das Boot

2 Beschreibe, wie Robinson lebt.

Wenn Robinson duschen möchte, zieht er am Seil.
Wenn er kochen möchte, …
Wenn er spülen möchte, …

42 zweiundvierzig

Die eigenen vier Wände

1 Wie sieht die Wohnung von Meike Großmann und ihren Eltern aus? Erzähle weiter.

Das ist die Wohnung von Meike und ihren Eltern. Die Wohnung liegt im ersten Stock und ist 90 Quadratmeter groß. Wenn man durch die Eingangstür tritt, steht man im Flur. Gleich links neben der Eingangstür befindet sich die Toilette. Dahinter liegt die Küche. Von dort aus kommt man in eine kleine Abstellkammer. Von der Küche aus kann man außerdem ins Esszimmer gehen. Vom Esszimmer aus kann man auf den großen Balkon treten. Vom Flur aus ...

> liegt – befindet sich – von ... aus kommt man ...

2 Zeichne einen Grundriss von eurer Wohnung oder von eurem Haus auf ein einzelnes Blatt Papier. Erzähle dazu.

 3 Schreibe unter den Grundriss, was du in welchem Zimmer der Wohnung machst.

> duschen, essen, schlafen, baden, kochen, fernsehen, faulenzen, lesen, Musik hören, Gitarre spielen, E-Mails schreiben, telefonieren, Zähne putzen ...

in dem = im
Im Schlafzimmer höre ich Musik.

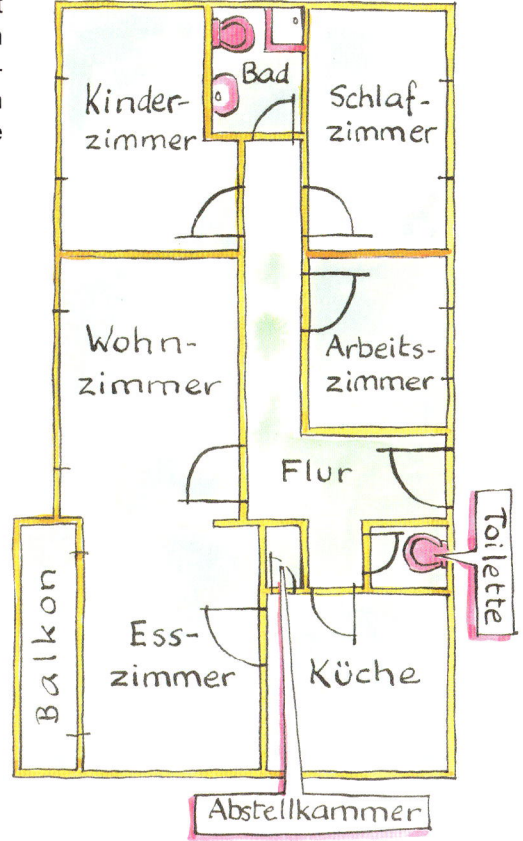

4 Hier siehst du Fotos verschiedener Möbelstücke aus der Wohnung der Familie Großmann. Was steht / hängt / liegt / befindet sich in welchem Zimmer?

Der Kühlschrank steht in der Küche.

5 Arbeitet zu zweit: Gib deinem Nachbarn den Grundriss eurer Wohnung. Nun schließe die Augen und stell dir vor, du gehst durch eure Wohnung. Erzähle deinem Nachbarn, welche Möbel du dabei siehst. Er hört zu und zeichnet die Möbel in den Grundriss.

Wenn ich durch die Tür trete und nach rechts schaue, sehe ich einen Spiegel an der Wand. Darunter steht ...

daneben	darunter
darüber	davor
dahinter	dazwischen

C

 1 Lies den Text. Spielt zu zweit die Szene nach.

Meike und ihre Kusine Miriam gehen an diesem Samstag über den Flohmarkt. Vor einigen Tagen hat Meike Geburtstag gehabt und ihre Eltern und Großeltern haben ihr Geld geschenkt, damit sie sich etwas für ihr Zimmer kaufen kann. Die Mädchen suchen auf dem Flohmarkt nach schönen Möbeln. Schließlich bleiben sie bei einem Händler stehen.

Miriam: Schau doch mal, die alte Lampe dort sieht gut aus. Du kannst sie neben deinen kleinen weißen Tisch stellen oder vielleicht passt sie noch besser auf den Tisch.

Meike (lacht): Was? Diese riesige Lampe soll auf meinem kleinen Tisch stehen? Meinst du das ernst? Sie sieht doch furchtbar aus!

Miriam: Mir gefällt sie! Und was hältst du von dem blauen Stuhl, der hinter dem alten Sofa dort steht? Er passt super zu deinem Tisch!

Meike: Ja, der Stuhl sieht nicht schlecht aus. Ich kann meinen Tisch ja auch blau anstreichen, dann passen sie noch besser zusammen. Aber schau mal, das schöne Tuch, das dort hinten im Korb liegt – tolle Farben! Ich kann es über die alte Kommode an die Wand hängen oder auf mein Bett legen.

Miriam: Stimmt! Das ist ja riesig – und, fühl mal, es ist ganz weich! Frag doch mal, was es kostet.

 2 Höre gut zu. Wie geht es weiter? Was kauft Meike? Wie viel muss sie bezahlen? Was erzählt der Händler über das Tuch und den Stuhl?

3 Wohin stellt / legt / hängt Meike die neuen Sachen? Wie sieht Meikes Zimmer jetzt aus? Erzähle.

Der Teppich lag vorher unter dem Bett... Meike legte ihn in die Mitte des Zimmers. Jetzt liegt er in der Mitte des Zimmers.

neben	auf	vor	unter	zwischen
hinter	in	an	über	in der / die Mitte

 GA 6.3

Die eigenen vier Wände

1 Höre gut zu. Wer wohnt in welchem Zimmer?

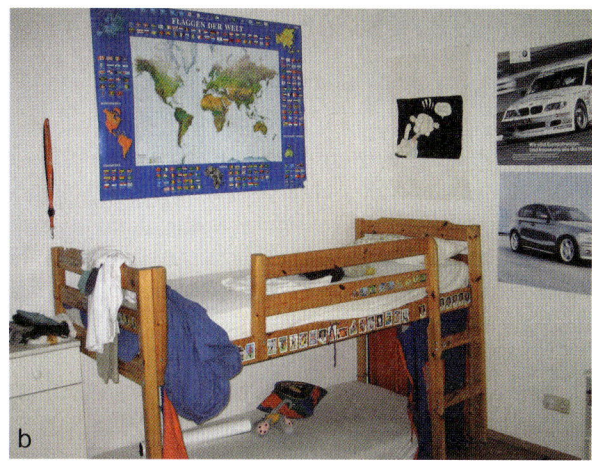

a b c d

2 Höre dir den Text noch einmal an. Was stimmt? Korrigiere die falschen Sätze.

Benno hört mit seinem Bruder zusammen Musik.
Benno teilt sich mit dem Bruder einen Kleiderschrank.
Lina ärgert sich über die Unordnung in ihrem Regal.
Linas Schreibtisch ist groß. Sie mag weiße Wände.

Tom ist unzufrieden mit seinem Zimmer.
Tom hat keine Lust aufzuräumen.
Teresa darf in ihrem Zimmer laut Musik hören.
Teresa findet ihr Zimmer zu dunkel. Sie mag Poster.

3 Kannst du Benno, Lina, Tom und Teresa helfen? Was kann man in ihren Zimmern verändern?

4 Arbeitet zu zweit. Spielt ein Gespräch zwischen Tom und seiner Mutter. Wie können sie das Problem lösen?

GA 6.4

Du bist Tom. Dich stört, dass deine Mutter sich immer in alles einmischt. Du möchtest selbst entscheiden, wie es in deinem Zimmer aussieht und wann du aufräumst. Du fühlst dich in deinem Zimmer wohl und obwohl es oft unordentlich ist, weißt du immer genau, wo deine Sachen liegen. Du möchtest, dass deine Mutter dich in Ruhe lässt. Du hast keine Lust mehr, dich immer wegen deines Zimmers mit ihr zu streiten.

Du bist Toms Mutter. Du ärgerst dich über die Unordnung in seinem Zimmer: Überall liegen schmutzige T-Shirts herum und seine Schulbücher und Schulhefte haben Knicke. Das stört dich, weil die Sachen Geld gekostet haben und weil es unordentlich aussieht. Am meisten stört dich aber, dass Tom seine Sachen in der ganzen Wohnung herumliegen lässt. Du hast keine Lust mehr, seine Sachen aufzuräumen. Du möchtest, dass Tom das einsieht und sich ändert.

5 Gab es zwischen dir und deinen Eltern schon einmal Streit wegen deines Zimmers? Warum? Welche Lösung habt ihr gefunden? Welche Regeln habt ihr vereinbart?

6 Die eigenen vier Wände

E

1 Lies zuerst nur die Überschrift des folgenden Textes. Wo wohnt Sara wohl?

Mein Nachbar ist ein Nilpferd

Sara wohnt mitten in Berlin. Doch wenn Sara morgens zur Schule geht, begegnet sie nicht nur menschlichen Großstadtbewohnern: Auf dem Weg zum Schulbus kommt sie an Antilopen vorbei, dann an Robben, Rindern, Bären, Flusspferden und Kamelen. Sara, Verena und mehrere Dutzend andere Kinder wohnen mitten im Zoo. Ihre Eltern arbeiten dort als Tierpfleger, Tierärzte oder andere Angestellte.

„Als ich in der ersten Klasse war, wollten mich alle meine Klassenkameraden besuchen kommen", erinnert sich die 12-jährige Sara. „Sie kamen allerdings nicht meinetwegen, sondern wegen der Tiere." Heute kommt nur noch, wer tatsächlich zu Sara möchte. Doch das ist nicht so einfach. Denn wer unangemeldet kommt, muss Eintritt zahlen. „Darum sagen wir immer bei den Kassenhäuschen an den Toren Bescheid." Wenn jemand doch spontan vorbeikommt, ruft der Kassierer erst zu Hause bei Sara, Verena oder den anderen Zookindern an.

Und dann gehen sie doch meistens durch den Zoo. „Eine Freundin will gerne ins Raubtierhaus, die andere dorthin, wo Jungtiere sind", erzählt Sara. Bei ihrer zwei Jahre älteren Schwester ist es anders: „Meine Freundinnen und ich quatschen einfach stundenlang, auf die Tiere achten wir gar nicht mehr."
Der gleichaltrige Michael erzählt: „Im Sommer, wenn es warm ist, bin ich gerne mit meinen Kumpels am Schwanentempel. Das ist ein Gebäude neben dem Restaurant. Dort kann man gut die Zoobesucher beobachten. Die sind manchmal wirklich merkwürdig."

„Manchmal denken sie, die Robben hätten sich in einen Graben gestürzt und würden dort nicht mehr rauskommen. Dann klingeln sie immer bei uns", sagt Sara. „Oder sie denken, die Otter müssten dringend gefüttert werden. Die quieken und schreien immer so, wenn die Besucher dort vorbeigehen."
Was sie später einmal beruflich machen wollen, steht für Sara, Michael und Verena, die Kinder aus dem Berliner Zoo, bereits fest: Irgendetwas mit Tieren.

2 Was meinst du, wie feiern die Zookinder Geburtstag oder Neujahr?

3 Stell dir vor, du lebst neben einem Bahnhof oder Flughafen, in einer Tankstelle, in einem Schloss, unterm Dach einer Schule oder in einem kleinen Häuschen im Stadtpark. Erzähle davon.

 4 Arbeitet zu zweit. Einer liest Witz A, der andere Witz B. Benutzt das Wörterbuch. Macht dann die Schulbücher zu und erzählt den Witz eurem Partner.

A Eine alte Dame wohnt etwas außerhalb der Stadt. Eines Tages kommt der Vertreter einer Staubsaugerfirma zu ihr. Bevor sie irgendetwas sagen kann, schüttet der Vertreter eine ganze Tüte voller Schmutz auf den Teppich im Wohnzimmer und sagt dann: „Wenn der neue Staubsauger unserer Firma diesen Dreck nicht in 30 Sekunden aufgesaugt hat, lecke ich ihn bis auf das letzte Krümelchen auf." Da meint die Dame: „Guten Appetit mein Herr, ich habe hier im Haus keinen Strom!"

B Der Fahrstuhl im Wohnhaus ist kaputt. Vater und Sohn gehen die Treppen hoch. Der Sohn sagt im ersten Stock: „Papa, ich muss dir etwas sagen!" Vater: „Jetzt nicht, oben!" Im zweiten Stock sagt der Sohn wieder: „Papa, ich muss dir etwas ganz Wichtiges sagen!" – „Jetzt nicht, oben!" Im dritten Stock: „Papa ich muss dir aber etwas sagen!" – „Jetzt nicht, oben!" Als sie endlich oben im sechsten Stock angekommen sind, fragt der Vater: „So mein Sohn, was wolltest du mir sagen?" „Ich wollte dir nur sagen, dass wir den Schlüssel unten vergessen haben."

Die eigenen vier Wände

1 Stell dir ein Fenster in deiner Wohnung, bei deinem Freund, bei deiner Großmutter oder in einem fremden Haus vor. Du stehst draußen und siehst durch das Fenster hinein. Oder du stehst drinnen und siehst hinaus. Was siehst du? Was passiert? Schreibe eine kleine Erzählung.

Sieh durch das Fenster hinaus, sieh durch das Fenster hinein.

Wo ist das Fenster?
- in einem Haus
- in einer Wohnung
- in einem Schloss
- im Erdgeschoss, im ... Stock, im Dachgeschoss
- in einer Stadt
- in einem Dorf
- im Wald

Was sieht man, wenn man durch das Fenster hinein sieht?
- Möbel
- Bilder
- Haustiere
- Menschen
- eine Feier
- Streit

Wer wohnt dort? Beschreibe:
- Alter
- Aussehen
- Kleidung
- Tätigkeit
- Beruf
- Gedanken
- Gefühle

Was sieht man, wenn man durch das Fenster hinaus sieht?
- Straße
- Bäume
- Park
- Regen
- Autos
- Menschen

Wo bist du?

Wer ist noch dabei?

Wann passiert es?
- abends
- nachts
- morgens
- am Tag
- in der Nacht
- im Sommer

Was hörst du?

2 Lies zuerst die Sätze und danach die Kurzgeschichte unten. Entscheide dann: Welche Sätze stimmen?

Die Geschichte spielt auf einem Reiterhof. T
Das Mädchen, das am Fenster liegt, erzählt den ganzen Tag Geschichten aus ihrer Schule. F
Das Mädchen an der Tür wünscht sich, wieder gesund zu sein. F
Laura nimmt am Turnier teil. T
Das Mädchen am Fenster wird vor Laura entlassen. T

Das Mädchen am Fenster

Laura ist in den Ferien für drei Wochen auf einem großen Reiterhof. Sie reitet sehr gerne und freut sich schon auf ein Turnier, an dem sie bald teilnehmen soll. Aber nach einer Woche passiert es: Sie stürzt vom Pferd! Als sie aufwacht, liegt sie in einem Bett. Ihre Augen sind verbunden. Ein Frau sagt ihr, dass sie die Augenbinde noch eine Woche lang tragen muss und dass sie keine Angst zu haben braucht, weil sie bald wieder ganz gesund ist. Neben ihr, in einem Bett am Fenster, liegt noch ein krankes Mädchen, Leona. Laura langweilt sich bald. Sie ist außerdem traurig, weil sie nicht mehr reiten kann. Und sie hat auch etwas Angst, weil sie nichts sehen kann. Da fängt Leona an zu beschreiben, was draußen zu sehen ist. Stundenlang erzählt sie Laura, was die Reiter und Pferde tun und was beim Turnier geschieht. Laura ist glücklich. Ihre Langeweile ist weg und ihre Angst auch. Die Mädchen sprechen den ganzen Tag darüber, was Leona draußen sieht und die Zeit vergeht wie im Flug. Doch nach einigen Tagen wird Leona entlassen. Am nächsten Morgen nimmt die Krankenschwester Laura die Augenbinde ab. Neugierig und gespannt läuft sie zum Fenster und schaut hinaus. Aber da ist nichts zu sehen. Alles, was sie sehen kann, ist eine hohe graue Mauer.

3 Erzähle die Geschichte mit deinen eigenen Worten nach.
4 Wie findest du das Verhalten von Leona?

siebenundvierzig 47

+ PLUS

Aussprache

1 Man spricht -ch- nicht immer gleich aus. Höre gut zu und sprich nach.

ich   ach   ach   ich   ich   ach   ich   ach

2 Höre gut zu und sprich nach.

nicht	brauchen	Dach	wichtig	Buch – Bücher
auch	Achtung	echt	lachen	Loch – Löcher
doch	Bauch	ich	Nacht	Nacht – Nächte
schlecht	leicht	kriechen	noch	Tuch – Tücher
machen	Sache	Kuchen	Pfirsich	Sprache – Gespräch

3 Zeichne eine Tabelle. Höre die Wörter noch einmal. Schließe dein Buch und schreibe die Wörter in die Tabelle.

4 Schau dir deine Liste an und formuliere die Regel. Nach welchen Vokalen spricht man -ch- wie bei „ich", nach welchen wie bei „ach"?

5 Sprechen mit Hindernissen.
Nimm einen Korken zwischen die Zähne. Sprich diese Wörter noch einmal langsam und deutlich.

6 Kannst du so auch dieses Gedicht lesen?

Ein Hase, der gern Bücher las,
fand ein dickes Buch im Gras,
er setzte sich ins Gras und las
das dicke Buch, im Buch stand das:

Ein Hase, der gern Bücher las,
fand ein dickes Buch im Gras,
er setzte sich ...

von Josef Guggenmoos

Pfiffikus

1 **Zusammengesetzte Wörter sammeln**

Aus *die Klasse* und *das Zimmer* wird *das Klassenzimmer*, aus *die Zitrone* und *die Limonade* wird *die Zitronenlimonade* ... Es gibt viele Wörter im Deutschen, die eigentlich aus zwei Wörtern bestehen. Macht man das auch in deiner Sprache?

Bildet Gruppen von drei bis vier Schülern. Sammelt nun möglichst viele zusammengesetzte Wörter innerhalb einer Minute. Die Gruppe, der die meisten Wörter eingefallen sind, gewinnt.

2 Brückenwörter finden

Es gibt Wörter, die in mehreren zusammengesetzten Wörtern vorkommen: mal vorne und mal hinten. Zum Beispiel das Wort *Tasche*. Du findest es sowohl im Wort *Hosen**tasche*** als auch in ***Taschen**geld*.

Hose - Tasche - Geld = Hosentasche, Taschengeld

Manchmal muss man noch ein oder zwei Buchstaben hinzufügen, zum Beispiel -n- oder -er- oder -s-.

Hose	– Tasche –	Geld
Schokolade	– ??? –	Café
Käse	– ??? –	Korb
Enkel	– ??? –	Wagen
Ziege	– ??? –	Brot
Kinder	– ??? –	Haus
Fuß	– ??? –	Spiel

3 Lerntipp: Vokabeln in Guppen lernen.

Die Wohnung
der Teppich
der Schrank
das Badezimmer

Im Restaurant bestellen
die Rechnung

Meine Familie
der Onkel
Geschwister

Ferien am Meer
das Handtuch

Mein Pfiffikus-Tipp:
Lerne Vokabeln ab und zu in Gruppen – so kannst du sie dir besonders gut merken! Überlege dir ein Thema und sammle aus deiner Lernkartei alle Vokabelkarten, die dazu passen. Übe sie.
So könnt ihr natürlich auch zu zweit lernen.

Kommunikation

1 Ruck-Zuck

Was ist richtig: a, b oder c? Hört die Regeln zu diesem Spiel und schreibt sie richtig ins Heft.

Man bildet einige Mannschaften mit je
a) 2   b) 3   c) 4   Spielern.
Diese Mannschaften gehen
a) auf den Schulhof.   b) aus dem Klassenzimmer.   c) nach Hause.
Die anderen überlegen sich
a) ein Thema   b) eine Aufgabe   c) Wörter
und schreiben es/sie an die Tafel.
Die Klasse teilt sich in vier
a) Spieler.   b) Jurygruppen.   c) Mannschaften.
Nun kommt eine Mannschaft wieder
a) herein.   b) heraus.   c) herunter.
Nach dem Signal „Ruck-Zuck" nennen die beiden Spieler abwechselnd alle Wörter,
a) die mit demselben Buchstaben anfangen.   b) die zum Thema passen.   c) die sie kennen.
Sie haben eine
a) Sekunde   b) Minute   c) Stunde   Zeit.
Für jedes Wort gibt es
a) einen Gewinn.   b) eine Jury.   c) einen Punkt.

Was machen die Jurygruppen? Hört und ordnet zu.

1 Die Jurygruppen achten	die Wörter, die die Spieler doppelt nennen.
2 Die erste Jurygruppe zählt	die doppelt oder falsch waren.
3 Die zweite Gruppe notiert	auf die Spielregeln.
4 Die dritte Gruppe	notiert die Wörter, die falsch sind.
5 Am Ende zieht die Jury die Wörter ab,	alle Wörter.

2 Das ABC – Spiel

WAS BRAUCHT IHR?
- Spielt in Gruppen mit 3 bis 6 Schülern.
- Auf der rechten Seite seht ihr Ereigniskarten. Schreibt die Texte auf kleine Kärtchen, legt diese neben das Spielfeld, mit der Rückseite nach oben. Denkt euch noch weitere aus.
- Ihr braucht eine Spielfigur pro Mitspieler und einen Würfel. Stellt eure Spielfiguren auf das Start-Feld.

JETZT GEHT´S LOS!
- Ihr würfelt abwechselnd.
- Wenn du auf ein Feld mit einem Buchstaben kommst, musst du einen Satz sagen. In diesem Satz sollen möglichst viele Wörter mit diesem Buchstaben beginnen. Für jedes Wort mit diesem Buchstaben darfst du ein Feld weiterrücken.

  Beispiel: Der lange Lukas liegt auf der Wiese und liest sein Lieblingsbuch.
  Für diesen Satz bekommt man 5 Punkte.
- Wenn du auf ein Ereignisfeld kommst, ziehst du eine Ereigniskarte und tust, was auf der Karte steht.
- Wenn du auf ein Feld mit einem Pfeil kommst, folge dem Pfeil.

+ PLUS

Nenne ein Wort mit fünf Buchstaben.

Was kann man zum Frühstück essen / trinken? Nenne 5 Wörter.

Beschreibe einen Gegenstand aus dem Klassenzimmer. Die anderen raten.

Schreibe ein Wort an die Tafel. Es soll mit „S" beginnen.

Rücke drei Felder zurück.

Tausche mit dem ältesten Mitschüler in deiner Gruppe deinen Platz.

Setze eine Runde aus.

Nenne drei gelbe Gegenstände im Klassenzimmer.

Nenne fünf Möbelstücke, die im Wohnzimmer stehen.

Rücke weiter zum nächsten Buchstabenfeld. Bilde einen Satz mit diesem Buchstaben.

Schau dir deine Mitschüler an: Wie viele haben Locken?

Beschreibe deinen Nachbarn. Was trägt er heute?

7 Von Malern, Metzgern und Modedesignern

1 Was stimmt hier nicht?

 2 Arbeitet zu zweit. Frage deinen Nachbarn, er antwortet.

Welcher Mann ist der Briefträger?
Der Mann, der Fahrrad fährt, ist der Briefträger.

Welche Frau ist die Bäuerin?
Die Frau, die die Kuh streichelt, ist die Bäuerin.

Arzt / Ärztin	Maler/in
Automechaniker/in	Maurer/in
Bauer / Bäuerin	Metzger/in
Briefträger/in	Musiker/in
Busfahrer/in	Pilot/in
Dachdecker/in	Polizist/in
Fensterputzer/in	Sänger/in
Gärtner/in	Schornsteinfeger/in
Klavierlehrer/in	Sekretär/in
Kellner/in	Verkäufer/in
Koch / Köchin	Zugführer/in

52 zweiundfünfzig

Von Malern, Metzgern und Modedesignern

1 Welcher Text passt zu welchem Beruf?

 Kinderarzt  Modedesigner  Automechaniker Schauspieler

1. Es ist wunderschön, wenn man auf der Bühne steht und das Publikum aufsteht und klatscht. Es macht mir viel Spaß, immer wieder eine neue Rolle zu spielen. Ich muss zwar eine Menge auswendig lernen, aber darin habe ich schon viel Übung. Mein Tag ist oft auch anstrengend, denn tagsüber proben wir und abends sind die Vorstellungen. Ich habe mich aber schon daran gewöhnt, dass man in meinem Beruf nicht viel Schlaf bekommt.

2. Ich liebe Kleider, Farben und Stoffe und darum macht mir mein Beruf großen Spaß. Einerseits kann man dabei sehr kreativ sein, andererseits braucht man in meinem Beruf aber auch viel Geduld, weil man sehr genau und sorgfältig arbeiten muss. Wenn die Modelle später endlich fertig sind, dann weiß ich aber: Die Arbeit hat sich gelohnt!

3. Das Wartezimmer meiner Praxis ist oft sehr voll. Dann muss ich schnell entscheiden, welcher meiner kleinen Patienten zuerst Hilfe braucht. Mein Beruf ist einerseits sehr anstrengend, weil ich abends oft auch zu den Kindern nach Hause fahren muss. Andererseits macht er mir aber viel Freude, weil ich Kinder sehr gern habe und froh darüber bin, dass ich ihnen helfen kann.

4. Ich arbeite in einer Werkstatt und repariere Fahrzeuge. Ich finde es zwar manchmal langweilig, immer wieder dasselbe zu machen, zum Beispiel Ölwechsel und Reifenwechsel, aber ich finde es sehr spannend, den Fehler bei kaputten Autos zu suchen. Ich bin sehr stolz darauf, dass ich meistens den Fehler finden und das Auto reparieren kann.

> Als … muss ich zwar … , aber … .
> Einerseits … andererseits

Ich bin zwar ein Rabe, aber einen Vogel habe ich nicht!

2 Welche Vor- und Nachteile ihrer Berufe nennen die Personen?

 3 Höre dir den Text an. Welche Berufe haben die Personen?

 4 Arbeitet zu zweit. Schreibt einen Text zu einem Beruf eurer Wahl und lest ihn in der Klasse vor. Die anderen sollen raten, um welchen Beruf es sich handelt.
Ihr könnt den Beruf auch vorstellen, ohne zu sprechen (Pantomime).

5 Stimmt das?

Der Koch kocht.
Der Schmied schmiedet.
Der Schreiner hobelt.
Der Gärtner pflanzt.
Der Wächter wacht.

  Ja, das stimmt.

  Stimmt das auch?

Der Schmied wacht.
Der Gärtner schmiedet.
Der Koch hobelt.
Der Schreiner pflanzt.
Der Wächter kocht.

  Nein, das stimmt nicht.

Doch, das stimmt!
Der Schmied wacht darüber,
dass ihm das Feuer nicht ausgeht.
Der Gärtner schmiedet Pläne[1]
für seine Ferien.
Der Schreiner pflanzt sich
vor dem Lehrling auf[2].
Der Koch hobelt Käse
für die Nudeln.
Der Wächter kocht,
er kocht vor Wut[3] auf sich selbst,
weil er eingeschlafen ist.

von Hans Manz

[1] Pläne schmieden = etwas planen
[2] sich aufpflanzen = umgangssprachlich: sich hinstellen
[3] kochen vor Wut = sehr wütend sein

 6 Schau dir noch einmal das große Bild auf der vorigen Seite an.
Kannst du ein ähnliches Gedicht zu anderen Berufen schreiben?

dreiundfünfzig 53

7 Von Malern, Metzgern und Modedesignern

C

Wenn euer Taschengeld nicht reicht, haben wir eine Lösung: Wir suchen Jugendliche, die uns beim Austragen von Prospekten helfen. Wenn du mindestens 12 Jahre alt bist und jeden Samstag etwas Geld dazu verdienen möchtest (5 Euro/Stunde), dann ruf uns an!
☎ 3467029

Supermarkt sucht Aushilfe. Schüler ab 15 J., 2 x pro Woche
☎ 7191360

Aushilfe gesucht. Schnelles Geld für schnelle Radfahrer! Foto Andersch sucht ab sofort einen Fahrradkurier, gerne Schüler, ab 15 J. ☎ 7891230

Wir suchen zweimal pro Woche für 2-3 Stunden eine/n Schüler/in für verschiedene Gartenarbeiten (6 € pro Stunde).
Bist du gerne an der frischen Luft? Wenn du mindestens 15 J. alt bist, dann melde dich bei uns.
☎ 9034184

Junge Familie sucht eine/n nette/n und zuverlässige/n Babysitter/in (mind. 14 J.), der/die je nach Bedarf (mind. 1x pro Woche) auf unsere 2 Kinder aufpasst (5-8 €/Std.).
☎ 6712305

Welcher Schüler (ab 16 J.) gibt unserem Sohn (5. Klasse) dreimal pro Woche je eine Stunde Nachhilfe in Mathematik und Englisch? (8-10 Euro/Std.) ☎ 2789334

1 Jobsuche. Höre und lies den Dialog: Auf welche Anzeige bewirbt sich Martin?

Herr Neumann: Foto Andersch, mein Name ist Neumann, guten Tag.
Martin: Guten Tag, hier ist Martin Schlüter. Ich habe in der Zeitung Ihre Anzeige gelesen. Ich möchte mich um den Job als Fahrradkurier bewerben. Ist er noch frei?
Herr Neumann: Ja, wir suchen noch jemanden, der mit dem Fahrrad Bilder ausliefert, die unsere Kunden dringend brauchen. Hast du denn schon einmal als Fahrradkurier gearbeitet?
Martin: Nein, noch nicht.
Herr Neumann: Wie alt bist du denn?
Martin: Fünfzehn.
Herr Neumann: Gut. Und hast du ein eigenes Fahrrad?
Martin: Ja klar, das habe ich. Wie viele Stunden pro Tag muss man denn bei Ihnen arbeiten?

Herr Neumann: Ungefähr ein bis zwei Stunden.
Martin: Und was verdient man pro Stunde?
Herr Neumann: 6,50 Euro, plus Trinkgeld.
Martin: Plus Trinkgeld, das ist nicht schlecht. Ich möchte gerne bei Ihnen arbeiten. Kann ich schon bald anfangen?
Herr Neumann: Langsam, langsam. Ich schlage vor, du kommst erst einmal hier vorbei und stellst dich persönlich vor.
Martin: Kein Problem. Soll ich heute noch kommen?
Herr Neumann: Nein, heute nicht mehr. Es ist schon zu spät. Passt es dir morgen Nachmittag?
Martin: Ja, kein Problem.
Herr Neumann: Dann komm bitte morgen Nachmittag gegen vier Uhr vorbei.
Martin: Einverstanden. Bis morgen dann. Und vielen Dank. Auf Wiederhören.
Herr Neumann: Auf Wiederhören.

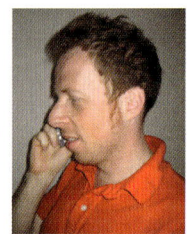

2 Auch Paula bewirbt sich um einen Schülerjob. Höre gut zu und korrigiere die Sätze: GA 7.5

a Paula bewirbt sich als Babysitter. F
b Sie ist sehr unsportlich. T
c Die Arbeitszeit beträgt drei Stunden pro Woche. F
d Man verdient 7,50 € pro Stunde. F

e Frau Becker arbeitet an der Kasse. T
f Paula geht am Dienstag zu Frau Becker. F
g Es stellt sich auch noch ein zweiter Bewerber vor. T

3 Schreibt zu zweit ein Telefongespräch zu einer Anzeige und spielt es vor.

4 Schreibe eine Anzeige zu einem anderen Schülerjob.

> Als ... muss man ...
> Man muss mindestens ... Jahre alt sein.
> Die Arbeitszeit beträgt ... täglich / wöchentlich.
> Man verdient ... Euro in der Stunde / pro Stunde.

1 Was wisst ihr über die Berufe Kindergärtner/in und Grafiker/in? Sammelt Stichwörter an der Tafel.

Schülerzeitung Denkpause

Projekttage

Ein Tag als Kindergärtnerin

Dagmar und ich durften einen Tag lang in einem Kindergarten mithelfen. Um acht Uhr ging es los. Zuerst gab es eine kleine Turnstunde mit Bällen. Das machte uns allen sehr viel Spaß. Allerdings war es die ganze Zeit schrecklich laut. Alle Kinder riefen durcheinander und einige schrien sogar – daran musste ich mich erst gewöhnen. Danach las die Kindergärtnerin einigen Kindern ein Märchen vor und es wurde ein bisschen ruhiger. Das Märchen, das sie vorlas, fand ich ziemlich langweilig, aber ich dachte: Hauptsache, es schreit keiner! Einige Kinder malten dabei. Die Bilder, die sie malten, waren zwar sehr bunt, aber erkennen konnte ich nichts. Aber das ist ja auch nicht wichtig, Hauptsache, den Kindern macht das Malen Spaß. Später bastelten alle aus buntem Papier Fensterbilder. Beim Basteln ärgerte ein Mädchen immer die anderen: Es nahm den anderen die Schere weg oder zerriss ihre Bilder.
Ein kleinerer Junge, den das Mädchen auch ärgerte, weinte plötzlich und da fingen wieder alle an, laut zu reden. Das ging mir ziemlich auf die Nerven. Aber danach war zum Glück auch schon Mittag und die Kinder gingen nach Hause. Der Tag im Kindergarten war zwar ganz lustig, aber jetzt will ich eigentlich nicht mehr Kindergärtnerin werden. Es ist viel zu laut und zu anstrengend! Ich möchte lieber mit älteren Kindern arbeiten, zum Beispiel als Lehrerin in der Schule.
Katinka Schildt

Ein Tag als Grafiker

Herr Thiele, unser Nachbar, nahm mich für einen Tag in sein Grafikbüro mit. Eigentlich dachte ich, dass dort alle nur am Computer arbeiten oder zeichnen, aber das ist gar nicht so. Drei Männer und eine Frau saßen fast den ganzen Vormittag zusammen und diskutierten über ein neues Werbeplakat.
Herr Thiele zeigte mir später am Computer das Zeichenprogramm, das er benutzte. Ich durfte dieses Programm sogar selbst ausprobieren. Mittags ging ich mit ihm und den anderen in ein Schnellrestaurant zum Mittagessen. Alle redeten die ganze Zeit nur über die Arbeit! Es war aber sehr nett, wir haben viel gelacht. Danach setzten sich alle wieder vor die Computer. Herr Thiele arbeitete an einer Werbeanzeige, die er abends seinem Chef zeigen sollte. Dabei durfte ich natürlich nur zuschauen. Später trafen sich wieder alle in einem Raum, um Kaffee zu trinken. Dabei diskutierten sie wieder über das Werbeplakat. Danach ging jeder wieder an seinen Schreibtisch.
Ich konnte an diesem Tag sehen, wie die Arbeit eines Grafikers aussieht. Ich finde diesen Beruf sehr interessant und kann mir vorstellen, diesen Beruf später zu erlernen.
Jakob Rothe

22 / Denkpause

2 Was meint ihr: Hat Katinka durch das Praktikum Neues über den Beruf der Kindergärtnerin erfahren?

3 Welche Berufe findet ihr interessant? Wie stellt ihr euch die tägliche Arbeit in diesen Berufen vor? Was meint ihr: Welche Vor- und welche Nachteile haben diese Berufe?

Von Malern, Metzgern und Modedesignern

E

1 Arbeitet zu zweit: Fügt immer zwei Wörter zusammen und erfindet Fantasieberufe.

der Hund + die Testerin = die Hundetesterin

Zug – Tänzer/-in
Restaurant – Arzt / Ärztin
Computer – Einkäufer/-in
Hotel – Friseur/-in
Hunde – Kellner/-in
Regen – Ingenieur/-in
Ski – Lehrer/-in
Fallschirm – Tester/-in
Musik – Reiniger/-in
Socken – Anwalt / Anwältin
Mode – Fachmann/Fachfrau
Tafel – Designer/-in
Disco – Maler/-in
Auto – Psychologe/-in
Supermarkt – Architekt/-in

2 Hier sind zwei Beschreibungen von Fantasieberufen. Für welchen der beiden Berufe entscheidest du dich?

Beruf: Fallschirmreiniger/in
Aufgabe:
Als Fallschirmreiniger/in muss man Fallschirme, die nach einem Sprung meistens sehr dreckig sind, für den nächsten Sprung wieder sauber machen und richtig falten. Man kümmert sich auch darum, dass die Seile in Ordnung sind und keine Knoten haben.
Ausbildung: Nach der Schule müssen Fallschirmreiniger erst eine Lehre in Wasch- und Putzmittelkunde machen. Nach zwei Jahren können sie sich auf das Fallschirmreinigen spezialisieren.

Beruf: Hundetester/in
Aufgabe: Als Hundetester/in testet man die Eigenschaften und Fähigkeiten von Hunden. Man geht zum Beispiel mit dem Hund, den man testet, spazieren und prüft dabei, ob er sich zum Spazierengehen eignet. Man testet auch, ob sich der Hund als Wachhund eignet. Dazu muss man sich als Einbrecher verkleiden und nachts über den Zaun zum Hund klettern.
Ausbildung: Hundetester müssen sich mit Hunden sehr gut auskennen. Die Ausbildung dauert drei Jahre. Die Prüfung ist sehr schwer, man muss sich sehr sorgfältig darauf vorbereiten.

3 Beschreibe auf ähnliche Weise einen deiner Fantasieberufe.

GA 7.6

sich interessieren für   sich vorbereiten auf
sich auskennen mit   sich beschäftigen mit
sich kümmern um   sich spezialisieren auf

Ich spezialisiere mich auf Regentänze.

4 Spielt zu zweit ein Bewerbungsgespräch für diesen Beruf.

Von Malern, Metzgern und Modedesignern

1 Fünf Jugendliche auf dem Weg zu ihrem Traumberuf.
Wie weit sind sie schon gekommen? Vergleiche die Berichte.

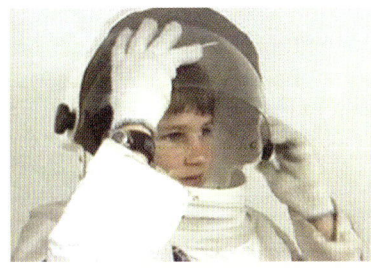

Traumberuf Astronaut
Überall in der Welt träumen Kinder davon, einmal als Astronaut ins Weltall zu fliegen. Für Jessica aus New York ist dieser Traum fast Wirklichkeit geworden. Im Weltraum-Camp für Kinder in Huntsville / USA konnte sie im luftleeren Raum schweben. Es war zwar alles nur simuliert, aber so trainieren auch die echten Astronauten, die sich auf eine Fahrt in den Weltraum vorbereiten.

Traumberuf Fußballer
Wer im Bernabeau-Stadion in Madrid spielen darf, hat es im Fußball schon weit gebracht. Diego und Jesús sind beide fünfzehn Jahre alt und spielen in der B-Mannschaft von Real Madrid. Sie sind schon ziemlich nah dran an ihrem Traumberuf. Sie wollen nämlich Profi-Fußballer werden - natürlich bei Real Madrid.

Traumberuf Tänzerin
„Moskitos fangen" oder „Der Wind in der Kokospalme" heißen die Bewegungen beim Legong, einem ganz besonderen Tanz auf Bali in Indonesien, den nur Mädchen zwischen fünf und vierzehn Jahren tanzen dürfen. Fast jedes Mädchen auf Bali träumt davon, einmal Legong-Tänzerin zu werden. Für die elfjährige Ari ist der Traum Wirklichkeit geworden.

Traumberuf Tierarzt
Gregory liebt Tiere, aber leider darf er kein eigenes Haustier haben. Darum besucht er gern seinen Freund Damien, der einen Hund hat: Snoopy. Leider ist Snoopy krank und muss oft zum Tierarzt, was er gar nicht mag. Aber Gregory geht gerne mit ihm dorthin. Er möchte nämlich selbst später einmal Tierarzt werden, weil er dann den Tieren helfen kann.

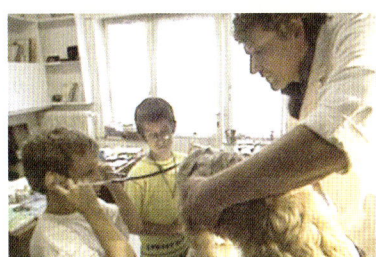

Traumberuf Clown
Ronald hat es geschafft. Endlich ist er im Zirkus als Clown aufgetreten. Und er hat es auch verdient: Als sein Lieblingszirkus in Holland kurz vor dem Ruin stand, war er es, der die Zeitungen informierte und um Hilfe bat. Der Zirkus überlebte und Ronald bekam eine kleine Rolle als Clown. Ein Anfänger ist Ronald nicht, er übt schon lange, wie man sich als Clown bewegen muss, denn Clown ist Ronalds Traumberuf.

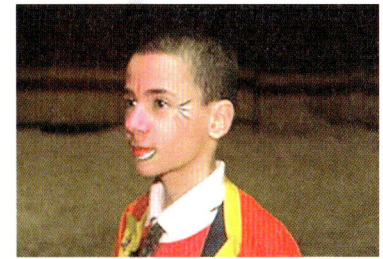

2 Könntest du dir vorstellen, einen dieser Berufe zu haben? Begründe.

3 Was ist dein Traumberuf? Warum?

4 Macht eine Liste mit euren Traumberufen. Welche sind die beliebtesten Berufe in der Klasse?

8 Blick in die Zukunft

A

1 Was glaubst du: Wer sagt diese Sätze? Zu wem?

- Ich werde ab heute jeden Morgen joggen, um fitter zu sein und besser Tennis spielen zu können.
- Ich werde ab jetzt mehr zu Hause helfen.
- „Morgen, morgen, nur nicht heute", sagen alle faulen Leute!
- Ich werde mich im nächsten Schuljahr mehr anstrengen, um meine Noten zu verbessern.
- Ab heute werde ich mich nicht mehr mit meinen Geschwistern streiten.
- Ich werde ab sofort mein Taschengeld sparen, um mir bald ein Skateboard kaufen zu können.
- Ich werde jetzt täglich eine Stunde Gitarre üben, um bald in unserer Schulband mitspielen zu dürfen.
- Ab jetzt werde ich jeden Samstag mein Zimmer aufräumen, um nicht immer so lange meine Sachen suchen zu müssen.

2 Was für Vorsätze hast du? Lege eine Liste an:

Meine Vorsätze für die Zukunft
Ich werde ab heute, ab morgen ..., ab nächster Woche ..., ab nächstem Monat ...

GA 8.1, 8.2

3 Felix' Vorsätze *resolutions*

Es ist Sonntagabend. Felix bekommt einen großen Schreck, denn ihm fällt ein, dass er seine Hausaufgaben noch nicht gemacht hat! Er nimmt sich vor, ab sofort seine Hausaufgaben immer gleich nach der Schule zu machen. Am Montag verspricht er seiner Mutter, sich weniger mit seiner Schwester Lara zu streiten. Am Dienstag nimmt sich Felix vor, jeden Tag Sport zu treiben und sein Zimmer regelmäßig aufzuräumen. Am Mittwoch plant er, Gitarre spielen zu lernen.
In den nächsten Tagen bemüht sich Felix, alle seine Vorsätze zu verwirklichen. Er fängt an, Gitarre zu üben, räumt sein Zimmer auf, lernt fleißig, ist nett zu seiner Schwester und geht joggen.
Aber am Samstag streitet sich Felix mit seiner Schwester Lara so sehr, dass sie bis zum Abend kein Wort miteinander reden. Nach fünf Minuten hört er auf, Gitarre zu üben, weil ein wichtiges Fußballspiel im Fernsehen zu sehen ist. Er ist müde und beschließt, heute nicht zu joggen. Die Hausaufgaben möchte er am Sonntag machen. Sein Zimmer ist wieder unordentlich wie früher.
Am Abend fragen ihn alle: „Hast du dir nicht vorgenommen, ...?" Er beschließt, sich nichts mehr vorzunehmen.
Aber am Sonntagabend fühlt er sich schlecht, weil er seine Hausaufgaben für Montag nicht gemacht hat. Er nimmt sich vor, ab sofort seine Hausaufgaben immer gleich nach der Schule zu machen ...
Wird er es in dieser Woche schaffen?

GA 8.3

Es nützt[1] nicht viel, sich rotzuschämen[2].
Es nützt nichts, und es schadet[3] bloß,
sich tausend Dinge vorzunehmen.
Lasst das Programm! Und bessert euch drauflos[4]!

von Erich Kästner

4 Wie lauten Felix' Vorsätze?

5 Schreibe eine andere Geschichte über ein Mädchen oder einen Jungen mit guten Vorsätzen.

sich vornehmen ...	
versprechen ...	
beginnen ...	... etwas zu tun.
sich bemühen ...	
aufhören ...	

---
[1] nutzen: gut für etwas sein [2] sich rotschämen: sich sehr schämen, sich schlecht fühlen
[3] schaden: etwas verschlechtern, schlecht machen [4] drauflos: gleich, ohne Vorbereitung

Blick in die Zukunft

1 Welche Sternzeichen habt ihr? Lest euch gegenseitig eure Horoskope für die nächste Woche vor.

 **Steinbock** 22. DEZEMBER – 20. JANUAR
Freundschaft: Durch eine lustige Idee wirst du dich sehr beliebt machen.
Schule: Jemand kritisiert dich. Sei nicht beleidigt, sondern mache es besser!

 Wassermann 21. JANUAR – 19. FEBRUAR
Freundschaft: Ein Freund oder eine Freundin wird in der nächsten Woche deine Hilfe brauchen. Habe ein offenes Ohr für sie/ihn!
Schule: Das Lernen hat sich gelohnt. Du bist in allen Fächern fit! Weiter so!

 Fische 20. FEBRUAR – 20. MÄRZ
Freundschaft: Denke bei deinen Plänen daran: Wer anderen eine Grube gräbt, fällt selbst hinein!
Schule: Sei mutiger, dann wirst du Erfolg haben.

 **Widder** 21. MÄRZ – 20. APRIL
Freundschaft: Jemand ist sehr unfreundlich zu dir. Lass dich nicht verunsichern!
Schule: Du bist sehr ehrgeizig und fleißig. Achte aber auch auf deine Gesundheit!

 **Stier** 21. APRIL – 21. MAI
Freundschaft: Sei offen für neue Leute, sie werden dein Leben verändern.
Schule: Es wird nicht alles so sein, wie du gehofft hast. Sei nicht traurig und mache das Beste daraus.

 Zwilling 22. MAI – 21. JUNI
Freundschaft: Jemand belügt dich. Sei vorsichtig!
Schule: Du langweilst dich? Egal, es werden wieder interessantere Zeiten kommen!

 **Krebs** 22. JUNI – 22. JULI
Freundschaft: In den nächsten Tagen wird es Streit geben. Bleibe fair!
Schule: Dein Fleiß hat sich gelohnt! Du wirst gute Noten bekommen.

 **Löwe** 23. JULI – 23. AUGUST
Freundschaft: Auf einer Party wirst du im Mittelpunkt stehen. Genieße es!
Schule: Du wirst hart arbeiten müssen, aber du wirst es schaffen und stolz auf dich sein!

 Jungfrau 24. AUGUST – 22. SEPTEMBER
Freundschaft: Ein Freund wird dich nach deiner Meinung fragen. Gib ihm eine ehrliche Antwort.
Schule: Du wirst alles verwirklichen, was du dir vorgenommen hast. Du kannst aber noch mehr!

 **Waage** 24. SEPTEMBER – 23. OKTOBER
Freundschaft: Ein Freund wird dich überraschen.
Schule: Ein Mitschüler braucht deine Hilfe. Denke nicht immer nur an dich!

 Skorpion 24. OKTOBER – 22. NOVEMBER
Freundschaft: Jemand wird dich ärgern. Sage ihm/ihr ehrlich, was dich stört.
Schule: Du hast in den letzten Wochen viel gearbeitet. Jetzt solltest du dich erholen.

 **Schütze** 23. NOVEMBER – 21. DEZEMBER
Freundschaft: In deinem Freundeskreis wird sich etwas verändern. Sei offen für Neues.
Schule: Verschiebe wichtige Aufgaben nicht auf morgen!

2 Um zu erfahren, was die Zukunft bringen wird, lesen manche Menschen Horoskope. Andere gehen zu Wahrsagern, die die Linien in ihrer Hand lesen. Fallen dir andere Beispiele ein? Glaubst du daran, dass man in die Zukunft sehen kann? Diskutiert in der Klasse.

3 Kennst du weitere Beispiele für Aberglauben? Bist du abergläubisch?

4 Tobias ist etwas abergläubisch. Was macht er deswegen? Höre gut zu und mache dir Notizen.

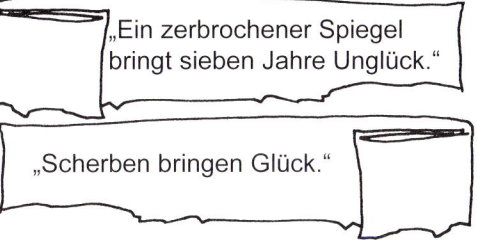

„Ein zerbrochener Spiegel bringt sieben Jahre Unglück."

„Scherben bringen Glück."

Blick in die Zukunft

1 Die Perfektionisten

Mein Kühlschrank war kaputt. Ich ging in ein Fachgeschäft, um einen neuen zu kaufen. Der Verkäufer sah mich erwartungsvoll an. „Für Sie habe ich ein ganz besonderes Angebot." Er stellte mir das Modell Albert vor. „Das ist nicht nur ein Kühlschrank, sondern sogar ein Küchenmanager. Er hat mehrere Sensoren und Elektrochips und er spricht sogar."

Zwei Tage später stand mein Albert da und schaute mich mit seinem blauen Elektro-Auge an. Ich machte die Kühlschranktür auf. „Guten Tag", sagte er etwas brummend. „Ich heiße Albert. Und du?"

„Eckhard", antwortete ich. „Eckhard, mach sofort die Tür wieder zu. Komm wieder, wenn ich die richtige Temperatur habe, dann können wir weiterreden. Und wasche dir demnächst die Hände, bevor du mich anfasst."

„Das kann ja lustig werden", dachte ich, aber ich gehorchte. Ich kaufte alle Lebensmittel ein, die ich

brauchte. Dann öffnete ich den neuen Kühlschrank und ordnete meine Einkäufe ein.

„Lege die Eier sofort in das Regal an der Tür", befahl mir Albert, „die gehören nicht in das Gemüsefach." Ich bedankte mich. „Keine Ursache", sagte Albert, „aber sag´ mal, isst du keine Margarine?" Richtig, die hatte ich vergessen. „Ab in den Supermarkt", sagte Albert, „und bring auch gleich eine Tüte Milch mit!" Albert wusste nicht nur, was ich aß und was ich kaufen musste. Er kritisierte auch meine Ernährung: „Schon wieder Hamburger! Du wirst immer fetter. Morgen isst du nur Salat!" Gut war, dass ich mich abends mit ihm unterhalten konnte, wenn ich einsam war. Ich musste nur die Kühlschranktür öffnen, dann konnte ich mit Albert wenigstens zehn Minuten sprechen, bis er sagte: „Mach sofort die Tür zu. Mir wird es zu warm!"

Nach langer Überlegung beschloss ich, mir auch einen neuen intelligenten Staubsauger zu kaufen. So zog Marlene in unseren Haushalt ein. Aber damit war das Glück vorbei, denn wenn Marlene mit ihren zwei grünen Teleskop-Augen irgendwo Staub sah, rief sie gleich: „Das muss weg! Stell mich an, Eckhard!" Und Albert beschwerte sich immer öfter eifersüchtig: „Mach endlich mal wieder sauber in mir!"

Das Schlimmste aber war, dass Albert und Marle-

ne sich nicht leiden konnten. Eines Tages hatte ich vergessen, Alberts Tür zu schließen und Marlene auszuschalten. Als ich nach Hause kam, sah ich das Schreckliche: Marlene hatte Albert mit dem Saugrohr ausgesaugt. Dabei musste es einen Kurzschluss gegeben haben, der beiden das Leben kostete. Beide waren völlig kaputt.

Ich kaufte mir einen neuen Kühlschrank und einen neuen Staubsauger. Aber dieses Mal verzichtete ich auf intelligente Manager. Ich kaufte alte Geräte, die mir keine Befehle mehr erteilen konnten. Seitdem gibt es wieder Frieden in meinem Haushalt, auch wenn nicht alles mehr so ordentlich ist wie früher. Aber darauf verzichte ich gern.

*nach Wolfgang Brenneisen,
in: Süddeutsche Zeitung*

2 Zeichne die Geschichte der „Perfektionisten" als Comic mit Sprechblasen und Kommentaren. So kannst du die Bilder einteilen:

Im Geschäft	Das erste Gespräch mit Albert	Der Alltag	Marlene - der Staubsauger	Das schreckliche Ende	Wieder im Geschäft
①	②	③	④	⑤	⑥

3 Diskutiert in der Klasse: Was für intelligente Geräte wünscht ihr euch? Warum?

Blick in die Zukunft

D

1 Ein Schüler hat dieses Gerät erfunden. Würdest du es gerne kaufen? Warum (nicht)?

Der „Kochfix 1A"

Gerätefunktion
Der *Kochfix 1A* kann fünf verschiedene Gerichte kochen: Pizza, Spagetti mit Soße, Frikadellen, Kartoffelsalat und Schokoladenpudding.

Gerätebeschreibung
Das Gerät besteht aus einem Kochautomaten, einem Trichter mit Deckel und einem Stromkabel mit Stecker.

Gebrauchsanweisung
Stecken Sie den Stecker in die Steckdose. Schalten Sie das Gerät ein. Drücken Sie den Türknopf und öffnen Sie die Tür. Legen Sie einen Teller hinein und schließen Sie die Tür wieder. Stellen Sie den Drehschalter auf eine der fünf Positionen:
1 = Pizza, 2 = Spagetti mit Soße, 3 = Frikadellen,
4 = Kartoffelsalat, 5 = Schokoladenpudding.
Heben Sie den Deckel des Trichters hoch und legen Sie die Zutaten mit der Verpackung in den Trichter hinein. Drücken Sie dann den Knopf unter dem Trichter. Nun fallen alle Zutaten in den Kochautomaten hinein. Nun drücken Sie den Startknopf: Das Gerät packt die Zutaten aus, putzt, schneidet, rührt und kocht sie. Wenn das Gericht fertig ist, hören Sie einen Klingelton. Drücken Sie nun wieder den Türknopf und öffnen Sie die Tür. Nehmen Sie den Teller heraus und schließen Sie die Tür. Nun schalten Sie das Gerät aus.
Guten Appetit!

2 Lege eine Liste an mit allen Verben aus der Gebrauchsanweisung des *Kochfix 1A*.

3 Schau dir das Bild rechts an und überlege: Was ist wohl die Funktion des Geräts *FM 3*?

4 Höre gut zu und schreibe dann die Gebrauchsanweisung des Geräts *FM 3*.

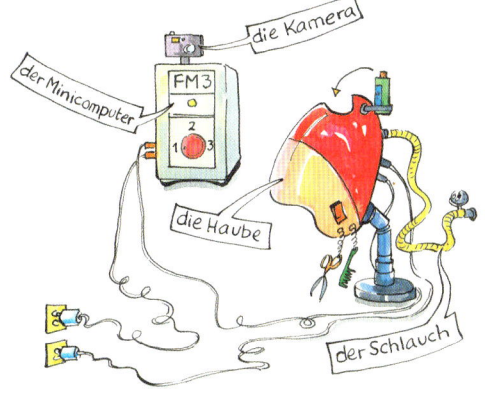

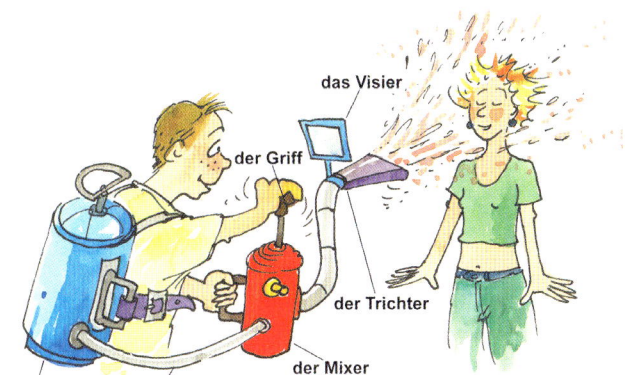

GA 8.4, 4.2

5 Links seht ihr das Gerät *MUT 3000*! Überlegt zu zweit, welche Funktion es hat und wie man es gebraucht. Schreibt dann einen Dialog zwischen einem Verkäufer und einem Kunden. Spielt den Dialog der Klasse vor.

6 Erfindet ein anderes intelligentes Gerät. Zeichnet das Gerät und beschreibt, was es kann. Schreibt dann eine Gebrauchsanweisung.

einundsechzig 61

Blick in die Zukunft

1 Rechts siehst du eine Zauberuhr. Wenn du an den Zeigern drehst, vergeht die Zeit ganz schnell und du kannst viele Minuten, Stunden oder sogar ganze Tage überspringen. In welchen Situationen möchtest du sie gebrauchen?

Der ungeduldige Jüngling

Es war einmal ein junger Mann, der sich an einem warmen Sommerabend mit seiner Verlobten treffen wollte. Weil er aber ein ungeduldiger Mensch war, kam er viel zu früh zum verabredeten Treffpunkt. Nun musste er warten. Das tat er gar nicht gerne. Unruhig lief er hin und her, setzte sich nach einer Weile verärgert auf eine Bank und schlief dort schließlich ein.

Plötzlich flog ein alter schwarzer Rabe herbei, hockte sich neben ihn auf die Bank und krächzte: „Das Warten fällt dir schwer, nicht wahr? Nun, ich kann dir helfen! Siehst du diese kleine goldene Uhr? Wenn du wieder einmal auf etwas wartest, musst du nur ihre Zeiger weiter drehen und schon stehst du in der Zukunft. Nimm sie!" Der junge Mann freute sich. Kaum war der Rabe davon geflogen, drehte er an den Zeigern und vor ihm stand lachend seine hübsche Verlobte. Da dachte der junge Mann: „Wie wird sie wohl an unserem Hochzeitstag aussehen? Ich möchte sie gerne jetzt gleich heiraten." Schnell drehte er noch einmal an den Zeigern. Plötzlich hatte seine Verlobte ein wunderschönes Brautkleid an und sie tanzten zwischen vielen Gästen auf ihrer Hochzeitsfeier. Der junge Mann dachte: „Wie schön wird es sein, wenn wir zusammen in einem kleinen Haus wohnen!" Wieder bewegte er die Zeiger und da stand er mit seiner Frau im Garten vor einem kleinen Haus. Als sie hinein gingen, kam ihm das Haus aber etwas still und leer vor. „Wie wird es sein, wenn wir Kinder haben?", dachte da der Mann und er drehte ungeduldig an den Zeigern. Da saß er mit drei Kindern am Tisch und es war laut und fröhlich. Doch der Mann dachte: „Wird es auch so schön sein, wenn wir ein Enkelkind haben?" Und wieder drehte er an der Uhr.

Da saß er mit einem Enkelkind auf dem Schoß auf einem Sessel und seine Kinder waren schon erwachsen und er und seine Frau hatten schon graue Haare. Und plötzlich fühlte er sich sehr alt und müde. Er wollte nicht mehr an den Zeigern drehen, denn was sollte jetzt noch kommen?

Da merkte er, wie dumm er gewesen war. Statt jeden Moment zu genießen, hatte er nie warten wollen und nun war sein Leben so schnell vorbei gegangen. Er versuchte, die Zeiger zurück zu drehen, aber es ging nicht – die Zeiger ließen sich nur vorwärts drehen. Erschrocken schrie der Mann auf und … saß auf der Holzbank. Die Luft war sommerlich warm. Es roch nach Blumen. Wie schön, dachte der junge Mann, es war nur ein Traum! Er streckte sich auf der Bank aus und wartete geduldig auf seine Verlobte.

2 Warum war der junge Mann am Ende seines Traums unglücklich? Was hat er falsch gemacht?

3 Stell dir vor, der Mann erzählt die Geschichte eines Tages seinem Sohn oder seinen Enkelkindern. Wie wird er sie erzählen?

4 Kennst du eine andere Geschichte über jemanden, der in die Zukunft reist? Erzähle sie der Klasse.

Blick in die Zukunft

1. **Was wollt ihr anders machen als eure Eltern, wenn ihr erwachsen seid? Sammelt an der Tafel.**

2. **Bloß nicht wie die Eltern werden!**

   Klara weiß eines ganz genau: Sie wird alles ganz anders machen als ihre Eltern. Denn das Leben ihrer Eltern findet sie schrecklich langweilig. Und damit sie nicht vergisst, was sie später anders machen will, führt sie ein kleines Notizbuch. In dieses schreibt sie alles, was ihr wichtig ist.

Papa und Mama unterhalten sich oft über ihre Arbeit, das ist so langweilig! Ich werde mich später nur über interessante Dinge unterhalten: über meine Freunde, über Politik und über Musik. Meine Eltern wollen abends und am Wochenende Ruhe haben und treffen sich darum selten mit ihren Freunden. Sie haben dafür keine Zeit, sagen sie. Ich werde mich später jeden Tag mit meinen Freunden treffen!

Warum müssen Eltern immer altmodische Musik hören? Ich werde mir auch als Oma noch die neuesten Songs anhören.
Wenn meine Eltern zur Arbeit gehen, ziehen sie sich immer ganz schick an: Anzug, Krawatte und Kostüm. Sie müssen das tun, sagen sie. Ich werde nie Sachen anziehen, die mir nicht gefallen, sondern immer Jeans und Turnschuhe tragen.

3. **Wird Klara alle ihre Vorsätze verwirklichen? Diskutiert in der Klasse.**

4. **Wie siehst du deine Zukunft in 20 Jahren? Schreibe einen kleinen Aufsatz und denke dabei an folgende Themen: Wohnort, Beruf, Familie, Freizeit.**

5. **Fertigt in Gruppen eine Zukunftscollage passend zu euren Aufsätzen an. Schneidet dazu passende Fotos aus Zeitungen, Zeitschriften und Werbeprospekten aus und klebt sie auf ein großes Plakat.**

9 Unterwegs

A

1 Schau dir die Bilder an. Was meinst du: Wann hat man die verschiedenen Fahrzeuge erfunden und was hat sich dadurch verändert?

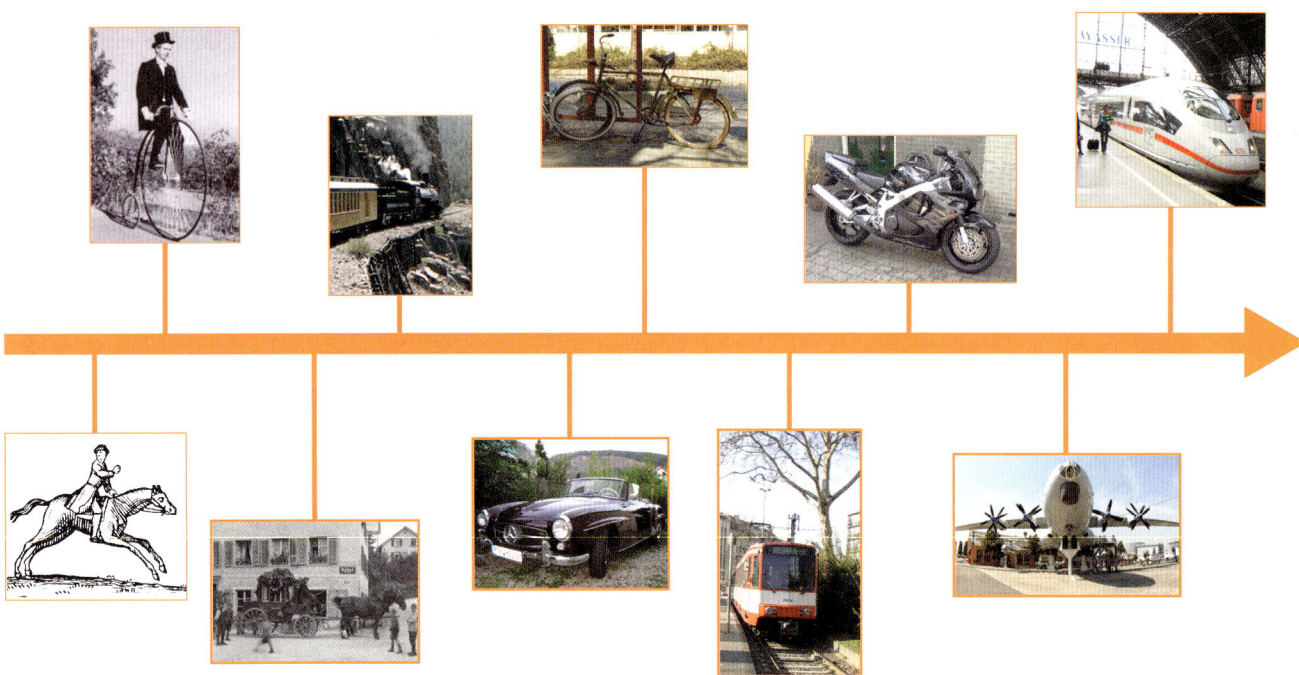

Die Menschen haben sich schon immer fortbewegt. Anfangs sind sie nur auf den eigenen Beinen gelaufen und auf Tieren geritten. Doch schon vor mehreren tausend Jahren gab es Verkehrsmittel wie Schiffe und Kutschen. Reisen dauerten damals aber noch sehr lange, Wochen, Monate oder sogar Jahre.
In den letzten hundertfünfzig Jahren machten die Menschen jedoch viele technische Erfindungen, die auch das Reisen veränderten. Nachdem man die Dampfeisenbahn (den Vorläufer des heutigen Zugs) und dann das Auto erfunden hatte, konnten sich die Menschen plötzlich viel schneller und bequemer von einem Ort zum anderen bewegen. Und nachdem man das Flugzeug erfunden hatte, war es sogar möglich, innerhalb weniger Stunden von Kontinent zu Kontinent zu reisen. Heute, seit der Erfindung der Rakete, kann man sogar ins Weltall fliegen. Vielleicht wird es bald sogar Urlaubsreisen zu anderen Planeten geben, wer weiß ...?

2 Verbinde die Satzteile zu sinnvollen Sätzen.

Nachdem man das Auto erfunden hatte, ...   flogen die Menschen zum Mond.
Nachdem man die ersten Raketen gebaut hatte, ...   konnte man in 6 Stunden von München nach Berlin fahren.
Nachdem man riesige Flugzeuge erfunden hatte, ... wollte niemand mehr mit einer Kutsche fahren.
Nachdem man den ICE gebaut hatte, ...   konnten viele Menschen im Urlaub in ferne Länder fliegen.

3 Höre dir die folgenden Hörtexte an. Ordne die Erfindungen den richtigen Jahreszahlen zu.   GA 9.1

motorisiertes Dreirad	erste Eisenbahnstrecke
Flugzeug	Zweirad	Motorrad
Dampflokomotive	Mensch fliegt in den Weltraum

1804 1886 1817 1961 1903 1824 1886

4 Höre dir den Text noch einmal an: Was erfährst du noch über die Erfindungen?   GA 9.3

64 vierundsechzig

Unterwegs

1. Der Traum vom Fliegen ist alt. Zahlreiche Techniker und Forscher haben immer wieder mit Flugmaschinen experimentiert und dabei viel riskiert.

```
Otto Lilienthal (1848-1896)
ab 1867     erste Experimente zu den „Grundlagen des Menschenflugs"
ab 1874     Experimente mit Flugmodellen und mit Drachen
            Erforschung der Eigenschaften des Windes
1889        Veröffentlichung des Buches
            „Der Vogelflug als Grundlage der
            Fliegekunst"
1890        erste Versuche mit Flugapparaten
1891        erste Flüge über 25 Meter
1893        Flugübungen in den Bergen über 250 m
1893/94     Bau mehrerer Flugapparate:
            darunter ein „Flügelschlagapparat"
1894        Serienproduktion seines Flugapparates
1896        Absturz mit seinem Flugapparat
            stirbt am 10.08. an den Folgen des
            Absturzes
```

Ferdinand Graf von Zeppelin (1838 - 1917) arbeitete seit 1874 an der Erfindung eines Ballons, mit dem man Berge und Ozeane überqueren konnte. 1899 begann er mit dem Bau des Luftschiffes LZ 1. Am 2. Juli 1900 konnte die LZ 1 schließlich zum ersten Mal starten. Bereits nach 18 Minuten musste sie eine Notlandung machen. Und auch in den folgenden Jahren hatte der Graf wenig Glück. Nachdem es bei den nächsten beiden Flügen ähnliche Pannen gegeben hatte, war er finanziell am Ende. Nur eine Lotterie und zahlreiche Spenden ermöglichten ihm 1904 den Bau des Luftschiffes LZ 2, das eine Weiterentwicklung der LZ 1 war. Doch schon bei ihrer ersten Fahrt im Jahre 1905 zerstörte ein Sturm die LZ 2. Nachdem er eine zweite Lotterie veranstaltet hatte, konnte Ferdinand Graf Zeppelin 1907 die LZ 3 entwickeln, mit der er im selben Jahr einige sehr erfolgreiche Fahrten machte. 1908 verkaufte er das Luftschiff an das Militär und konstruierte die LZ 4, die kurz darauf an einem Apfelbaum hängen blieb und verbrannte. Wieder einmal benötigte der Graf Geldspenden. Er bekam sie und gründete 1909 die erste Fluggesellschaft der Welt, die DELAG. Ab 1910 gab es Passagierluftschiffe, die verschiedene Städte in Deutschland anflogen.

> Die große Zeit der Zeppeline (benannt nach dem Erfinder und Erbauer) dauerte nur kurz. Zur gleichen Zeit entwickelte man nämlich die ersten Motorflugzeuge. Das Flugzeug hatte im Vergleich zum Zeppelin viele Vorteile, daher setzte man es immer häufiger ein. Dennoch baute man weiterhin Zeppeline.

GA 9.3, 9.4

2. Vergleiche die beiden Textsorten: tabellarischer Lebenslauf und Biografie. Wodurch unterscheiden sie sich? Welcher Text ist übersichtlicher?

3. Lies noch einmal den tabellarischen Lebenslauf von Lilienthal. Nun erzähle in ganzen Sätzen, was du über sein Leben und seine Forschung weißt.

4. Schreibe einen tabellarischen Lebenslauf von Ferdinand Graf von Zeppelin.
   a Lies den Text.
   b Suche alle Jahresangaben und wichtigen Informationen im Text. Mache dir Notizen.
   c Überlege, welche dieser Informationen in einem tabellarischem Lebenslauf erscheinen sollen.
   d Schreibe den tabellarischen Lebenslauf (Tipp: Stichpunkte, Präsens).

5. Suche im Internet oder im Lexikon nach Informationen zu einem weiteren Erfinder. Schreibe über ihn in tabellarischer Form. Stelle ihn der Klasse vor.

C

1 Mit welchen Verkehrsmitteln kommen die Kinder in die Schule?

Sonja, 15, fährt jeden Morgen mit dem Fahrrad zur Schule. „Eigentlich wohne ich nur anderthalb Kilometer von der Schule entfernt, aber zu Fuß ist es mir zu weit und einen Bus gibt es nicht", erklärt sie. „Mit dem Fahrrad geht es einfach schneller!" Fahrrad fahren findet Sonja praktisch, aber auch gefährlich. Angst hat sie besonders vor großen Kreuzungen. „Viele Autofahrer verhalten sich Radfahrern gegenüber rücksichtslos. Ich musste schon mehrmals stark bremsen, weil mich Autofahrer einfach übersehen hatten", berichtet sie.

Bis vor drei Jahren wohnte Hani, 14, in der Nähe der Schule. Dann aber zog sie mit ihrer Familie um. Heute braucht sie 40 Minuten, um mit dem Bus zur Schule und von dort wieder nach Hause zu kommen. Hani findet die Busfahrt langweilig. „Die meiste Zeit höre ich Walkman. Viele Leute im Bus kenne ich nicht. Meine Freunde steigen erst in der Nähe der Schule ein", erzählt sie. Die Zeit nutzen, im Bus lesen oder Schularbeiten machen? „Das kann ich nicht. Dabei wird mir schlecht", sagt sie.

Maximilian, 13, kommt entweder mit dem Fahrrad oder mit dem Skateboard zur Schule. Für welches Fortbewegungsmittel er sich entscheidet, hängt allein vom Wetter ab. „Wenn es kalt ist oder regnet, fahre ich lieber mit dem Fahrrad. Denn damit komme ich schneller und sicherer ans Ziel. Mit dem Skateboard rutscht man bei Nässe sehr leicht aus", sagt er. „Mit dem Skateboard macht es aber eigentlich mehr Spaß. Man muss sich mehr anstrengen und kann auch schon mal seine Wut rauslassen. Zum Beispiel wenn man sich in der Schule geärgert hat."

Robert, 13, hat den kürzesten Schulweg. Er wohnt 100 Meter von der Schule entfernt. „Ich gehe aus dem Haus raus, biege nach rechts ab und dann noch einmal nach links - und schon bin ich da", beschreibt er mit wenigen Worten den Weg, den er zurücklegen muss. Höchstens zwei Minuten braucht er zu Fuß. Manchmal wartet schon ein Freund vor der Haustür, um ihn abzuholen. Dass er so nahe bei der Schule wohnt, hat für ihn einen großen Vorteil. „Ich kann morgens länger schlafen", erklärt er.

Frederick, 14, wohnt mit seiner Familie etwas außerhalb der Stadt. Seine Eltern möchten nicht, dass er mit dem Fahrrad fährt. Sie haben Angst, dass ihm etwas passiert. Manchmal nimmt Fredericks Mutter ihn mit dem Auto mit, weil sie in der Nähe seiner Schule arbeitet. Aber meistens fährt Frederick mit der U-Bahn. „Mit meiner Mutter zu fahren ist praktisch, weil sie mich direkt vor das Schultor fährt. Ich fahre aber eigentlich lieber mit der U-Bahn. Da treffe ich meinen Freund, der zwei Stationen weiter einsteigt. Das ist lustiger, als mit meiner Mutter zu fahren."

2 Arbeitet zu zweit. Legt eine Tabelle an und notiert: Welche Vor- und welche Nachteile der Verkehrsmittel nennen die Schüler? Fallen euch weitere ein?

Verkehrsmittel	Vorteile	Nachteile
Fahrrad		
...		

3 Mit welchem Verkehrsmittel kommt ihr zur Schule? Wie lange dauert es? Sammelt an der Tafel.

Unterwegs

1 Wie heißen die Straßen, die auf den Fotos abgebildet sind?

Auf der Ludwigsburger Straße dürfen die Fahrradfahrer auch auf dem Gehsteig fahren.

Die Zülpicher Straße ist eine Vorfahrtsstraße. Autos, die von rechts kommen, müssen anhalten und warten bis die Straße frei ist.

Die Schillerstraße ist eine Sackgasse. Sie ist verkehrsberuhigt, damit die Kinder, die hier wohnen, in ihr spielen können. Sie führt von der Lechenicher Straße ab, die eine Einbahnstraße ist.

Im Vogelweg darf man nur dreißig Stundenkilometer fahren.

Hinter der Bushaltestelle Burgring darf man nur nach rechts abbiegen. Die Autos auf dem Burgring haben Vorfahrt.

Die Josephstraße in Wien ist für Autos gesperrt. Nur Fiaker und Fahrräder dürfen hier fahren.

In der Rubensstraße ist zurzeit eine Baustelle. Darum ist die rechte Fahrspur schmaler als sonst.

Soll ich nach Köln oder nach Rom fliegen?

 2 Was bedeuten die Verkehrsschilder? Arbeitet zu zweit und formuliert Regeln.

3 Wer verhält sich richtig? Was darf man nicht tun? Was muss man tun?

*Der Radfahrer 5 fährt freihändig, **obwohl** das verboten ist.*

freihändig	das Fahrrad schieben	abbiegen
gegen die Fahrtrichtung fahren	der Bürgersteig
auf dem Gepäckträger mitnehmen	der Fahrradweg

Unterwegs

E

Frau verloren

Bergheim Ein 62-jähriger Mann hatte sich während einer Autofahrt am Samstagabend mit seiner Frau unterhalten, bis ihm irgendwann auffiel, dass das Gespräch sehr einseitig geworden war. Erstaunt stellte er fest, dass sich seine Ehefrau nicht mehr im Auto befand.
Wie die Polizei später berichtete, hatte die auf der Rückbank sitzende Frau während der Fahrt festgestellt, dass ihr Sicherheitsgurt in der Tür steckte. Als ihr Mann in Bergheim an einer Ampel halten musste, bat sie ihn, einen Augenblick zu warten und stieg schnell aus, um den Gurt in Ordnung zu bringen. Als die Ampel grün wurde, fuhr der Hobbyfußballer wieder los und erzählte ihr vom letzten Fußballspiel seines Vereins.

Als er im nächsten Ort an einer roten Ampel warten musste, drehte er sich um, weil seine Frau ihm lange nicht geantwortet hatte. Er stellte fest, dass er allein im Auto war, wendete das Auto und fuhr zurück. Inzwischen hatte die Frau in strömendem Regen ein Polizeiauto angehalten. Die Beamten nahmen die Frau mit und fuhren dem Ehemann hinterher. Als das Polizeiauto vor dem Ehemann hielt und seine wütende Frau ausstieg, gab er zu, dass er ihr nicht richtig zugehört hatte. (on)

Als ich jung war, flog ich sonntags mit meiner Mutter spazieren, aber wenn es regnete, blieben wir im Nest.

GA 9.5

1 Was antwortet die Frau auf die Fragen der Polizei?

Guten Tag. Auf wen warten Sie denn hier im Regen?
Über wen ärgern sie sich denn so?
Warum sind sie ausgestiegen?
Worin steckte der Gurt?

Wusste er, dass sie aussteigen?
Mit wem hat er im Auto gesprochen?
Worüber hat er gesprochen?
Was für ein Fahrzeug fährt ihr Mann?

GA 9.6

2 Arbeitet zu zweit: Worüber sprachen der Mann und die Frau, als sie beide wieder allein im Auto waren?
Schreibt einen Dialog und spielt ihn vor.

3 Lies, was der Mann sagt, als er mit seiner Frau wieder allein im Auto sitzt. Was glaubst du, was antwortet ihm seine Frau?

„Also, Gisela, das tut mir wirklich leid. Ich verstehe überhaupt nicht, wie das passieren konnte. Wir haben uns doch die ganze Zeit gut unterhalten! Ich habe dir vom Fußballspiel erzählt und du hast ganz interessiert zugehört. Irgendwann habe ich mich aber gefragt, warum du nichts mehr sagst. An der nächsten Ampel habe ich mich dann umgedreht, ich wollte ja wissen, was los ist. Da habe ich gesehen, dass du weg warst. Verschwunden! Ich habe mich furchtbar erschrocken! Wie konnte ich denn wissen, dass du Probleme mit dem Gurt hattest? Ich frage mich, warum du mir nicht gesagt hast, dass du aussteigen willst?"

GA 9.7

Ich habe keine Ahnung, ...	wie ...
Ich weiß nicht,	warum ...
Ich verstehe nicht, ...	ob ...
Ich frage mich, ...	wann ...

4 Höre die Verkehrsmeldungen aus dem Radio und beantworte die Fragen.

a Auf welcher Brücke befindet sich der Stau? Wie lang ist er?
b Warum ist die Straße B 69 nicht befahrbar? Wie lange?
c Warum ist die Kieler Innenstadt gesperrt? Wie lange?
d Auf welcher Autobahn befindet sich der Falschfahrer?

Unterwegs

1 Lies den Text und beantworte die Fragen.
Wer spricht? Zu wem spricht er? Wo? Wird er den anderen ansprechen? Warum?

Gegenüber

Du sitzt mir gegenüber und schaust an mir vorbei.
Ich seh' dich jeden Morgen und manchmal auch um drei.
Du bist mir mal sympathisch und manchmal eine Qual.
Aber meistens egal, total egal.

Du sitzt mir gegenüber, ich weiß nicht mehr, seit wann.
Ich hatte mal die Schnapsidee, ich sprech dich einfach an.
Doch wann, wie, wo, worüber und warum verdammt noch mal,
du bist doch egal, total egal.

aus dem Musical „Linie 1"

2 **Aus Julias Tagebuch**

1 Seit zwei Wochen lehnt jeden Morgen, wenn ich zur Straßenbahnhaltestelle komme, ein irrer Typ an der Stange mit der Haltestellentafel. Er ist unheimlich groß (garantiert 1,90 m oder noch länger) und hat lange, sehr blonde Haare (mit Ringellocken). Unentwegt kaut er Kaugummi. Und wenn er sich bewegt, wirkt das sehr elegant-lässig. Ich schätze ihn auf mindestens sechzehn Jahre. Meistens hat er eine Zeitung unter den Arm
5 geklemmt. Schultasche hat er keine. Aber das sagt nicht viel. Bei uns in der Schule kommen viele aus den oberen Klassen oft ohne Schultasche.
Der Typ steigt immer mit mir in denselben Wagen ein und stellt sich neben mich. Er tut so, als würde er die Zeitung lesen. Aber er schielt oft über den Rand der Zeitung zu mir her.
Und zweimal schon, als ich zur Haltestelle kam und mir eine Straßenbahn gerade vor der Nase wegfuhr, ist
10 der Typ auch an der Stange von der Haltestellentafel gelehnt. Er hat die Straßenbahn sausen lassen, um auf mich zu warten. Das steht eindeutig fest.
Warum redet er dann nicht mit mir? Ob er schüchtern ist?
In den Trost-und-Rat-Spalten habe ich
15 zwar schon oft gelesen, dass auch ein Mädchen einen Burschen ansprechen kann, wenn er ihr gefällt, aber wie – um Himmels willen – soll ich ihn denn anquatschen?
20 *Wie heißt du?*, oder: *Wo fährst du hin?*, oder: *Gehst du auch in die Schule?*, oder gar: *Heute ist aber ein echtes Sauwetter?* Die Corinna meint, ... Vielleicht probiere ich das morgen.

*aus dem Roman „Oh, du Hölle!!"
von Christine Nöstlinger*

unter den Arm geklemmt – unter seinem Arm
unentwegt – immer
er hat die Straßenbahn sausen lassen – er ist nicht eingestiegen
Trost-und-Rat-Spalten – diese findet man in Zeitschriften,
    ähnlich einem Kummerkasten

um Himmels willen – das sagt man, wenn man ratlos ist
anquatschen – ansprechen
Sauwetter – sehr schlechtes Wetter

3 Welchen Rat gibt Corinna? Hast du eine Idee?

4 Arbeitet in Gruppen. Stellt euch vor, es kommt zu einem Gespräch in der U-Bahn (*Gegenüber*) oder an der Haltestelle (*Oh, du Hölle!!*). Schreibt den Dialog und spielt ihn in der Klasse vor.

neunundsechzig 69

Kommunikation

1 Boing!! Welches Wort gehört in welches Feld?

Stellt euch in einem ▮ auf. Dann beginnt einer zu ▮: „eins". Im Uhrzeigersinn geht es weiter: Der Nachbar zählt „zwei", der ▮ „drei". Aber Achtung! Jede ▮, die durch vier geteilt werden kann (4, 8, 12 ...) oder die eine vier enthält (14, 24 ...), dürft ihr nicht ▮. Statt dessen muss derjenige laut ▮ rufen. Alles soll sehr ▮ gehen. Klatscht darum im Takt in die ▮. Jeder, der zu ▮ ist oder die verbotene Zahl nennt, muss sich hinsetzen und darf nicht mehr mitmachen. Wer am Ende übrig bleibt, hat ▮.

Nun hört gut zu. Habt ihr richtig geraten?

2 Pantomime
Hört die Spielregeln. Was ist richtig: ▶, ▶ oder ▶?

Jede Gruppe setzt sich
▶ auf den Boden.   ▶ in einen Kreis.   ▶ um einen Tisch.

Jede Gruppe bekommt 10 Zettel und schreibt auf jeden
▶ einen Beruf.   ▶ einen Namen.   ▶ eine Bewegung.

Die Gruppen tauschen die Zettel. Ein Spieler nimmt nun
▶ einen Stuhl.   ▶ einen Briefumschlag.   ▶ einen Zettel.

Er versucht, seinen Mitspielern das Wort auf dem Zettel
▶ zu sagen.   ▶ zu erklären.   ▶ aufzumalen.

Achtung: Er darf dabei nicht
▶ stehen.   ▶ lachen.   ▶ sprechen.

Die anderen Mitspieler
▶ raten.   ▶ bewegen sich.   ▶ gewinnen.

3 Schreibt zu den Bildern eine Geschichte mit Dialogen.

Aussprache

Wortakzent

1 Höre gut zu und sprich nach. Klatsche bei jeder betonten Silbe in die Hände. Bei welchen Wortpaaren ändert sich der Akzent, bei welchen bleibt er gleich? Bilde mit jedem Wort einen Satz.

schreiben – beschreiben	machen – zumachen
zählen – erzählen	fangen – anfangen
reißen – zerreißen	essen – aufessen
sprechen – versprechen	bequem – unbequem
halten – enthalten	sehen – aussehen

+ PLUS

2 Lies das Gedicht laut vor und klatsche den Rhythmus dazu.

Der Herr von Hagen

Herr von Hagen,
darf ich´s wagen,
Sie zu fragen,
welchen Kragen
Sie getragen,
als Sie lagen
krank am Magen
im Spital
in Kopenhagen?

3 Lerne das Gedicht auswendig und sprich es wie ein Schauspieler. Sprich es auf unterschiedliche Weise:

schüchtern, arrogant, dramatisch, traurig, fröhlich, geheimnisvoll, wütend.

 4 Höre gut zu und sprich nach. Wo ist der Satzakzent?

- Wie bitte? Wie heißen sie?
- Hintze heiße ich.

- Wo ist denn bloß mein Portmonee?
- Ist es das hier?

- Das gibt´s doch nicht!
  Was macht Lukas denn hier?
- Das weiß ich auch nicht.

- Anne ist gestern schon wieder zu spät gekommen.
- Das kann doch nicht wahr sein!

- Mist, ich habe deine CD vergessen!
- Ist nicht so schlimm.
  Bring sie einfach morgen mit.

 5 Höre gut zu und vergleiche die Satzmelodie.

Wohin gehst du denn schon? (Fragesatz mit W-Wort / Fragewort)

Ich muss nach Hause fahren. (Aussagesatz)

Kommst du morgen Nachmittag wieder? (Fragesatz: ja? / nein?)

 6 Höre jetzt gut zu: Klingt der Satz so , so oder so ?

Zeige es beim Hören mit der Hand.

Pfiffikus

1 Das Vokabel-Lern-Spiel

Nimm ein weißes Blatt und zeichne dieses Muster (links unten) darauf. Tipp: Fang mit der blauen und der roten Linie an. Zeichne danach die schwarzen Linien ein.

Jetzt schreibe *über* jede Linie ein deutsches Wort aus den letzten drei Lektionen, *unter* die Linie jeweils das Wort in deiner Muttersprache, zum Beispiel so:

Nun zerschneide das Blatt, immer an den schwarzen Linien entlang, bis du ein Puzzle von sieben Teilen in den Händen hältst. Tausche das Puzzle mit deinem Nachbarn. Setze das Puzzle deines Nachbarn wieder zusammen. Wer fertig ist, kann wieder mit jemandem aus der Klasse tauschen.

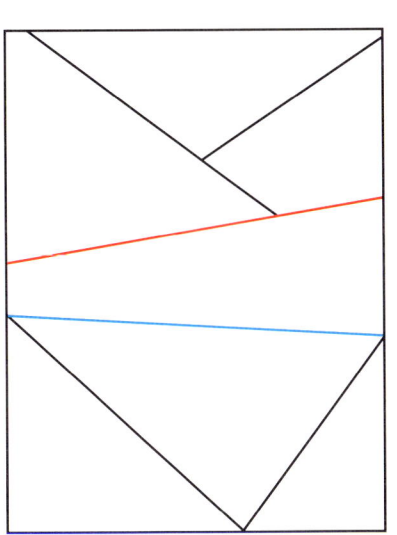

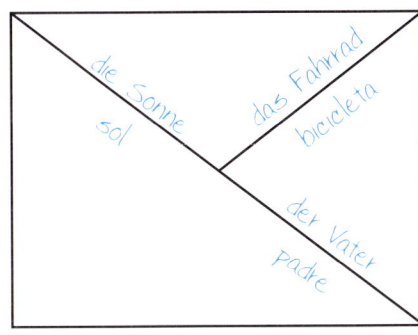

einundsiebzig 71

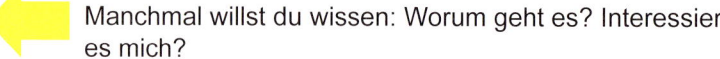

2 Texte lesen

Wenn du einen Text in einer fremden Sprache liest, verstehst du oft nicht alle Wörter. Meistens musst du es aber auch gar nicht. Es reicht ja, wenn du das verstehst, was dir wichtig ist. Hier einige Tipps:

Manchmal willst du wissen: Worum geht es? Interessiert es mich?
→ Lies den Text nur kurz durch. Die Details sind nicht wichtig. Oft reicht schon die Überschrift.
(**schnell lesen und das Wichtigste erkennen**)

Manchmal suchst du bestimmte Informationen: Wie viel ... wer ... wann ...?
→ Lies den Text etwas langsamer. Du musst nicht jedes Wort verstehen. Dein Auge hüpft durch den Text und sucht nur die Informationen, die du brauchst. Der Rest ist nicht so wichtig.
(**detektivisch lesen und Informationen suchen**)

Manchmal möchtest du alles ganz genau verstehen.
→ Lies den Text ganz langsam und aufmerksam. Du möchtest fast jedes Wort verstehen. Wenn du ein Wort nicht kennst, versuche alleine herauszufinden, was es bedeutet. Das klappt oft! Nur, wenn das nicht geht, schaue im Wörterbuch nach.
(**genau lesen und alles verstehen**)

3 Wie liest du in den folgenden Situationen? Schnell, detektivisch oder genau?

- Du suchst in der Zeitung die Wettervorhersage.
- Du liest den Liedtext von deinem Lieblingslied.
- Du blätterst in einer Zeitschrift auf der Suche nach einem interessanten Artikel.
- Du liest einen Krimi.
- Du backst einen Kuchen nach einem Rezept.
- Du liest eine Sportseite im Internet und möchtest wissen, wer bei dem heutigen Fußballspiel gewonnen hat.
- Du liest ein Buch über Elefanten, weil du über diese Tiere einen Aufsatz schreiben sollst.
- Du liest den Fahrplan an der Bushaltestelle und willst wissen, wann der nächste Bus kommt.
- Du liest die E-Mail deines Brieffreundes aus Deutschland.
- Du möchtest ein altes Fahrrad kaufen und schaust dir das schwarze Brett in deiner Schule an.
- Es ist 20 Uhr. Du willst einen Spielfilm sehen und schlägst die Fernsehzeitung auf.

4 Schau dir die drei Texte auf der nächsten Seite je zehn Sekunden an. Beantworte danach die Fragen zu jedem der Texte:

schnell lesen!
1. Wo kann dieser Text stehen?
2. Worum geht es darin?
3. Interessiert dich der Text?

5 Lies jetzt die Texte durch – ohne Wörterbuch. In welchem Text findest du die Antworten?

detektivisch lesen!
a. Welcher Zug braucht nur 90 Minuten von Hamburg nach Berlin?
b. Was ist ein RegionalExpress?
c. Um wie viel Uhr fährt der erste Zug zum Zoologischen Garten?

6 In Text C geht es um drei Züge.

genau lesen!
Welche sind es?
Welche Sätze beschreiben welche Züge?

Text A

Die Züge der DB im Fernverkehr

RE — RegionalExpress
Regionaler Schnellverkehr zwischen den Städten (früher: Eilzüge), im Stundentakt bis spät abends

IC / EC — InterCity / EuroCity
Fernverkehrszüge der Deutschen Bahn AG für wichtige innerdeutsche und europäische Strecken, etwa im Stundentakt, bequemer und schneller als RE-Züge

ICE — InterCityExpress
Fernverkehrs-Triebzüge der Deutschen Bahn AG, abschnittsweise über Hochgeschwindigkeitsstrecken im Ein- und Zweistundentakt, schnellster Zug, Preiszuschlag

Text B

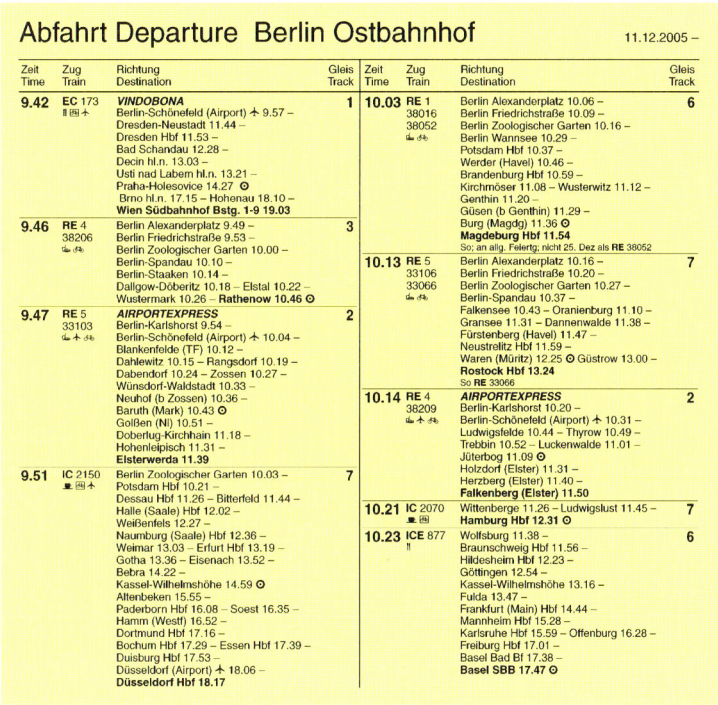

Text C

In 90 Minuten von Hamburg nach Berlin

[1] Von heute an geht es wieder schneller mit dem Zug von der Elbe an die Spree: Zwischen Hamburg und Berlin gibt es einen neuen Fahrplan. [2] Nur 90 Minuten benötigt der neue ICE für die 280 Kilometer lange Hochgeschwindigkeitsstrecke. [3] Damit knüpft die Deutsche Bahn wieder an die Vorkriegszeiten an. [4] Der Zug mit dem Namen „Fliegender Hamburger" fuhr zwischen 1933 und 1939 auf dieser Strecke und wurde zur Legende. [5] Er benötigte damals für die Fahrt ohne Halt 138 Minuten. [6] Dabei betrug die Höchstgeschwindigkeit 160, heute liegt sie bei 230 Kilometer pro Stunde. [7] Der Zug muss aber an mehreren Stellen langsamer fahren, so dass seine Durchschnittsgeschwindigkeit nur 189 Kilometer pro Stunde beträgt.

[8] Der erste ICE verlässt den Hamburger Hauptbahnhof bereits um 5.32 Uhr und erreicht Berlin Zoo um 7.18 Uhr. [9] Ab 6:35 Uhr fährt ein ICE alle zwei Stunden ohne Halt nach Berlin. [10] Auch die IC-Züge fahren im Zweistundentakt, nämlich von 7.19 Uhr bis 21.28 Uhr und halten in Bergedorf, Büchen, Ludwigslust, Wittenberge und Spandau. [11] Hier beträgt die Fahrzeit eine Stunde und 56 Minuten.

10 Kleider machen Leute

Einmal bin ich zu groß.
Einmal bin ich zu klein.
Einmal bin ich zu kurz.
Einmal bin ich zu lang.
Einmal bin ich zu dick.
Einmal bin ich zu dünn.

Warum darf ich
nicht einfach sein,
wie ich bin?

von Ernst A. Ekker

1 Beschreibe die Menschen auf den Bildern. Wie sehen sie aus?

2 Was glaubst du: Wann wurden diese Bilder gemacht?
   Welche Menschen findest du schön? Welche nicht? Warum?

3 Wie sieht die Mode von heute aus? Was glaubst du: Wie wird sie in zwanzig Jahren aussehen?

4 Beschreibe eine bekannte Persönlichkeit oder einen deiner Mitschüler. Die anderen versuchen zu erraten, wen du meinst. Du darfst nur mit „ja" oder „nein" antworten.

Das Gesicht:	rund, schmal, markant
Die Haare:	lockig, gewellt, glatt, kurz, lang, schulterlang, blond, braun, schwarz, rot
Die Frisur:	schick, modern, altmodisch, klassisch, ausgefallen / extravagant, un-/gepflegt → der Scheitel
Die Augen:	blau, schwarz, braun, grün, grau ... groß, klein, rund, schmal, mandelförmig
Die Nase:	klein, groß, lang, spitz, dick, krumm
Der Mund:	klein, groß, breit
Die Lippen (Pl.):	schmal, voll → der Lippenstift
Die Figur:	schlank, sportlich, mollig, dick, dünn, dürr
Die Kleidung:	schick, elegant, sportlich, lässig, un-/gepflegt, ausgefallen / extravagant, kariert, gestreift

der Hals
die Schulter
der Oberkörper
der Ellbogen
die Hand
der Fingernagel
die Taille
die Hüfte
der Po
das Gesäß
das Knie
der Zeh
der Schnurrbart

die Strumpfhose
der Kragen
Schuhe mit hohen Absätzen
der Handschuh
die Fliege
der Pelzkragen

Kleider machen Leute

1 Lest die Dialoge und spielt sie nach.

- Hallo! Kann ich dir helfen?
- Danke, ich möchte mich nur ein bisschen umschauen.
- Ja, gerne.

- Ich suche die grüne Bluse und die Hose aus dem Schaufenster. Wo finde ich sie?
- Die Blusen hängen dort drüben.
- Gibt es sie auch in einer anderen Farbe?
- Ja, in Weiß und Türkis.
- Schön, Weiß ist meine Lieblingsfarbe. Darf ich sie anprobieren?
- Bitte sehr! Die Umkleidekabinen sind hinten rechts. Die Hosen findest du im Regal gleich neben den Umkleidekabinen.

- Passt dir die Hose?
- Nein, sie ist mir zu lang und zu weit. Könnten Sie sie mir bitte eine Nummer kleiner bringen?
- Ja, dieses Modell fällt sehr groß aus. Ich bringe sie dir in Größe 36. Die passt bestimmt.
- Und könnten Sie mir die Bluse eine Nummer größer bringen, bitte?
- Ja, natürlich.

- Und? Passt diese Hose besser?
- Ja, sie passt mir zwar, sie steht mir aber nicht.
- Und wie gefällt dir die Bluse?
- Super! Ich habe aber kein Preisschild gefunden. Wie viel kostet sie denn?
- Moment, ich schau mal nach. Sie ist reduziert: von 25 auf 15 €.
- Ok, dann nehme ich sie.
- Schön! Denk aber daran: Reduzierte Kleidung kannst du nicht umtauschen. Die Kasse findest du gleich links an der Rolltreppe.
- Danke, tschüss!

2 Spielt auch diese Dialoge.

GA 10.1, 10.2

Carolina:	Wiebke:	Martin:	Clemens:
braune Lederjacke	karierter Rock	ausgefallene Stiefel	weites Hemd

Dieser Hut steht mir wirklich sehr gut.

Dieser … / Dieses … / Diese …
  … ist (mir) zu kurz / lang, zu klein / groß, zu eng / weit
  … passt mir (nicht) / gefällt mir (nicht) / steht mir (nicht)
  … macht schlank / blass / dick
  … passt gut zu (meiner Augenfarbe)
  … fällt groß / klein aus

3 Höre den Dialog. Korrigiere die falschen Sätze.

a Das Mädchen möchte ein Kleid zurückgeben.
b Das Mädchen darf den Rock nicht umtauschen.
c Der Reißverschluss ist kaputt.
d Der Rock ist ausverkauft. Das Mädchen möchte sich etwas anderes aussuchen.
e Der Verkäufer gibt dem Mädchen das Geld zurück.

C

1 MONTANA weiß, was du willst!

1 Andreas war neu an unserer Schule. Er war schon fünfzehn und der Älteste in der Klasse. Alle Mädchen bewunderten Andy, denn er war sehr sportlich und sah außerdem ziemlich gut aus. Aber am tollsten fanden die Mädchen, dass er immer so teure Klamotten trug. Auf den Schildern an seinen Jeans stand entweder GOLE, CHIEF oder MONTANA. Wir kannten diese Marken aus der Werbung:

5 GOLE – *die Marke für den sportlichen Typ.*
MONTANA *weiß, was du willst!*

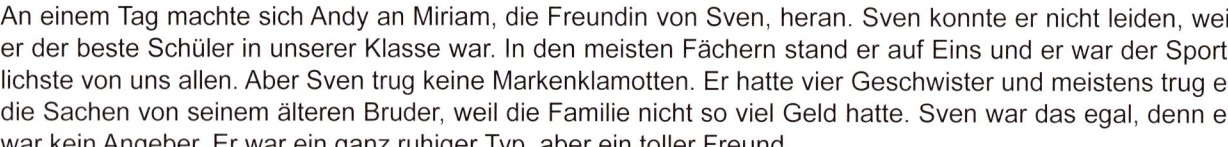

Irgendwann waren dann auch diese neuen Turnschuhe von SPIKE modern. Andy hatte natürlich sofort ein Paar. Lächelnd kam er damit über den Schulhof. Die Mädchen
10 aus unserer Klasse bewunderten ihn mit großen Augen. Wir waren total sauer!
Das ging immer so weiter, bis zur Klassenfahrt. Wir fuhren mit unserer Klassenlehrerin, Frau Götz, nach Salzburg. Nachmittags gingen wir oft in Gruppen durch
15 die Stadt.
An einem Tag machte sich Andy an Miriam, die Freundin von Sven, heran. Sven konnte er nicht leiden, weil er der beste Schüler in unserer Klasse war. In den meisten Fächern stand er auf Eins und er war der Sportlichste von uns allen. Aber Sven trug keine Markenklamotten. Er hatte vier Geschwister und meistens trug er die Sachen von seinem älteren Bruder, weil die Familie nicht so viel Geld hatte. Sven war das egal, denn er
20 war kein Angeber. Er war ein ganz ruhiger Typ, aber ein toller Freund.
Abends auf dem Flur in der Jugendherberge gab es dann Streit zwischen Miriam und Sven. „Du bist langweilig", sagte sie zu ihm, „du kümmerst dich nur um die Schule und achtest überhaupt nicht darauf, wie du aussiehst. Andy sieht immer toll aus!" Sven sagte darauf nichts mehr, er sah aber ziemlich traurig aus.
Da war es natürlich aus zwischen den beiden. Andy und Miriam waren von da an immer zusammen. An einem
25 Nachmittag kamen wir dann an einem Kaufhaus vorbei. Im Schaufenster waren neue Sommerjacken von MONTANA ausgestellt. Bastian sagte lachend zu Andy: „Du hast ja noch gar keine Jacke von MONTANA. Du bist ja gar nicht mehr modern!" Andy wurde rot vor Wut, aber Miriam sagte beruhigend: „Sie sind doch nur neidisch. Vergiss es."
Wir gingen dann in eine Eisdiele und auf einmal waren Andy und Miriam weg. Um fünf waren sie nicht am
30 Treffpunkt. Wir warteten eine Stunde, aber dann wurde Frau Götz unruhig und schickte uns zur Jugendherberge zurück.
Es dauerte drei Stunden, bis Frau Götz mit Miriam und Andy zurückkam. Frau Götz sagte nichts, aber sie sah sehr wütend aus. Erst am nächsten Morgen kam Miriam weinend zu Sven und erzählte ihm alles: Andy war mit ihr in das Geschäft mit den MONTANA-Jacken gegangen. In der Ankleidekabine hatte er eine anprobiert,
35 hatte sie dann heimlich in Miriams Rucksack gesteckt und wollte mit ihr nach draußen gehen. Aber der Kaufhausdetektiv hatte es gemerkt und die Polizei geholt.
Nach unserer Rückkehr nach Hamburg mussten die beiden vor das Jugendgericht. Der Richter glaubte Miriam, dass sie von dem Diebstahl nichts gewusst hatte, aber für Andy ging es schlimm aus. Es stellte sich nämlich heraus, dass er schon öfter Klamotten geklaut hatte. Er wollte halt immer der „Coole" sein. Er musste
40 dann in den Sommerferien beim Bau eines neuen Jugendzentrums helfen. Dazu hatte der Jugendrichter ihn verurteilt. Aber seit den Sommerferien ist er plötzlich viel netter. Er gibt nicht mehr so an und trägt auch kaum noch diese blöden Angeberklamotten.
Inzwischen sind Miriam und Sven wieder zusammen. Das ist auch besser so, finde ich.

GA 10.3

2 Was erfährst du über Andreas, Sven und Miriam?
Beschreibe ihren Charakter. Was glaubst du: Wie sehen sie aus?

3 Sieh in alten Zeitungen, Illustrierten und Magazinen nach: Findest du Bilder, die zu Andreas passen?

4 Arbeitet zu zweit. Schreibt einen Dialog zwischen Andreas und seinem Freund. Was rätst du ihm?

Ich singe, während ich hüpfe. Ich hüpfe singend.

Kleider machen Leute

1 Sammelt Stichworte zum Thema Markenkleidung an der Tafel.

Was denken Jugendliche über Markenkleidung?
Wir haben sie gefragt:

Ist es euch wichtig, Kleidung von bestimmten Marken zu tragen?
Benjamin, 13: Ich finde es lächerlich, wenn jemand immer nur teure Markenkleider trägt. Diese Leute sind Modepuppen! Ich lasse mir doch nicht vorschreiben, was ich anziehe!
Sarah, 15: Ich finde Markenklamotten schön, aber sie sind natürlich ziemlich teuer. Gute Marken bedeuten aber auch eine gute Qualität.
Benjamin: Da bin ich aber anderer Meinung! Die Qualität ist die gleiche. Sie sind nur teurer, weil jeder sie haben möchte!
Julian, 13: Man steht irgendwie unter Druck. Wenn man ein Marken-T-Shirt trägt, dann sagen die anderen: „He, tolles T-Shirt, sieht super aus."

Kauft ihr die Markenklamotten von eurem Taschengeld?
Sarah: Wenn ich zwischendurch etwas Schönes sehe, dann kaufe ich es von meinem Taschengeld. Aber zu meinem Geburtstag schenken mir meine Eltern auch oft Geld, damit ich mir dann Klamotten kaufen kann.
Julian: Ja, ich gebe viel Taschengeld für Klamotten aus. Meine Eltern kaufen mir keine Markenklamotten, sondern eher normale Sachen, weil sie die Markenklamotten zu teuer finden. Ich verzichte dann halt aufs Kino und spare für eine coole Jeans.

Tragen denn viele von euren Freunden Markenklamotten?
Julian: In der Schule nicht immer. Aber wenn wir ausgehen, ins Kino oder so, dann ziehen die meisten schon Markenklamotten an.
Benjamin: Ja, ihr seht dann alle gleich aus, ohne Fantasie! Ich kaufe meine Klamotten oft in Second-Hand-Läden: Ich suche meinen eigenen Stil.

Wie reagieren denn die anderen, wenn einer von euch keine Markenklamotten trägt?
Julian: Na ja, die meisten sagen nichts. Aber sie gucken dann so, dass man genau weiß, was sie denken. Man ist dann nicht „cool".
Benjamin: Sollen sie doch gucken. Das ist mir egal!

2 Fasse die Meinungen von Sarah, Julian und Benjamin zusammen. Wessen Meinung teilst du am ehesten? Warum? Nenne Beispiele.

> ... glaubt / behauptet / denkt / meint ...
> Meiner Meinung nach ...
> Ich bin derselben Meinung wie ...
>
> Ich finde, dass ... Recht / Unrecht hat, weil ...
> Meiner Ansicht nach ...
> Ich bin anderer Meinung als ...

3 „Kleider machen Leute!" Was bedeutet dieses Sprichwort?

Wo Kleider keine Leute mehr machen
Die Kleidung wird einheitlich: Bis zum Ende des Schulhalbjahres verzichten Schüler in Bergisch Gladbach auf ihre persönliche Kleidung und tragen Schuluniformen.

Irgendwann wurde es den Schülern der Realschule Herkenrath zu viel. Mode hin oder her, die viel zu kurzen Tops bei einigen Mädchen und die zu tief sitzenden Hosen bei den Jungen konnten sie nicht mehr sehen. Die Schülervertretung stellte deswegen eine Kleiderordnung auf.
Die Schüler diskutierten heftig über das Thema. Immerhin gab es gute Gründe für eine einheitliche Schulkleidung, wie Mobbing und Markenzwang in der Schule. Und nicht zuletzt ein praktisches Argument: Das morgendliche Suchen im Kleiderschrank gibt es nicht mehr.

Seit gestern tragen die Schüler der Klasse 9b nicht mehr ihre eigene modische Kleidung, sondern eine Einheitskleidung in der Schule. Es ist der Anfang eines Experiments, das drei Monate lang dauern wird.

 4 Was haltet ihr von Schuluniformen? Sammelt Vor- und Nachteile. Bildet dann Fünfergruppen und diskutiert, ob an eurer Schule Schuluniformen abgeschafft / eingeführt werden sollen. Einer ist der Moderator, zwei sind dafür, zwei dagegen.

Kleider machen Leute

E

1 Aufregung wegen der Schulparty

Nächsten Samstag ist die große Schulparty. Lisa freut sich sehr! Vielleicht kommt Leon ja auch!? Aber wenn sie so aussieht, wird er sie bestimmt nicht ansehen!

Leon ist aufgeregt. Nächsten Samstag auf der Schulparty sieht er vielleicht Lisa. Diesmal will er sie ansprechen. Aber er traut sich bestimmt wieder nicht!

Samstagabend. Lisa ist glücklich, denn sie sieht super aus: Sie hat sich den Rock kürzen lassen und hat sich ein neues T-Shirt gekauft. Sie hat sich eine tolle Frisur machen lassen – große Locken! – und hat ein neues Parfum, das ganz toll duftet.

Leon fühlt sich mutig wie ein Löwe! Heute Abend wird er Lisa ansprechen. Er sieht total sportlich aus. Er hat sich die Haare schneiden lassen und seine neue Brille steht ihm ausgezeichnet.

2 Arbeitet zu zweit. Schreibt den Dialog zwischen Lisa und Leon. Spielt ihn der Klasse vor.
3 Oben siehst du mehrere Sprechblasen. Was meinst du: Wer spricht da? Was für Ratschläge gibst du Lisa und Leon?   GA 10.4
4 Erzähle die Geschichte mit deinen eigenen Worten nach.

5 Höre dir die drei Interviews an und ordne zu.

Jakob

Frau Fabritz

Greta

a Sie / Er treibt viel Sport, um fit zu bleiben.
b Sie / Er steht morgens lange vor dem Spiegel.
c Sie / Er cremt sich regelmäßig ein.
d Sie / Er ist zufrieden mit ihrem / seinem Aussehen.
e Sie / Er möchte eine schöne Haut haben.
f Sie / Er ernährt sich gesund.
g Ihr / Ihm ist ihre / seine Frisur wichtig!
h Sie / Er möchte nicht den ganzen Tag Salat essen.
i Sie / Er achtet sehr auf ihre / seine Kleidung.
j Sie / Er findet das Aussehen nicht so wichtig.

78 achtundsiebzig

Kleider machen Leute

1 Was sind das für Texte?
Ordne zu: Anzeige „Suche Brieffreund/in" – Artikel aus der Fernsehzeitschrift – Steckbrief der Polizei

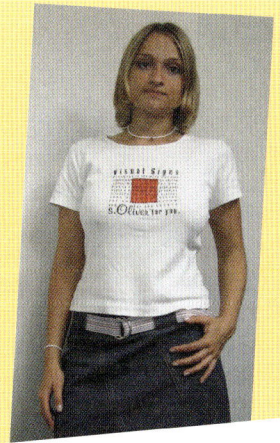

Die gesuchte Frau ist etwa 23 Jahre alt. Sie hat schulterlanges, blondes Haar, blaue Augen und ist 1 Meter 65 groß. Sie trägt einen kurzen Jeansrock und ein weißes T-Shirt. Zuletzt hat man sie in Potsdam gesehen.

Hola! Ich bin 24, kann ein wenig Spanisch und suche eine Brieffreundin in Spanien oder Südamerika. Meine Interessen sind Reisen, Tennis spielen und natürlich Spanisch lernen! Bitte schreibe mir (mit Foto!).

Das ist sie – die neue Schwester auf der Intensivstation des Krankenhauses St. Anna. Der neue Star der Fernsehserie „Das Krankenhaus im Herzen der Stadt" ist Katarina Wedel. Die junge Schauspielerin mit den großen Augen kennen wir schon aus dem Film „In guten und in schlechten Zeiten", da war sie allerdings mit kurzen schwarzen Haaren zu sehen. Sie freut sich sehr auf ihre neue Rolle und hat zur Übung schon einen Monat lang ein Praktikum in einem echten Krankenhaus gemacht.

2 Schreibe zu diesem Foto ähnliche Texte.
Du kannst auch einen Tagebuchtext schreiben (Erinnerung an diese Person) oder einen Dialog erfinden (Gespräch über diese Person).

3 Lies die Szene aus dem Märchen *Des Kaisers neue Kleider*.
Wie geht das Märchen wohl aus?
Was wollte der Erzähler des Märchens damit sagen?

Kaiser:	„Ah, was für ein schöner Hut! Er würde hervorragend zu meinem neuen Anzug passen!"
Kammerdiener:	„Ja, wunderbar, Euch steht alles wunderbar! Majestät, vor der Tür steht ein Schneider."
Kaiser:	„Schneider sagt ihr? Herein, herein!"
Betrüger:	„Majestät, ich freue mich sehr, dass Ihr Zeit für mich habt. Was für ein schöner Hut!"
Kaiser:	„Natürlich, es ist der feinste Stoff, den es in meinem Land gibt, und der Schnitt ist sehr modern."
Betrüger:	„Oh, ja! Man sieht, dass Ihr einen sehr guten Geschmack habt! Ich kann Euch aber noch viel feinere Stoffe anbieten ... und viel edlere Kleider nähen!"
Kaiser:	„Wirklich? Wie interessant!"
Betrüger:	„Oh ja! Und das Beste ist: Nur kluge Leute können diese Kleider sehen, für dumme Leute sind sie unsichtbar!"
Kaiser:	„Ausgezeichnet! So kann ich prüfen, wer von meinem Personal klug und wer dumm ist!"
Betrüger:	„Natürlich haben so fantastische Kleider auch einen hohen Preis."
Kaiser:	„Egal, egal! Ich möchte der schönste aller Kaiser sein!"

4 Diskutiert in der Klasse: Wie stellt ihr euch die drei Personen vor? Wie sind sie gekleidet? Wie sprechen sie? Wie bewegen sie sich?

5 Wie geht die Szene wohl weiter?

6 Übt die Szene in Dreiergruppen ein. Führt die Szene anschließend vor der Klasse auf.

11 Jeder kann etwas tun

A

1 Menschen und Tiere teilen sich viele Lebensräume. Die Klasse 7a hat sich über einige Lebensräume und ihre Bedrohung informiert.

In den **Wäldern** gibt es mehr Tiere und Pflanzen als in jedem anderen Lebensraum an Land. Es gibt verschiedene Arten von Wäldern. In den Regenwäldern, die feucht und warm sind, leben die meisten Tierarten. Man findet sie in Südamerika und Afrika. Die europäischen Wälder sind kühler. Ganz im Norden, wo es fast nur Nadelwälder gibt, leben nur wenige Tiere.

Im **Gebirge**, wo wegen der Höhe oft Schnee liegt, leben viele verschiedene Tiere. Die meisten haben einen dicken Pelz, der sie warm hält. Das höchste Gebirge in Europa sind die Alpen. Das höchste Gebirge der Welt ist der Himalaya.

Die Oberfläche der Erde besteht zu zwei Dritteln aus **Meer**. Die Meere sind miteinander verbunden und werden von vielen Flüssen mit Wasser versorgt. 80 Prozent des Lebens auf der Erde findet man im Meer. Viele Tiere, die dort leben, haben Flossen, mit denen sie sich im Wasser bewegen können.

In der **Steppe** ist das Klima heiß und trocken. Es regnet selten und wenig. Hier wachsen vor allem Gras und Sträucher und nur ab und zu ein paar Bäume. Steppen gibt es überall, aber nur in Europa und Asien heißen sie Steppen. In Nordamerika nennt man sie Prärie und in Afrika Savannen.

2 Welche Tiere leben in welchem Lebensraum?

> der Wal
> der Fisch
> die Möwe
> der Elefant
> der Löwe
> die Ziege
> der Adler
> der Hirsch
> der Kakadu
> der Leguan

3 Welche dieser Lebensräume und Tiere gibt es auch in deinem Land?

Jeder kann etwas tun

Da immer mehr Menschen in der Nähe der Meere leben und arbeiten, nimmt die Verschmutzung der Meere zu. Das Leben im Wasser wird durch den Schiffsverkehr und Öl bedroht. Außerdem sind die Netze der Fischer und Plastikmüll eine große Gefahr für viele Meerestiere. Manche Wale, die von den Menschen gejagt werden, werden wahrscheinlich schon bald aussterben.

Es werden immer mehr Wälder abgeholzt. Einerseits, weil aus Holz Papier und Möbel gemacht werden, andererseits, weil die Menschen immer mehr Häuser, Straßen und Äcker haben wollen. Dafür brennen sie oft die Bäume ab und nehmen damit den Tieren ihren Lebensraum weg.

Die Steppen werden von immer mehr Bauern genutzt. Aus diesem Grund haben die wilden Tiere immer weniger Raum zum Leben. Das Gras, das die Tiere der Bauern (zum Beispiel Kühe, Ziegen oder Pferde) fressen, kann sich oft nicht mehr erholen, so dass die wilden Tiere nicht mehr genug Nahrung finden.

Früher waren die Gebirge wild und nur wenige Menschen lebten dort. Heute leben viele Menschen im Gebirge. Tourismus und Wintersport zerstören die Natur: Immer mehr Hotels, Straßen und Tunnels werden gebaut. Wälder werden abgeholzt, damit Skipisten gebaut werden können.

GA 11.1

4 Welche Lebensräume und Tiere sind in deinem Land bedroht? Sammelt Informationen an der Tafel.

5 Die Klasse 7a diskutiert über die Bedrohung von Lebensräumen in Deutschland. Höre die Diskussion und notiere alle Lebensräume, die genannt werden.

6 Vergleiche folgende Sätze. Was ist anders?

Aktiv
Die Menschen zerstören die Wälder.

Passiv
Die Wälder werden von den Menschen zerstört.

7 Hier sind weitere Aktivsätze. Mache daraus Passivsätze und schreibe sie ins Heft.

Aktiv: Die Flüsse versorgen die Meere mit Wasser.
Passiv: *Die Meere ... von den Flüssen mit Wasser ...*

Aktiv: Immer mehr Bauern nutzen die Steppen.
Aktiv: Schiffe und Öl bedrohen das Leben im Wasser.
Aktiv: Die Menschen zerstören den Lebensraum der Tiere.

GA 11.2

11 Jeder kann etwas tun

B

1 Zwei Gruppen aus der Klasse 7a haben sich über zwei unterschiedliche Themen informiert und berichten in der Klasse darüber.
Greta und Antonia aus der Gruppe A berichten über die Seehunde im Wattenmeer. Schau dir ihre Folien an und lies genau, was sie erzählen.

Greta: Heute möchten wir euch etwas über Seehunde erzählen. Diese Tiere gibt es überall im Wattenmeer, auch bei uns in Niedersachsen.

Antonia: Hier seht ihr einen erwachsenen Seehund in der Nordsee. Und das da ist ein junger Seehund. Ist er nicht niedlich? Die meiste Zeit verbringen Seehunde im Wasser – schwimmend, tauchend, jagend und schlafend.

Justus: Sie schlafen im Wasser? Ertrinken sie nicht?

Antonia: Nein, manchmal schlafen sie tatsächlich unter Wasser und kommen nur zum Luftholen hoch. Aber am besten kann man sie natürlich auf den Sandbänken beobachten. Sandbänke sind für Seehunde lebenswichtig.

Milan: Warum lebenswichtig? Dann können sie also nicht im Wasser schlafen?

Antonia: Doch, aber auf den Sandbänken können sie sich richtig ausruhen. Hier treffen sie sich in großen Gruppen. Eigentlich leben sie am liebsten alleine, aber an Land fühlen sie sich in Gruppen sicherer.

Greta: Genau. Früher sind die Seehunde auch an die Strände gekommen. Aber heute nicht mehr.

Katharina: Da ist wahrscheinlich zu viel los, oder?

Greta: Ja genau, vor allem, wenn im Sommer die vielen Touristen kommen und nicht nur am Strand liegen, sondern mit Booten fahren, Wassersport treiben und die Tiere nervös machen.

Antonia: Und nervöse Tiere werden leichter krank. Ihr habt ja bestimmt gehört, dass 2002 fast 4000 Seehunde gestorben sind.

Milan: Nur weil sie nervös waren?

Greta: Nein, nicht direkt, sie sind an einer schlimmen Krankheit gestorben. Aber sie werden schneller krank, wenn sie nie ihre Ruhe haben. Nicht nur die Touristen sind daran schuld, denkt auch an die großen Schiffe und an die Bohrinseln! Die stören auch. Außerdem ist das Meerwasser sehr schmutzig: Im Wasser sind Schadstoffe von der Industrie, Fischernetze, in denen viele Seehunde sterben und auch viel Plastikmüll, den die Seehunde manchmal fressen und dann daran sterben.

Justus: Kann man denn gar nichts dagegen tun?

Antonia: Doch, aber das ist nicht so einfach ...

Seehunde im Wattenmeer

junger Seehund

das Wattenmeer

auf der Sandbank

...das stört die Seehunde

Industrie   Verkehr

Touristen

Krankheiten

GA 11.3

2 Notiere alle Informationen zu folgenden Wörtern ins Heft.

Sandbänke – Touristen – Industrie – Krankheit

3 Die Gruppe B der Klasse hat an einer Demonstration teilgenommen.

Lies das Flugblatt, das man auf dieser Demonstration verteilt hat. Welche Forderungen passen zu welchen Fotos?

Zum Schutz von Nordsee und Wattenmeer fordern wir:

- die Sicherheit von Schiffen verbessern
- weniger Fischfang in der Nordsee und im Wattenmeer
- Ölförderung im Nationalpark Wattenmeer beenden
- mehr ökologische Landwirtschaft, also weniger Pestizide
- mehr und verbesserte öffentliche Verkehrsmittel, weniger neue Straßen

→ Was Sie selbst tun können: ←

- Stören Sie Wildtiere nicht, bleiben Sie auf den Wegen!
- Achten Sie auf Schilder und Naturschutzgebiete!
- Fahren Sie viel mit dem Rad oder gehen Sie zu Fuß - das ist auch gesünder!
- Werfen Sie Ihren Müll nicht einfach weg!

4 Wie können das Wattenmeer und die Seehunde besser geschützt werden?

Wir alle / Die Politiker / Die Touristen / Die Fischer ... können / müssen ...

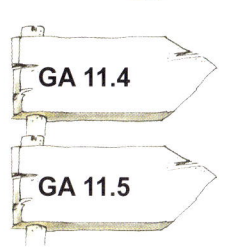

11 Jeder kann etwas tun

C

1 Wie und wo leben diese Tiere? Warum sind sie bedroht? Suche in den Texten nach Informationen. Zeichne dafür eine Tabelle in dein Heft.

NAME	AUSSEHEN	ERNÄHRUNG	LEBENSRAUM	BEDROHUNG
der Storch	schwarz-weiße Federn			

Der **Storch** mit seinen schönen schwarz-weißen Federn und seinem roten Schnabel ist einer der bekanntesten Vögel in Mitteleuropa. Er lebt aber auch in Nordafrika und Asien. Er wird bis zu 110 cm lang und 4 kg schwer und frisst kleine Tiere wie Mäuse und Frösche. Sein Nest baut der Storch sehr gerne dort, wo Menschen leben, oft auf Dächern von Häusern. Für ihn ist die moderne Landschaft sehr gefährlich: Viele Störche sterben, wenn sie mit ihren Flügeln Drähte berühren. Heute sind sie vom Aussterben bedroht, obwohl man sie nirgendwo mehr jagen darf.

Biber sind bis zu 100 cm lang (ohne Schwanz) und bis zu 30 kg schwer. Sie leben von Pflanzen. Biber bauen am Flussufer große „Burgen" aus Bäumen, die sie mit ihren starken Zähnen selbst fällen. In ihre Burgen bauen sie mehrere Räume: zum Schlafen, zum Wohnen und zum Sammeln von Nahrung. Der Biber war früher in allen Flüssen Mitteleuropas zu Hause, heute aber gibt es kaum noch natürliche Flussufer, an denen die Biber ihre Burgen bauen können: Die meisten Ufer sind bebaut. Die Tiere waren deswegen schon fast ausgestorben.
Nur wegen vieler Schutzaktionen gibt es seit ungefähr 30 Jahren wieder einige Biber in Deutschland.

Den **Steinbock** findet man in Europa, Asien und Nordafrika. Er lebt in den Bergen, in Höhen von 2000 bis 3500 m, und ernährt sich von Gräsern. Er ist zwischen 78 und 94 cm groß und er kann bis zu 140 kg schwer sein. Früher glaubte man, sein Blut und seine Hörner könnten verschiedene Krankheiten heilen. Deswegen wurden sehr viele Steinböcke getötet. Am Ende des 19. Jahrhunderts lebte im ganzen Alpengebiet nur noch eine Steinbockfamilie, in Norditalien. Doch dann kümmerte man sich um den Schutz dieser Tiere. Heute sind alle Steinböcke in den Alpen Enkel und Urenkel dieser einen italienischen Steinbockfamilie.

2 Schreibe ein Referat über ein wildes Tier, das dich interessiert. Informationen findest du in einem Lexikon, im Internet oder in deinem Biologiebuch.
Sammle Informationen zu folgenden Stichwörtern:

Aussehen – Ernährung – Lebensraum – Bedrohung – Bedeutung für den Menschen – Schutz

GA 11.6

3 In den nächsten Texten geht es um Kinder aus drei verschiedenen Ländern: Kenia, Vietnam und Deutschland. Suche diese Länder auf der Weltkarte.

4 Lies die Texte. Über wen möchtest du mehr wissen? Welche Fragen möchtest du stellen?

Kenia

Was fliegt denn da? Gespannt schaut Yomo, zehn Jahre alt, mit seinem Lehrer in den Himmel. Ein anderer Junge hat ein Bestimmungsbuch - mal sehen, welchen Vogel sie da gesehen haben. Die Jungen besuchen die Grundschule von Bogamachuko in Kenia. Dort lernen sie nicht nur Lesen und Schreiben, sondern auch viel über die Natur ihres Landes. Direkt hinter ihrem Schulhof beginnt ein Naturreservat mit Tieren und Pflanzen. In anderen Gebieten sind sie schon lange ausgestorben, doch im Naturreservat von Bogamachuko werden sie geschützt – auch, weil die Natur für die Zukunft Kenias wichtig ist. Sie bringt Touristen ins Land, die die schöne Natur erleben wollen. Tourismus schafft Arbeit für die Menschen und bringt Geld.

Vietnam

Lien ist acht Jahre alt. Sie wohnt in Hna Trang, in Vietnam. Ihre freie Zeit verbringt sie nach der Schule am Strand. Doch nicht zum Spaß, wie andere Kinder in ihrem Alter. Was sie dort macht? Sie sammelt Seepferdchen, die das Meer manchmal an den Strand wirft. Diese kleinen Fische mit den Pferdeköpfen verkauft Lien an einen alten Händler. Sie bekommt dafür nicht viel, doch ihre Familie braucht das Geld zum Leben. Die Seepferdchen werden getrocknet und dann wird aus ihnen ein Pulver gemacht. Viele Menschen in Asien glauben, dass dieses Pulver bei Krankheiten helfen kann. Viele Seepferdchen werden auch an Touristen verkauft. Doch inzwischen besteht die Gefahr, dass die Tiere aussterben. Deswegen passt Lien gut auf. Sie nimmt nur die Tiere mit, die sie tot am Strand findet. Die lebenden wirft sie wieder ins Meer.

Deutschland

Janne, 19 Jahre alt, arbeitet ein Jahr lang in der Seehundstation Friedrichskoog. Im Sommer arbeitet sie von sechs Uhr morgens bis sechs Uhr abends. Den ganzen Tag lang kommen Besucher. Im Winter, wenn die jungen Seehunde wieder im Meer sind, ist es ruhiger. Doch nun kümmert sie sich um die erwachsenen Tiere. Sie bleiben in der Station, damit die Forscher sie beobachten und verstehen lernen können.
Janne macht die anstrengende Arbeit viel Spaß, weil sie die Tiere liebt und weil sie gerne mit den Besuchern spricht. Nach diesem Jahr will sie studieren, vielleicht Biologie.

5 Wer ist das?

a ? arbeitet 12 Stunden am Tag.
b Die Familie von ? braucht das Geld zum Leben.
c ? lernt in seiner Schule nicht nur Lesen und Schreiben, sondern auch viel über die Natur.
d ? möchte die Natur schützen, weil das für die Zukunft seines Landes wichtig ist.
e ? macht ihre Arbeit Spaß, weil sie Tiere liebt.
f ? nimmt nur Tiere mit nach Hause, die schon tot sind.

11 Jeder kann etwas tun

D

1 Greenpeace ist in der ganzen Welt aktiv. Wusstest du schon, dass auch viele Kinder und Jugendliche in „Greenteams" mitarbeiten? Lies den Text und beantworte dann diese Fragen:

    a Warum arbeiten viele Jugendliche in einem Greenteam?
    b Wie alt muss man sein, um in einem Greenteam zu arbeiten?
    c Wann ist ein Greenteam komplett?
    d Warum braucht jedes Greenteam einen Erwachsenen?

Alles über Greenteams ...
Du willst etwas für die Umwelt tun – am liebsten mit Greenpeace zusammen. Aber du weißt nicht, wie und wo du damit anfangen sollst? Außerdem macht es alleine auch keinen richtigen Spaß ...
Etwas ganz Wichtiges hast du aber schon erkannt: Jeder Mensch, egal wie alt er ist, kann etwas für den Umweltschutz tun.
Auch du kannst viel bewegen – schon mit drei Kindern oder Jugendlichen (es dürfen natürlich auch mehr sein), die gemeinsam etwas für die Umwelt tun möchten, kannst du ein Greenteam gründen. Wenn ihr zwischen 10 und 15 Jahre alt seid, dann habt ihr sogar das richtige Greenteam-Alter. Damit aber kleine und größere Probleme leichter gelöst werden können, solltet ihr euch zusätzlich noch einen Erwachsenen suchen, der euch helfen kann. Und schon ist euer Greenteam komplett.

das Greenteam „Kids for Forests"

2 Laura arbeitet in einem Greenteam. Im Februar 2004 fuhr das Team nach Malaysia zu einer UN-Konferenz zum Schutz von Urwäldern und Meeren. Lies das Interview mit ihr.

Laura, du arbeitest in einem Greenteam mit. Warum?

Als ich zwölf Jahre alt war, passierte das Tankerunglück vor den Galapagos-Inseln. Das fand ich so schrecklich, dass ich unbedingt etwas für den Schutz der Umwelt tun wollte. Deswegen habe ich bei Greenpeace ein Greenteam gegründet.

Ihr nennt euch „Kids for Forests" und wollt die Urwälder schützen. Was habt ihr denn bis jetzt schon gemacht?

Wir haben ein großes Plakat gemalt. Darauf sind sieben Urwaldtiere zu sehen, die alle vom Aussterben bedroht sind: ein Hirsch, ein Orang-Utan, ein Wolf, ein Bär, ein Tiger, ein Jaguar und ein Elefant.
In der Würzburger Innenstadt haben wir dann einen Informationsstand zu den Urwäldern gemacht und auch das Plakat gezeigt. Es ist unglaublich, dass jahrtausendealte Urwaldbäume einfach zu Klopapier verarbeitet werden! Wir haben 700 Unterschriften gesammelt, sind mit denen zu Copy-Shops gegangen und haben gefordert, dass sie nur noch Recycling-Papier benutzen.

Jeder kann etwas tun

Und was haben die „Kids for Forests" in Malaysia gemacht?

Da gab es eine Konferenz zum Schutz der Urwälder und Meere. Zu der sind Kinder aus vierzehn verschiedenen Ländern gekommen, zum Beispiel aus Kamerun, Russland und Thailand. Im Konferenzgebäude haben wir zusammen eine Insel gebaut, auf die wir unsere Forderungen geschrieben haben. Wenn die Politiker sehen, dass so viele Kinder und Jugendliche aus so vielen Ländern nach Malaysia kommen, um etwas für die Urwälder und die Meere zu tun, so hoffe ich, dass sie dann auch etwas für unsere Zukunft tun.

3 Welche Sätze sind richtig? Korrigiere die falschen Aussagen.

a Nach einem Tankerunglück vor den Galapagos-Inseln wollte Laura unbedingt etwas gegen den Schutz der Urwälder tun.
b Auf einem riesigen Plakat haben sie die letzten großen Urwaldregionen der Welt gemalt.
c In Malaysia hat Laura an einer UN-Konferenz zum Schutz von Urwäldern und Meeren teilgenommen.
d Auf der Konferenz hatten die Politiker eine Insel für die „Kids for Forests" aufgebaut.

4 Schau dir die beiden Grafiken und Texte an und erkläre deinem Partner, was in diesen Grafiken gezeigt wird. Erkläre vor allem folgende Zahlen:

1980   1990   120   80   15   20

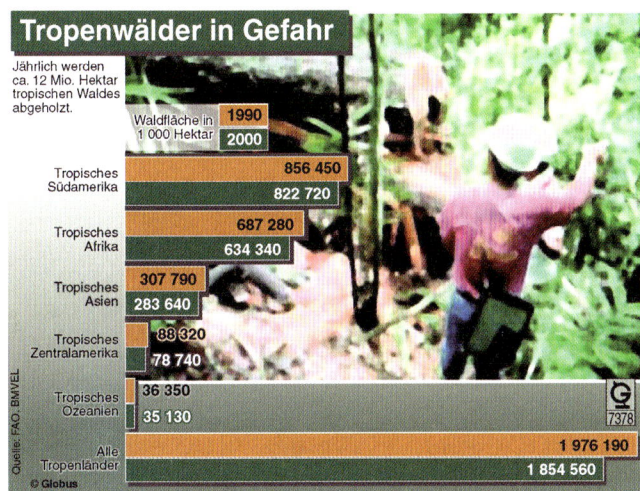

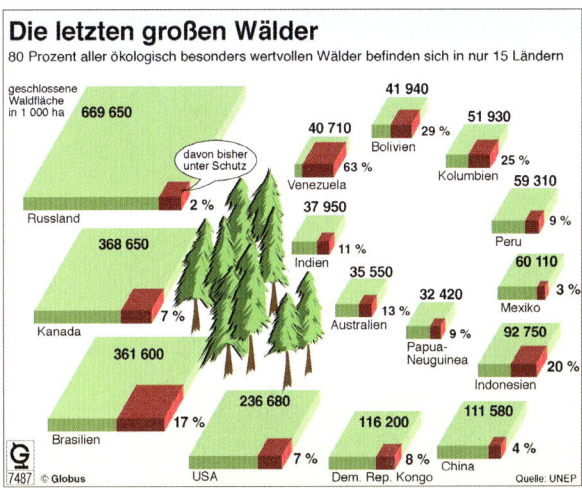

Schon 1980 war die Hälfte der Tropenwälder zerstört. Von den Wäldern, die es noch 1990 auf der Erde gab, sind heute mehr als 120 Millionen Hektar abgeholzt. Durch das Abholzen sind alle Tiere und Pflanzen in den tropischen Ländern gefährdet.

Von den großen Wäldern sind in den meisten Ländern weniger als 20% geschützt.

5 Vervollständige diese Sätze. Verwende dabei folgende Verben:

gefährden   abholzen   zerstören   schützen

a Von den Wäldern, die es noch 1990 gab, ? heute mehr als 120 Millionen Hektar ? .
b Die Wälder in den tropischen Ländern ? besonders ? .
c 1980 ? schon die Hälfte der Tropenwälder ? .
d Von den Waldgebieten, die heute noch existieren, ? nur ungefähr 20% ? .

6 Vergleiche folgende Sätze. Kannst du den Unterschied zwischen den Sätzen links und rechts selbst erklären?

GA 11.8

Jedes Jahr **werden** Millionen Hektar Wald **abgeholzt**.
Die meisten Wälder **werden** nicht ausreichend **geschützt**.

Heute **sind** bereits 120 Million Hektar Wald **abgeholzt**.
Nur 20% aller Waldgebiete **sind geschützt**.

12 Einschalten und Abschalten

A

1 Hier siehst du das Fernsehprogramm am Samstag: Welche Sendung möchtest du gern sehen?

2 Unterhaltung? Sport? Information? Welches Foto gehört wohin? Zu welcher Sendung gibt es kein Foto?

Show   Serie   Nachrichten   Krimi   Musiksendung   Wissenschaftssendung   Spielfilm   Dokumentarfilm   Zeichentrickfilm   Sportsendung   Quizsendung   Wetterbericht

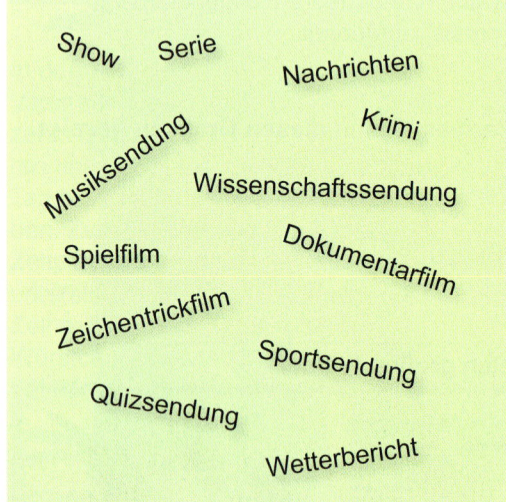

5.30 Kinderprogramm
5.30 Oiski! Poiski! (ab 4)   2-019-661
5.55 Nils Holgersson (ab 4)   2-783-574
6.20 Fix & Foxi (ab 6)   7-800-574
6.40 Tom & Jerry (ab 8)   2-036-970
7.10 Gloria (ab 6)   4-471-203
TIP 7.35 Blaubär u. Blöd (ab 5)   1-434-715
8.00 Wissen macht Ah! (ab 8)   33-845
8.25 Spur & Partner (ab 6)   4-303-425
NEU Kinderreihe . 7 Folgen – Sa.
8.30 Blauvogel (ab 8)   4-661
9.00 Tagesschau   34-574
9.03 Tigerenten Club   302-296-932
(ab 5) Geplant: „Die Teufelskicker" – Ein Hörspiel wird geplant
10.25 Willi (ab 6)   3-631-135
10.50 neuneinhalb   5-917-488
11.00 Tagesschau   90-116
11.03 Schloss Einstein   300-005-154
11.30 fabrixx (ab 10)   1-083-970
11.55 fabrixx (ab 10)   9-998-086
12.20 Buffet Ratgeber   535-319
U. a.: Medizinsprechstunde
13.00 Mittagsmagazin   82-999
Mit Tagesschau
14.00 Tagesschau   87-048
14.03 Alida – Lust am Wohnen
Magazin. Geplantes   300-006-280
Thema: Schnäppchenjagd. U. a.: Ein individueller Look für die Einbauküche / Kübelpflanzen / Voll im Trend: Alte Möbel / Zu Besuch bei Dagmar Berghoff
Moderation: Alida Gundlach
14.30 Gartenduell   5-999
Naturstein gegen Bachlauf – Echte Traumgärten. Mit Kurt Lotz
15.00 Tagesschau   14-154
15.05 Tierärztin Christine   609-883
2tlg. TV-Familiendrama, Dtl. 1993 (1 /Wh.) Mit Uschi Glas, Horst Janson, Sybille Wildauer
Regie: Otto W. Retzer   90 Min.
2. Folge: morgen um 15.05 Uhr
16.35 Europamagazin   8-129-845
Moderation: Rolf-Dieter Krause
17.00 Tagesschau   45-086
17.03 Ratgeber: Auto & Verkehr
Magazin   (SWR) 300-004-208
17.30 Brisant Brillant 2005   3-135
TIP Live Moderation: Alexander Mazza und Griseldis Wenner
Medienpreis in den Kategorien „Lebenswerk", „Soziales Engagement", „Shooting-Star" und „Held des Alltags"
18.00 Tagesschau   58-951
18.10 Sportschau   803-357
18.45 Dr. Sommerfeld – Neues vom Bülowbogen
Arztserie, Dtl. 2003   9-690-338
Hexenzauber (Wh.) Mit R. Hunold
„Hexe" Yasmin wirbelt mit ihren Künsten und Kräutern das Praxisleben durcheinander.
19.44 Das Wetter   408-716-951
19.50 Ziehung der Lottozahlen
35. Ausspielung   8-712-135
Superzahl
Spiel 77
Super 6
20.00 Tagesschau   14-932

20.15 Das große Hansi Hinterseer Open Air 2005   9-050-512
TIP
MUSIK
Der smarte Hansi Hinterseer versprüht mit seinen 51 Lenzen immer noch jugendlichen Charme
Aufzeichnung aus Kitzbühel vom 20. August
Seit 2002 lädt das ehemalige Ski-As allsommerlich zum TV-Konzert unter freiem Himmel. Diesmal dabei: Höhner, Andy Borg, Roland Kaiser, Zellberg Buam, Monique, Michelle, Rosanna Rocci, das Original Tiroler Echo u. a. – Wh.: am Montag um 10.03 Uhr
22.15 Tagesthemen Mit Sport, Wetter   2-375-593
22.35 Das Wort zum Sonntag   9-491-067
spricht Propst Ralf Meister, Lübeck
22.40 Parteitag der CSU Aus Nürnberg   7-338-338
22.55 Boxen   5-191-338
SPORT TIP WBC-WM im Supermittelgewicht:
Markus Beyer – Omar Sheika
Aus dem ICC in Berlin. Reporter: Andreas Witte
BOXEN
Live Omar Sheika (28; „Vielleicht meine letzte WM-Chance") ist Palästinenser, lebt in den USA
Markus Beyer (34), derzeit einziger deutscher Boxweltmeister, muß seinen Titel verteidigen.
Oktay Urkal – Maxim Nesterenko (Rußland)
EM im Weltergewicht. Reporter: Jens-J. Rieck
Ursprünglich sollte Urkal (35) gegen den Dänen Damgaard boxen. Doch der ließ verlauten, er bräuchte eine längere Vorbereitungszeit. Jetzt geht es gegen den früheren Europameister und Intercontinental-Champion.
1.15 Tagesschau   98-750-159
1.20 Verraten – Eine Frau auf der Flucht
(Sweet Deception)   2-801-452
TV-Krimi, USA 1998 (Wh.)
Risa wird des Mordes an ihrem wohlhabenden Mann beschuldigt. Sie flüchtet und setzt alles daran, den wahren Mörder zu finden.
Mit Joanna Pacula, Rob Stewart, Jack Scalia, Peter Lacroix, Lisa Schrage, Tanja Reichert
Regie: Timothy Bond   90 Min.
2.50 Tagesschau   98-399-094
2.55 Der Gefangene von Zenda   SW 45-736-181
(The Prisoner of Zenda)
Abenteuerfilm, USA 1937 (Wh.)
Der Engländer Rassendyll ist dem Monarchen von Ruritania wie aus dem Gesicht geschnitten. Er läßt sich überreden, dessen Platz einzunehmen. – Mantel-und-Degen-Abenteuer.
Mit Ronald Colman, David Niven, Raymond Massey, Madeleine Carroll, Mary Astor
Regie: John Cromwell   FSK ab 12   95 Min.
4.30 Bahnstrecken China   5-668-758
4.55 Tagesschau   19-433-655
5.00 Ratgeber: Auto & Verkehr   3-458-758
(Wh. von 17.03 Uhr) Bis 5.30 Uhr

Einschalten und abschalten

5.30 aspekte (Wh. v. gestern) 6-949-242
6.00 tivi – Kinder-TV www.tivi.de
 6.00 Nelly Net(t) live **(ab 5)** 90-677
 6.10 Anton Ameise **(ab 5)** 9-226-677
 6.25 Billy the Cat **(ab 6)** 6-840-093
 6.50 Pinocchio **(ab 5)** 7-652-364
 7.15 Erdferkel Arthur **(ab 6)** 4-841-664
 7.40 Der kleine Bär **(ab 3)** 1-308-703
 7.50 Briefe von Felix **(ab 3)** 1-226-155
 8.00 Landmaus und Stadtmaus auf Reisen **(ab 3)** 43-600
TIP 8.25 1, 2 oder 3 **(ab 6)** 2-521-123
 500. Folge. Mit G. Steinbrenner
INFO Der Rateklassiker hat eine neue Studiokulisse und einen neuen Titelsong, komponiert von Tobias Künzel (Die Prinzen).
 8.50 logo! **(ab 8)** 4-216-600
 9.00 Karlsson v. Dach **(ab 5)** 37-093
 9.25 Tabaluga tivi 8-349-971
 Wie werde ich…? 3tlg. Reihe (2)
 Pilot / „Pippi Langstrumpf" **(ab 3)** und „Total Genial" **(ab 6)**
10.55 Löwenzahn (ab 4) 1-118-364
 Peter hat es schwarz auf weiß
11.20 PuR (ab 6) Mit Jo Hiller 1-109-616
 Geplant: Ein Ozeanriese entsteht
11.45 1fach Super! (ab 6) 6-745-797
 Quizshow mit Andreas Korn
12.10 Lizzie McGuire (ab 10) 6-266-451
 Jugendserie. Der Weg zum Ruhm
12.35 Johann Lafers Culinarium
 Kochreihe 29-631
 Tunesien: Gefüllte Datteln
13.00 heute 18-971
13.05 TOP 7 Wochenend- 8-111-780
 magazin mit Valerie Haller
14.05 Helden haben's schwer
 TV-Komödie, Dtl. '96 1-570-890
 (Wh.) Mit Klaus Wennemann, Anja Kruse, David Lütgenhorst, Philip Nowak, Andrea Sawatzki
 Regie: Klaus Gendries **85 Min.**
15.30 Ricks Wohnwelten 7-161
 13tlg. Reihe, Dtl. 2004 (5)
 Küche mit Extras. Mit Rick Mulligan und Stephanie Schmidt
16.00 heute 55-819
16.05 Bianca – Wege zum Glück
 Telenovela, Dtl. 2004 7-166-345
 Schönste Momente – Rückblick
17.00 heute 58-631
17.05 Länderspiegel 437-567
 Mit Ralph Schumacher
17.45 Menschen – das Magazin
 Geplant: Kinderarmut 982-971
 muß nicht sein / Gewinner der „Aktion Mensch"-Lotterie
18.00 hallo Deutschland 1-529
18.30 Leute heute 9-548
 Journal mit Nina Ruge
19.00 heute 72-364
19.20 Wetter 2-919-548
19.25 Unser Charly 9-472-364
 Dtl. 2004. Charly und das hohe C

Serie Charly freundet sich mit Tolja, dem Hund eines ukrainischen Sängers, an. Der Kläffer sorgt für Wirbel

20.15 Wetten, daß…? 2-620-906
TIP Aus Erfurt. Spiel und Spaß. 154. Ausgabe

Live-Show Man kennt sich: Thomas Gottschalk (r.) plaudert mit Filmstar und Sänger Will Smith

Über 14 Millionen Zuschauer beim Start ins 25. Jahr der Mega-Show – Thomas Gottschalk ist und bleibt Quotenkönig. Nur die Stadtwetten verliert Thommy regelmäßig. Wohl auch heute, denn ZDF-Kollege Marco Schreyl wird „seine" Erfurter zu Höchstleistungen anstacheln. Gelassener geht's auf der Couch zu. Dort nehmen Platz: Evelyn Hamann, die morgen um 20.15 Uhr auch in der „Schwarzwaldklinik"-Neuauflage zu sehen ist, Hollywoodstar Will Smith, US-Komiker Kevin James, Schalke-Manager Rudi Assauer samt Schauspielerfreundin Simone Thomalla, Mercedes-Sportchef Norbert Haug mit seinem neuen Formel-1-Piloten Juan Pablo Montoya. Im Musikteil: Deutsch-Rocker Westernhagen, der im September seine Comeback-Tournee startet, Tenor Andrea Bocelli, Popkönigin und Filmstar **Jennifer Lopez** (r.) sowie Avril Lavigne. Die schrille kanadische Rocksirene ist indianischer Abstammung.

Wh.: morgen, 10.17 / Nä. Show: 19. 3. aus Berlin
INFO Wie schlägt sich Deutschlands Showmaster Nr. 1 als Hausmann? Antwort am Dienstag (ZDF, 19.24 Uhr) in einer weiteren Folge der Reihe „Gottschalk zieht ein!"

22.30 heute-journal Mit M. Slomka 37-884
22.43 Wetter 301-496-838
22.45 Sportstudio Mit W.-D. Poschmann 1-042-548
SPORT U. a.: **Fußball-Bundesliga** 22. Spieltag
23.45 heute 9-779-703
23.50 aspekte – extra 1-511-890
 Die lange Nacht der Berlinale
Magazin Hollywood-Regisseur Roland Emmerich ist Chef der internationalen Jury
TIP Die „aspekte"-Redaktion präsentiert die Höhepunkte der 55. Berliner Filmfestspiele (10. bis 20. Februar). Wer hat am heutigen Abend die Goldenen und Silbernen Bären abgeräumt? Interviews mit den Preisträgern und Hintergründe zu den Siegerfilmen. Außerdem gibt es ein Potpourri aus zehn Tagen Berlinale: Glanz und Glamour, Starauftritte, junge Wilde und Filmklassiker.
Dazwischen: ca. **0.50 heute**

1.50 Sherlock Holmes: 5-852-020
 Stimme des Terrors Krimi, USA 1942
 Mit Basil Rathbone (Wh. v. Mi.) FSK ab 6 **65 Min.**
2.55 heute 32-892-391
3.00 Blond am Freitag (Wh. von gestern) 1-788-440
3.45 reiselust Auf dem Katamaran 2-824-730
 ins Herz der Karibik (Wh. von 2004)
4.30 webcamnights.tv Bis 5.35 Uhr 2-654-469

3 Ist das Fernsehprogramm in eurem Land anders?

4 *Wetten, dass …?* ist die beliebteste Sendung in Deutschland, Österreich und der Schweiz. Lies den Text aus der Fernsehzeitschrift. Kannst du dir vorstellen, warum die Sendung so beliebt ist?

5 Was ist in deinem Land die beliebteste Sendung?

6 Und du selbst? Was siehst du am liebsten?

12 Einschalten und abschalten

B

Am liebsten sehe ich ...

WETTEN, DASS ...?

Tim

1 Tim hält ein Referat über seine Lieblingssendung. Schau dir seine Fotos an, die er mitgebracht hat. In welcher Reihenfolge wird er sie zeigen?

... weil es immer spannende Wetten gibt und weil immer mehrere bekannte Popsänger und Schauspieler auftreten. Die Sendung gibt es schon seit vielen Jahren und bei uns zu Hause gucken wir sie alle zusammen. Da meckert niemand, weil er ein anderes Programm sehen möchte: Wetten, dass ...? liebt jeder in der Familie.

Ich zeige euch jetzt einige Bilder und Ausschnitte aus der 154. Sendung, die am 29. Februar in Erfurt stattfand – und wie immer live im Fernsehen gezeigt wurde.

Eingeladen waren mal wieder mehrere nationale und internationale Stars wie zum Beispiel: Avril Lavigne, Marius Müller-Westernhagen, Evelyn Hamann und Will Smith.

Der Moderator, Thomas Gottschalk, hat jedem von ihnen eine verrückte Wette vorgeschlagen. Zum Beispiel waren da zwei Männer, die gewettet haben, dass sie 100 Tiefkühlpizzas mit verbundenen Augen, also ohne etwas zu sehen, nur durch Ertasten erkennen können. Marius Müller-Westernhagen hat gewettet, dass sie es nicht schaffen, Thomas Gottschalk hat gewettet, dass sie es schaffen. Und – sie haben tatsächlich alle Pizzas erkannt.

Ein Elternpaar hat gewettet, dass es fünf von 100 Spielzeugen seiner Kinder am Geräusch erkennen kann. In der Sendung saßen die beiden mit verbundenen Augen, so dass sie nichts sehen konnten, in einem riesigen Kinderlaufstall, und Thomas Gottschalk warf nacheinander mehrere Sachen von einem großen Bett auf den Boden. Ich war sicher, dass sie einen Fehler machen werden. Unglaublich, aber auch sie haben es geschafft.

Am besten hat mir aber eine Frau gefallen, die ein Diktat geschrieben hat. Das Besondere war, dass sie es gleichzeitig mit der rechten und der linken Hand geschrieben hat, links allerdings in Spiegelschrift.

In jeder Sendung gibt es auch eine Wette mit einem Kind. Diesmal hat die elfjährige Julia gewettet, dass sie 100 verschiedene Muster von Schottenröcken unterscheiden kann. Sie hat jedes Muster tatsächlich erkannt. Jemand aus dem Publikum meinte, die Namen der Muster stehen auf den Röcken, das stimmte aber nicht.

Besonders lustig war die Stadtwette: Thomas Gottschalk hat gewettet, dass die Stadt es nicht schafft, bis zum Ende der Sendung 25 echte Professoren und 25 Mitglieder des Philharmonischen Orchesters Erfurt auf einem Platz zu versammeln, die dort das Kinderlied „Schni-Schna-Schnappi" zusammen singen. Falls er die Wette verliert, wollte er Touristen einen halben Tag mit dem Fahrradtaxi durch Berlin fahren. Was glaubt ihr, wie es ausging? Thomas Gottschalk hat seine Wette verloren!
Alle fanden, dass diese Sendung mal wieder super war!

GA 12.1, 12.3

2 Überlege dir Fragen für ein Interview mit Tim und schreibe sie in dein Heft: Wo findet *Wetten, dass ...?* statt? Welche Gäste ...? Was ...? Wie ...?

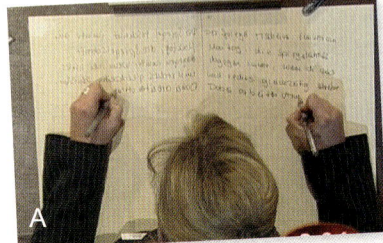
A

B

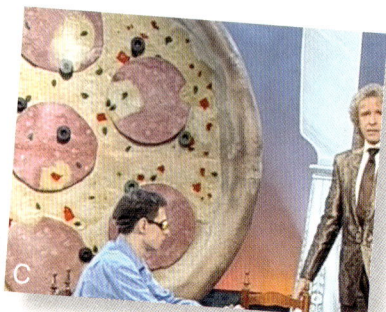
C

Einschalten und abschalten

3 Schau dir den Text aus der Fernsehzeitschrift unten an. Welche neuen Informationen enthält er, die Tim nicht erwähnt hat? Schreibe sie in Stichpunkten in dein Heft. Ergänze nun das Interview mit Tim. Wer ...? Wo ...? Was ...? Wie ...? Wie viele ...?

SHOW & MUSIK

20.15 ZDF **Wetten, dass...?**

LIVE SHOW Thomas Gottschalk meldet sich aus Thüringens Landeshauptstadt Erfurt

TOP-TIPP Zum dritten Mal in der Geschichte der erfolgreichsten Fernsehshow Europas findet die Sendung in Erfurt statt. Damit schlägt das idyllische Thüringen Metropolen wie Dresden, Frankfurt am Main oder München, die *Wetten, dass...?* nur einmal zu Gast hatten. In Erfurt hat im Oktober 2001 auch die Show mit der berühmten Live-Schaltung zum Magier David Copperfield stattgefunden.
Über 14 Millionen Zuschauer aus Deutschland, Österreich und der Schweiz werden auch diesmal wieder einschalten, wenn Thomas Gottschalk seinen berühmten Gästen unglaubliche Wetten anbietet. Was werden heute wohl die Schauspielerin Evelyn Hamann, der Komiker Kevin James und der Sänger Will Smith wetten? Zwischen den Wetten werden die Zuschauer von Avril Lavigne, Jennifer Lopez, Joss Stone und dem deutschen Sänger Marius Müller-Westernhagen unterhalten, die ihre neuesten Songs singen.
135 Min. 2-620-906

Schauspielerin Evelyn Hamann
Sängerin Avril Lavigne
In einem Jahr feiert Thomas Gottschalk den 25. Geburtstag seiner Show

12 Einschalten und abschalten

C

Chrissa: Ich sehe am liebsten …

Wissen macht Ah!
samstags um 08:00 Uhr in der ARD. Die zwei Moderatoren, Shary Reeves und Ralph Caspers, führen durch die Welt der ungewöhnlichen Fragen, zum Beispiel: Warum wäscht Seife? Oder: Wie trinken Fische? Auf Fragen wie diese finden Shary und Ralph die richtigen Antworten und sorgen jede Woche für Ah(a)-Erlebnisse.

Ralph: Warum wird meine Haut beim Baden bloß so schrumpelig?

1 Was glaubt ihr, ist ein „Ah(a)-Erlebnis"? Diskutiert darüber in der Klasse.
2 In einer Sendung wird erklärt, warum die Haut beim Baden schrumpelig wird.
  Die Bilder aus der Sendung sind in der richtigen Reihenfolge, der Text aber nicht. Lies die Textabschnitte und bringe sie in die richtige Reihenfolge.

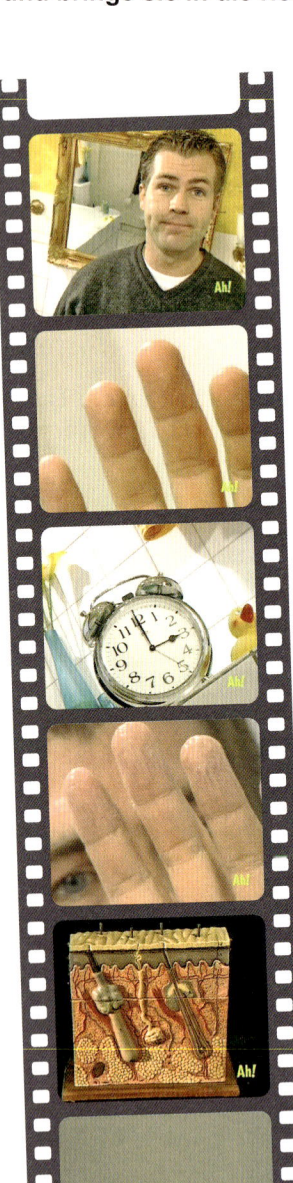

Wir haben das Modell mal mit Schwämmen nachgebaut. Das ist also die dickste Schicht, die Lederhaut, darüber liegen die Oberhaut und die Hornhaut. Wenn nun die Hornhaut nass wird, passiert Folgendes:

Die abgestorbenen Hautzellen füllen sich mit Wasser und bilden Falten. Genau das passiert, wenn Dieter zu lange in der Badewanne liegt. Seine Haut sieht schrumpelig aus.

Wenn Dieter aus der Badewanne steigt und sich abtrocknet, passiert mit seiner Haut folgendes: Sie wird wieder trocken, das Wasser verdunstet und die Hornhaut wird wieder glatt. Bei Dieter sieht das dann so aus:

Um halb vier schauen wir uns Dieters Hände an. Die linke, die Badewannenhand, ist inzwischen sehr schrumpelig: Die Haut an den Fingern ist voller Falten. Seine rechte Hand ist aber schön glatt. Bei den Füßen ist es genauso. Warum macht die Haut das?

Dieter lässt erst mal die Badewanne voll Wasser laufen. Seine Hände sind noch schön glatt, seine Füße auch.

Das ist Dieter. Wir machen mit ihm ein Experiment, um zu erfahren, wieso die Haut schrumpelig wird, wenn wir zu lange im Wasser bleiben.

Dieter legt sich um drei Uhr in die Badewanne. Die rechte Hand und den rechten Fuß lässt er aber draußen, damit wir nachher die beiden Füße und die beiden Hände vergleichen können.

Das ist unsere Haut im Modell und im Querschnitt. Die dickste Schicht ist die Lederhaut. Darüber, die braune, ist die Oberhaut und über ihr liegt die Hornhaut. Die Hornhaut besteht aus abgestorbenen Hautzellen.

Einschalten und abschalten

3 Hier siehst du den Anfang eines anderen Films aus *Wissen macht Ah!*. Höre und lies den Text, schau dir auch die Bilder an. Wie lautet die Frage, die sich Shary und Ralph vorher gestellt haben?

Wir sind zu Besuch bei Paul. Wenn Paul morgens aufsteht, macht er sich erst mal Frühstück. Er schüttet Milch in einen Topf, dann noch Kakao rein: Umrühren das Ganze! – Und wenn alles gut verrührt ist, macht er den Herd an, denn er mag lieber heißen Kakao. Der Kakao auf dem Herd wird natürlich immer heißer und was passiert? Paul guckt in den Topf rein und da ist sie, uaaah, die Kakaohaut. Raus damit! Tja, ziemlich eklig, Paul, oder?

Aber wie kann denn diese Haut überhaupt auf dem Kakao entstehen? Liegt es am Kakao oder liegt es an der Milch? Paul kocht den Kakao mal mit Wasser. Es kocht, aber es ist keine Haut entstanden.

Also, es muss was mit der Milch zu tun haben. Ein Liter Milch besteht aus 898 Gramm Wasser, aus 50 Gramm Milchzucker, aus 40 Gramm Milchfett, 35 Gramm Milcheiweiß und 7 Gramm Mineralstoffen und Vitaminen. Welche Zutaten machen die Haut? Wir schütten zuerst die Mineralstoffe und Vitamine ins Wasser und rühren um ...

GA 12.2

4 Höre gut zu, wie es weitergeht: Was sagen Ralph und Shary noch? Mache dir zu jedem Bild Notizen.

5 Kannst du jetzt einen Text zu den Bildern schreiben?

auflösen, kochen lassen, erhitzen, zusammenkleben, entstehen ...

6 Was möchtet ihr wissen? Sammelt Fragen und versucht, die Antworten zu finden. Stellt dann die Frage den anderen Gruppen. Kann sie jemand beantworten?

7 Gibt es eine ähnliche Sendung auch in deinem Land? Berichte darüber.

Wieso können manche Menschen mit den Ohren wackeln? Warum drehen sich Uhrzeiger von links nach rechts? Wie viele Augenlider haben Krokodile? Warum kratzen Wollmützen?

12 Einschalten und abschalten

D

Ich sehe am liebsten ...

Moritz

Schloss Einstein
17.20 KI.KA
Die siebte Schülergeneration legt los (ab 8)
SERIE Direktor Stollberg (Wilfried Loll) begrüßt die neue Klasse 6 – mit vielen witzigen und interessanten Charakteren. Darunter: Hobby-Imkerin Konny und die flippige Kunstlehrerin Frau Klawitter.
60-892-180 25 Min. → 17.45

1 Auch Moritz muss ein Referat halten und erzählt in der Pause Jonas von seiner Lieblingssendung. Lies zuerst die Sätze, höre dann gut zu: Welche Sätze stimmen nicht? Korrigiere sie.

a *Schloss Einstein* ist eine Krimiserie.
b Die Serie spielt in einem Internat.
c Die Schule ist nur für Mädchen.
d Die Kinder der Klassen 5 und 6 stehen im Mittelpunkt.
e Die Serie läuft immer sonntagabends.
f Moritz hat zwei Lieblingsfiguren in der Serie.
g Er sammelt Autogrammkarten der Schauspieler.
h Der sympathische Lehrer aus der Serie, Herr Haller, unterrichtet Spanisch.

2 Für sein Referat hat Moritz zwei Szenen aus der letzten Folge genauer beschrieben. Was erfährst du hier über Sven, Sue, Svens Freunde, Frau Gallwitz und Herrn Wolfert? Mach dir Notizen.

Szene 1: Auf dem Schulhof
Schulanfang nach den Sommerferien. Nadja, die Erzieherin, steht am Eingang und begrüßt alte und neue Schüler. Ein Mädchen hat eine neue Frisur, die den anderen gut gefällt. Die Schüler unterhalten sich über ihre Ferienerlebnisse. Sven aus der Klasse 7 spricht mit zwei anderen Jungen über die Ferien. Ein Taxi fährt in den Hof, Sue steigt aus. Sven ist begeistert von Sue und bietet ihr an, ihre Taschen zu tragen. Seine Freunde machen sich über ihn lustig.

Szene 2: Im Lehrerzimmer
Die Mathelehrerin (Frau Gallwitz) und der Englischlehrer (Herr Haller) stehen vor der Fotowand der Schüler: Unter den Fotos der Schüler stehen ihre Handynummern. Frau Gallwitz findet die moderne Kommunikation nicht wichtig. Seit ihrem Sommerurlaub weiß sie, dass man auch ohne Telefon leben kann.
Der Geschichtslehrer (Herr Wolfert) ist verärgert, weil ihm gerade sein Füllhalter ausgelaufen ist. Er möchte wissen, wo Frau Gallwitz gewesen ist. Er findet, dass sie nicht erholt aussieht. Frau Gallwitz erzählt begeistert, dass sie vier Wochen in der Mongolei verbracht hat.
Weder Herrn Wolfert noch Herrn Fabian (dem Chemielehrer) gefällt die Jacke, die sie in der Mongolei gekauft hat. Sie machen Witze darüber. Dann kommt der Direktor, Dr. Stollberg, in das Lehrerzimmer und begrüßt alle. Frau Gallwitz schenkt Herrn Wolfert eine Mütze, die sie aus der Mongolei mitgebracht hat.

GA 12.4

Einschalten und abschalten

12

 3 Arbeitet zu zweit. Lest die Rollenkarten von Sven und Sue und denkt euch danach Rollenkarten für andere Figuren aus der Serie aus.

Die hübsche und selbstbewusste Sue ist immer fröhlich. Sie hat immer tolle Ideen und wenn es in der Clique Streit gibt, schafft sie es meistens, dass sich alle wieder vertragen. Darum ist man ihr auch nicht böse, wenn sie manchmal – gerade Jungen gegenüber – etwas arrogant ist.

Sven aus der Klasse 7 war am Anfang nicht besonders beliebt. Als er neu in der Schule war, hatte er oft Schwierigkeiten mit den anderen Schülern. Nicht nur, weil er sich bei den Lehrern beliebt machen will, er ist auch ein ziemlicher Dickkopf. Inzwischen mögen ihn aber die meisten, weil er hilfsbereit ist und oft auch sehr lustig sein kann.

 4 Bildet Dreier- und Vierergruppen. Die Vierergruppen schreiben Dialoge zur Szene 1, die Dreiergruppen zur Szene 2. Spielt die Szenen dann der Klasse vor.

 5 Sue hat die Ferien zusammen mit Emma verbracht, jetzt möchten die beiden auch im Internat zusammen wohnen. Wie reagiert Tinka, Sues Mitbewohnerin? Schreibt zu zweit die Szene weiter und spielt die Rollen.

Tinka aus der Klasse 6 ist die Mitbewohnerin von Sue. Auch sie ist selbstbewusst, hat viel Fantasie und ist vor allem sehr klug. Ihr größtes Hobby ist es, Kriminalfälle zu lösen. Mit ihrer kleinen Detektivgruppe, deren Kopf sie ist, hat sie schon einige spannende Fälle gelöst.

Sue geht in ihr Zimmer, hinter ihr Sven mit ihren riesigen Taschen. Tinka ist im Zimmer.

Tinka Schön, dich wiederzusehen!
Sue Danke! *(zu Sven)* Bringst du mir bitte auch meinen großen Koffer rauf?
Sven *(erschöpft)* Na klar, kein Problem. *(stöhnt und geht raus)*
Tinka Na, was ist denn mit dem kaputt?
Sue Er wollte mir unbedingt meine Sachen hinterher tragen. Keine Ahnung, warum er plötzlich so anhänglich ist.
Tinka Also, ich finde anhängliche Jungs voll nervig!
Sue Ich nicht. Als Gepäckträger sind sie ziemlich praktisch.
Tinka Na, du musst es ja wissen.
Sue Du, Tinka ... kann ich dich mal was fragen?
Tinka Na klar, schieß los.
Sue Also, die Sache ist die: Emma und ich haben uns überlegt ...
Tinka Nun mach´s doch nicht so spannend!
Sue Emma und ich, wir würden gerne zusammenziehen ...

Sven ist anhänglich = er will immer mit Sue zusammen sein
Jungs = Jungen

sie sind nervig = sie stören
Schieß los! = Fang an!

 6 Hört euch die ganze Szene an und vergleicht sie mit eurem Text.

 7 Sammle alle Informationen zu *Schloss Einstein* aus Schülerbuch und Arbeitsheft. Wie würdest du das Referat an Moritz' Stelle schreiben?

 8 Schreibe nun ein Referat über deine Lieblingssendung.

Kommunikation

Es macht nichts, wenn dir mal ein Wort nicht einfällt. Du kannst dasselbe auch mit anderen Worten sagen. Hier sind ein paar Übungen dazu.

1 Welche Sätze bedeuten das Gleiche? Ordne zu.

a Dazu habe ich große Lust.
b Bitte geh´ einen Schritt zur Seite, damit ich vorbeigehen kann.
c Das gefällt mir nicht.
d Kannst du das wiederholen?
e Er hat mich sehr gelobt.
f Ich hoffe, dass es dir morgen wieder besser geht.
g Seid jetzt bitte still.

1 Könntest du mich bitte mal vorbeilassen?
2 Ich wünsche dir, dass du morgen wieder gesund bist.
3 Ruhe bitte!
4 Das würde ich gerne machen.
5 Sag das bitte noch einmal.
6 Das finde ich nicht gut.
7 Er hat mir gesagt, dass ich sehr gut gearbeitet habe.

2 Welches Wort aus dem gelben Kasten wird links umschrieben? Ordne zu. Zuerst musst du aber die Sätze vervollständigen.

- Das kann man nach einem ??? machen. Danach ist keiner mehr böse auf den anderen.
- Ein Mensch, der Sachen kauft und ???.
- Das macht man, wenn man sehr ??? ist. Man macht dabei den Mund weit auf.
- Das bekommt man am Ende des Schuljahres. Darauf stehen die ???.
- Das macht man, wenn man ???. „Auf Wiedersehen" sagen.
- Das sagt man, wenn man jemanden ???.
- Ein Mensch, der zu Besuch ???.
- Das ??? von dunkel.

o sich verabschieden
o „Guten Tag!"
o hell
o der Gast
o gähnen
o sich versöhnen
o der Händler
o das Zeugnis

trifft   Gegenteil   Streit   müde   kommt   Schulnoten   verkauft   weggeht

3 Versuche, diese Wörter zu umschreiben.

schlafen, das Radio, das Horoskop, der Psychologe, klettern, das Gefühl, dünn

4 Los geht´s!
Hier wird das Spiel „Los geht´s" beschrieben. Welches Wort passt?

Bildet *Spieler / Gruppen* mit jeweils vier bis sechs *Mannschaften / Spielern.* Jede *Gruppe / Frau* überlegt sich zehn *Wörter / Sätze* - Substantive, Adjektive oder Verben - und schreibt sie auf zehn kleine *Würfel / Zettel*. Jeweils ein *Lehrer / Schüler* aus jeder Gruppe nimmt alle Zettel und geht mit ihnen in eine andere Gruppe - er ist der „Aufpasser".
Jede Gruppe setzt sich in einen *Klassenraum / Kreis*. Ein Mitspieler nimmt die Zettel – mit der Schrift nach unten! Der Aufpasser stellt sich hinter ihn. Alle Gruppen *fangen / spielen* gleichzeitig an: „Los geht´s!"
Der Mitspieler dreht den ersten *Zettel / Kreis* um und versucht, das *Spiel / Wort*, das auf dem Zettel *steht / liest*, zu umschreiben. Die anderen *Mitspieler / Gruppen* raten, welches Wort auf dem Zettel steht.
Die Gruppen haben nun fünf *Stunden / Minuten* Zeit. Die Gruppe, die die meisten *Wörter / Spiele* erraten hat, hat *verloren / gewonnen*!

Hört gut zu. Habt ihr richtig geraten?

Hört jetzt auch die Spielregeln und ordnet richtig zu.

1 Die anderen Mitspieler dürfen nicht sehen, ...
2 Der Spieler, der das Wort umschreibt, ...
3 Wenn die anderen das Wort erraten, ...
4 Wenn der Sprecher oder die Gruppe gegen eine Regel verstößt oder aufgibt, ...
5 Wenn die Gruppe ein Wort erraten hat, ...

... bekommt der Aufpasser diesen Zettel.
... reicht der Sprecher die Zettel an seinen Nachbarn. Dieser muss das nächste Wort umschreiben.
... darf die Gruppe den Zettel behalten.
... was auf den Zetteln steht.
... darf das Wort nicht nennen, auch nicht Teile dieses Wortes.

Aussprache

 1 Höre gut zu und sprich nach. Wie spricht man die Vokale vor -ss- aus? Kurz oder lang?

die Tasse   die Nase   essen   lesen   das Lebewesen   bisschen   das Schloss   die Hose   die Nuss   die Bluse

 2 Höre gut zu und sprich nach. Wie spricht man die Vokale vor -ß- aus? Kurz oder lang?

die Straße   das Fass   genießen   groß   ich heiße   stoßen
die Flosse   dreißig   der Genuss   müssen   der Fuß   der Kuss

3 Lies das Gedicht laut vor. Kannst du die Wörter erraten, die die Autorin nicht hingeschrieben hat?

Simsalabim...

... und Simsalabum,
jetzt wandeln wir die Wörter um.
Vertauscht man a, e, i, o, u,
dann geht es wie beim Zaubern zu:

Die Hand wird zum Hund,
der Mond wird zum M... ,
der Riese zur R... ,
der Hase zur H... ,

die Großen grüßen,
die Nasen niesen,
...
und Nuss wird nass -
das macht Spaß!

von Irmela Brender

 4 Arbeitet zu zweit. Vertauscht die Buchstaben und bildet dadurch ein neues Wort. Welches Paar hat am schnellsten alle passenden Wörter gefunden?

Briefe   – das Fieber
enger   – der R...
Fehler   – der H...
Strenge – g...
Insel   – die L...

Karte   – der K...
Rabe   – a...
Regen   – g...
Reihen   – h...

Sahne   – die H...
Schlaf   – f...
Stop   – die P...
retten   – n...

 5 Überlege mit deinem Nachbarn:
Was bedeuten diese Sätze?
Sagt es mit anderen Worten!

6 Kennt ihr ähnliche Ausdrücke in eurer Sprache?

Er ist bärenstark.
Hier sieht es aus wie im Saustall!
Ich habe Schmetterlinge im Bauch!
Du Angsthase!
Sie ist ein Bücherwurm.
Sie ist mutig wie ein Löwe.
Er ist schlau wie ein Fuchs.

Pfiffikus Informationen im Text suchen

Prospekttext Zeitungsartikel Preistabelle Märchen Horoskop Brief Anzeige Tagebucheintrag

1 Schau dir die Texte Nr. 1 und 2 kurz an. Was für Texte sind das? Begründe deine Entscheidung.

2 Lies Text Nr. 1 und beantworte die Fragen. Das kannst du, auch wenn du viele Wörter nicht verstehst. Musst du dafür schnell, detektivisch oder genau lesen?

  a Wie lang ist die Altmühl?
  b Wann kann man auf der Altmühl besonders gut fahren?
  c In welcher Zeit sollte man rechtzeitig Zimmer und Boot reservieren?

1

DIE ALTMÜHL
DER IDEALE WANDERFLUSS

1 Die Altmühl, der langsamste Fluss Bayerns, eignet sich hervorragend zu Bootstouren. Von Gunzenhausen bis nach Kelheim kann man bei einer Fahrt auf der über 150 Kilometer langen Altmühl
5 die Schönheiten des größten deutschen Naturparks entdecken. Man fährt an interessant geformten Felsen und ins Wasser hängenden Zweigen der alten Weidenbäume vorbei, hinter jeder Flusswindung entdeckt man am dicht bewachsenen Ufer etwas Neues.

BOOTSTOUREN
FREIZEITSPASS FÜR JUNG UND ALT

1 Für junge und alte Naturfreunde, für Familien und Gruppen ist eine Tour auf der Altmühl ein faszinierendes Erlebnis: Gemeinsam erforscht man den Fluss und genießt entspannende und unterhaltsame Stunden. Am Abend
5 erholt man sich am romantischen Lagerfeuer oder besucht ein gemütliches Gasthaus. Mai bis Oktober ist die beste Zeit für Bootstouren auf der Altmühl. Im Hochsommer sollte
10 man sich vor Reisebeginn nach dem Wasserstand erkundigen: Wenn es lange nicht geregnet hat, kann der Altmühlpegel zu niedrig zum Befahren sein.
15 Während der Hauptsaison (Juni bis August) und an verlängerten Wochenenden sollte man Zimmer und Boote rechtzeitig reservieren.

2

BOOTSVERLEIH

Öffnungszeiten: täglich 10–18 Uhr (April – Oktober)
Bei schlechtem Wetter ist der Bootsverleih nicht geöffnet

	½ Std.	1 Std.	3 Std.	1 Tag
Ruderboot (2 Pers.)	4	7	18	36
Ruderboot (4 Pers.)	6	10	25	50
Kanu¹ (2 Pers.)	-	-	15	22
Kanu¹ (3 Pers.)	-	18	26	
Motorboot² (2 Pers.)	20	50	100	

Preise in Euro je angefangene halbe bzw. ganze Stunde

¹Ausleihe der Kanus ab 18 Jahren
²Ausleihe ab 18 Jahren, Führerschein erforderlich

Schüler und Gruppen erhalten Ermäßigung.
Schwimmwesten und Wasserwegekarten können gemietet bzw. gekauft werden.

Frühjahrsangebot (1.4.-15.4.): Zwei Tage zum Preis von einem!

3 Schau dir den Text Nr. 2 an.
Suche folgende Informationen.

- a Wann kann man Boote ausleihen?
- b Was für Boote kann man ausleihen?
- c Wie alt muss man sein, wenn man ein Kanu ausleihen will?
- d Wie viel muss man für drei Stunden mit dem Motorboot zahlen?
- e Wann kann man Boote besonders billig ausleihen?

4 Wo steht das im Text Nr. 3?

- a Man darf nicht überall aussteigen.
- b Auf den Nebenflüssen darf man nicht fahren.
- c Man muss bei der Bootstour leise sein.
- d Den Müll muss man wieder mitnehmen.

3

Mensch und Natur: Rücksicht ist notwendig

1 Wer den Freizeitspaß in freier Natur genießen will, muss Rücksicht auf die Natur nehmen. Einige Grundsätze und Regeln muss man im Naturpark unbedingt beachten:
Die Boote dürfen jeweils nur an den ausgeschilderten Anlegestellen ins Wasser gesetzt bzw. aus dem Wasser geholt werden. Ausnahmen sind nur in Notfallsituationen erlaubt.
5 Alle Altwasser des Flusses sind geschützte Naturräume. Diese ökologisch wertvollen Bereiche dürfen mit den Booten nicht befahren werden. Das gleiche gilt für die Uferzonen sowie die Nebenflüsse der Altmühl. In diesen Bereichen leben seltene Tiere und Pflanzen.

Weitere Regeln für die Bootstour:

- mit den Booten hintereinander in der Flussmitte fahren
10 - keinen unnötigen Lärm verursachen
- nicht mit Autos im Naturpark fahren
- offene Feuer nur an gekennzeichneten Plätzen entzünden
- für Picknick und Zelten nur die ausgewiesenen Plätze nutzen
- keinen Müll in der Natur hinterlassen

5 Welche Aussagen sind richtig, welche falsch? Zu welchen findest du keine Informationen in den drei Texten?

		richtig	falsch	keine Information
①	In ein großes Ruderboot passen höchstens fünf Personen.	☐	☐	☐
②	Wenn zwei Freunde ein Kanu für zwei Tage ausleihen, kostet das 44 Euro.	☐	☐	☐
③	Herbst und Winter sind die idealen Zeiten für eine Bootstour.	☐	☐	☐
④	Wer ein Boot ausleiht, muss auch schwimmen können.	☐	☐	☐
⑤	Man darf kein Feuer im Naturpark entzünden.	☐	☐	☐
⑥	Drei Personen in einem Kanu zahlen weniger als vier Personen in einem Ruderboot.	☐	☐	☐
⑦	Auch bei Regen kann man Boot fahren.	☐	☐	☐

13 Wünsch dir 'was

A

1 Schau dir die folgenden Zeichnungen an. Zu welchen passt der Ausdruck „Glück haben" und zu welchen passt „glücklich sein"?

2 Beschreibe in deinen Worten das Glück in diesen Bildern. Achte dabei auf den Unterschied zwischen „Glück haben" und „glücklich sein".

Die jungen Leute sind glücklich, weil sie ...
Die Katze hat Glück gehabt, weil ...

heiraten • im Lotto gewinnen • nicht überfahren werden

3 Glück hat viele Namen. Wie nennt man es in deiner Sprache?

Deutsch	Glück	Glück
Englisch	luck	happiness
Französisch	chance	bonheur
Spanisch	suerte	felicidad
Ungarisch	szerencse	boldogság
Esperanto	bonshanco	feliĉo
deine Sprache	?	?

4 Schaut euch die Grafik an. Was bedeutet Glück für euch? Was ist sehr wichtig, was ist weniger wichtig, um glücklich zu sein? Ergänzt die Grafik an der Tafel.

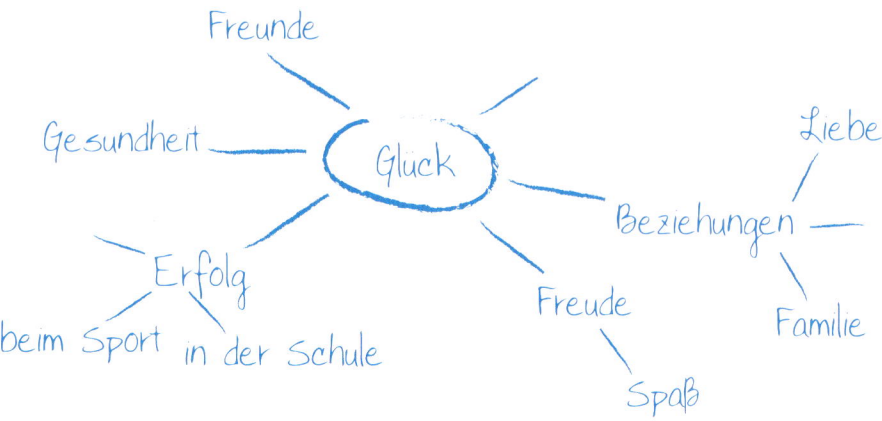

100 hundert

Wünsch dir 'was

Glück, das; -[e]s, -e (Plur. selten); jmdm. Glück wünschen; ein Glück bringendes, auch glückbringendes Amulett; ein Glück verheißendes, auch glückverheißendes Vorzeichen ↑K 58 u. 59; etwas auf gut Glück versuchen
gluck!; gluck, gluck!
Glück|ab, das; -s; Glückab! (Fliegergruß)
Glück|auf, das; -s; er rief ihm ein Glückauf zu; Glückauf! (Bergmannsgruß)
Glück brin|gend, auch glück|bringend; ↑K 58 u. 59; vgl. Glück
Glu|cke, die; -, -n; glu|cken
glü|cken
glu|ckern; ich gluckere
glück|haft
Gluck|hen|ne
glück|lich; glück|li|cher|wei|se
glück|los
Glück|sa|che, die; - (svw. Glückssache)
Glücks|brin|ger; Glücks|bu|de
glück|se|lig; Glück|se|lig|keit
gluck|sen; du gluckst
Glücks|fall; Glücks|fee; Glücks|gefühl; Glücks|göt|tin; Glücks|kä|fer; Glücks|kind; Glücks|pfen|nig; Glücks|pilz; Glücks|rad; Glücks|rit|ter; Glücks|sa|che, die; -; Glücks|schwein; Glücks|spiel; Glücks|stern; Glücks|sträh|ne; Glücks|tag
glück|strah|lend ↑K 59
Glücks|tref|fer; Glücks|um|stand; Glücks|zahl
Glück ver|hei|ßend, auch glück|ver|hei|ßend ↑K 58 u. 59; vgl. Glück
Glück|wunsch
Glück|wunsch|kar|te; Glück|wunsch|te|le|gramm
Glück|zu, das; -; Glück zu!
Glu|co|se vgl. Glukose
Glüh|bir|ne
glü|hen; glü|hend; ein glühender Verehrer; ein glühend heißes Eisen; das Eisen ist glühend heiß
glüh|heiß
Glüh|hit|ze (vgl. Gluthitze); Glüh|lam|pe; Glüh|strumpf; Glüh|wein; Glüh|würm|chen

5 In der deutschen Sprache gibt es viele zusammengesetzte Wörter mit Glück. Hier ist der Eintrag aus dem Duden-Lexikon. Suche die Wörter, die zu den Bildern passen.

6 Lies das Gedicht. Warum sind die Personen in dem Gedicht nicht froh?

Das Wunschlied

Der Allergrößte ist nicht froh,
denn groß ist er ja sowieso.
Doch eines wünscht er sich so sehr,
dass er der Allerschönste wär'.

Der Allerschönste ist nicht froh,
denn schön ist er ja sowieso.
Doch eines wünscht er sich so sehr,
dass er der Allerstärkste wär'.

Der Allerstärkste ist nicht froh,
denn stark ist er ja sowieso.
Doch eines wünscht er sich so sehr,
dass er der Allerklügste wär'.

Der Allerklügste ist nicht froh,
denn klug ist er ja sowieso.
Doch eines wünscht er sich so sehr,
dass er der Allergrößte wär'.

von Klaus Hoffmann

7 Beschreibe mit eigenen Worten, was das Gedicht uns sagen möchte.

8 Hat der Autor des Gedichtes Recht? Warum oder warum nicht? Begründe deine Antwort mit Beispielen.

9 Schreibe ein ähnliches Gedicht. Diese Adjektive kannst du auch benutzen:

lieb reich gut
frech schnell froh

10 Was wünschst du dir? Ergänze die Sätze oder formuliere neue.

Wenn ich ... wäre, könnte / würde ich ...
100 Meter in 10,0 Sekunden laufen.
die Relativitätstheorie von Albert Einstein verstehen.
mehr als 1000 kg heben.
jede Woche ein Buch schreiben.
viele Freunde haben.

GA 13.1

13 Wünsch dir 'was

B

1 Von Jugendlichen für Jugendliche ist die Jugendseite, die in den Regionalausgaben der Süddeutschen Zeitung erscheint. Im Internet kann jeder mitmachen und Texte schreiben.
Lies die Einleitung: Was für Texte erwartet man diesmal?

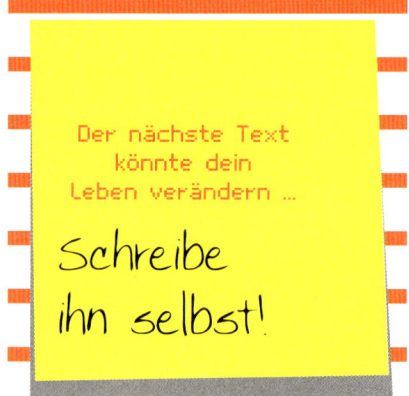

Was wäre wenn: Nachdenken, querdenken, schreiben!

Was wäre, wenn du Bundeskanzler wärst? Oder wenn du einen Doppelgänger hättest? Wenn du ein Superstar oder ein Millionär wärst? Oder wenn es das Böse auf der Welt nicht mehr geben würde?
Ohne Konjunktiv würde es vermutlich einige Träume weniger geben. Und einige schöne Geschichten außerdem.
****

2 Wo findest du den Konjunktiv in diesen Sätzen?

3 Vergleiche die Sätze. Was bedeuten sie?

GA 13.2

Ich weiß leider nicht, warum sie weint.	Wenn ich das wüsste, würde ich es dir erzählen.
Ich bin müde. Ich kann dir nicht helfen.	Wenn ich nicht so müde wäre, würde ich dir helfen.
Ich habe zwei Brüder.	Ich hätte gerne noch eine Schwester.
Wenn ich mal Zeit habe, besuche ich dich.	Wenn ich Zeit hätte, würde ich dich besuchen.
Wenn du nicht da bist, bin ich immer traurig.	Wenn du nicht da wärst, wäre ich sehr traurig.

4 Hier sind die Anfänge einiger Beiträge, die junge Leser geschrieben haben.
Suche dir einen aus und schreibe ihn weiter. Achte dabei auch auf den Konjunktiv.

Was wäre wenn ...

... sich jeder seine Zukunft selbst aussuchen könnte?
Wäre dies so, dann wäre die Welt wahrscheinlich voll von Superstars, von Abenteurern, kleinen Jungs in Feuerwehrwagen und ebenso kleinen Mädchen auf weißen Ponys mit Kronen auf dem Kopf ...>>>
****

... du das letzte Jahr noch mal erleben könntest?
Wie würdest du handeln, da du ja weißt, was alles passieren wird? Was würdest du ändern? Was könntest du besser machen? Würdest du deine Mitmenschen besser behandeln? Würdest du begangene Fehler revidieren ...?>>>
****

... es von morgen an das Böse nicht mehr geben würde?
Eine interessante Überlegung: Es würde keine Kriege mehr geben, Gewalt auf den Straßen oder in unseren Köpfen würde nicht mehr existieren – so viel steht fest. Könnte man aber dann nicht auch ...>>>
****

... ich einen Doppelgänger hätte?
Nicht nur einen Zwilling, der mir ein bisschen ähnlich wäre, sondern jemand, der so aussehen würde wie ich, reden würde wie ich, sogar auch so denken würde wie ich? Der aber alles ein bisschen besser könnte? Erst einmal wäre das natürlich sehr praktisch. Mein Doppelgänger könnte alle unangenehmen Aufgaben erledigen, ...>>>
****

 5 Höre dir an, was einige Jugendliche zu diesen Träumen sagen.
Wem würdest du zustimmen? Begründe deine Antwort.

6 Wie ist das in deinem Land: In welchen Situationen darf man sich etwas wünschen?

> Wenn du die Geburtstagskerzen ausbläst, darfst du dir etwas wünschen. Du darfst deinen Wunsch aber niemandem verraten!

7 Jeder hat Träume und Wünsche! Das haben auch kluge Unternehmer entdeckt. Lies dazu folgenden Text. Notiere alle Wünsche, die darin vorkommen, z.B.:

eine Karte für das Musical „Chicago" in London

Der Wunscherfüller

Seit viereinhalb Jahren hat der Leipziger Unternehmer Gerd Lorenz eine Wunschagentur und konnte schon viele ausgefallene Wünsche erfüllen.

1 Egal, ob jemand Theaterkarten für das ausverkaufte Musical Chicago in London sucht oder mit einem Jagdflugzeug mitfliegen will: Lorenz hilft. „Ich behaupte, dass ich fast jeden Wunsch erfül-
5 len kann", sagt der 44-jährige. Er glaubt, sogar ein Treffen mit dem US-Präsidenten wäre kein Problem für ihn.

Einzige Bedingung: Der Wunsch darf nicht illegal sein. Alles andere ist nur eine Frage des
10 Preises. „Wenn Sie wollen, fliege ich Ihnen die schönste Orchidee aus Thailand ein." Und wer es sich leisten kann, findet mit Lorenz auch einen Weg in die Boxengasse der Formel 1. Allerdings stellte der Unternehmer fest, dass viele
15 die Kosten für ihre besonderen Träume unterschätzen.

8 Überlege dir einige Wünsche, die die Wunschagentur bestimmt nicht erfüllen kann.

9 Du darfst dir etwas von der Agentur wünschen. Spielt zu zweit ein Gespräch mit einem Mitarbeiter der Agentur. Spielt es dann vor der Klasse vor.

> Ich wünsche mir, dass ...
> Es wäre schön, wenn ...
> Ich träume davon, einmal ... zu (tun / machen ...)
> Ich hätte gern ...
> Ich würde gern ... (machen / fliegen / spielen ...)
>
> → Dann könnte ...
> Dann müsste ... (nicht) ...

10 Suche alle Präpositionen im Text. Welche benutzt du mit dem Dativ, welche mit dem Akkusativ?

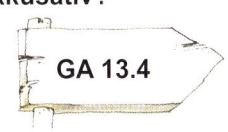

Wünsch dir 'was

C

1 In den Jahren 1987 und 2002 wurden Jugendliche in Deutschland gefragt, was für sie wichtig ist, um glücklich zu sein. Wie war das 1987? Was hat sich von 1987 bis 2002 verändert?
Die Ausdrücke im Sprachbaukasten helfen.

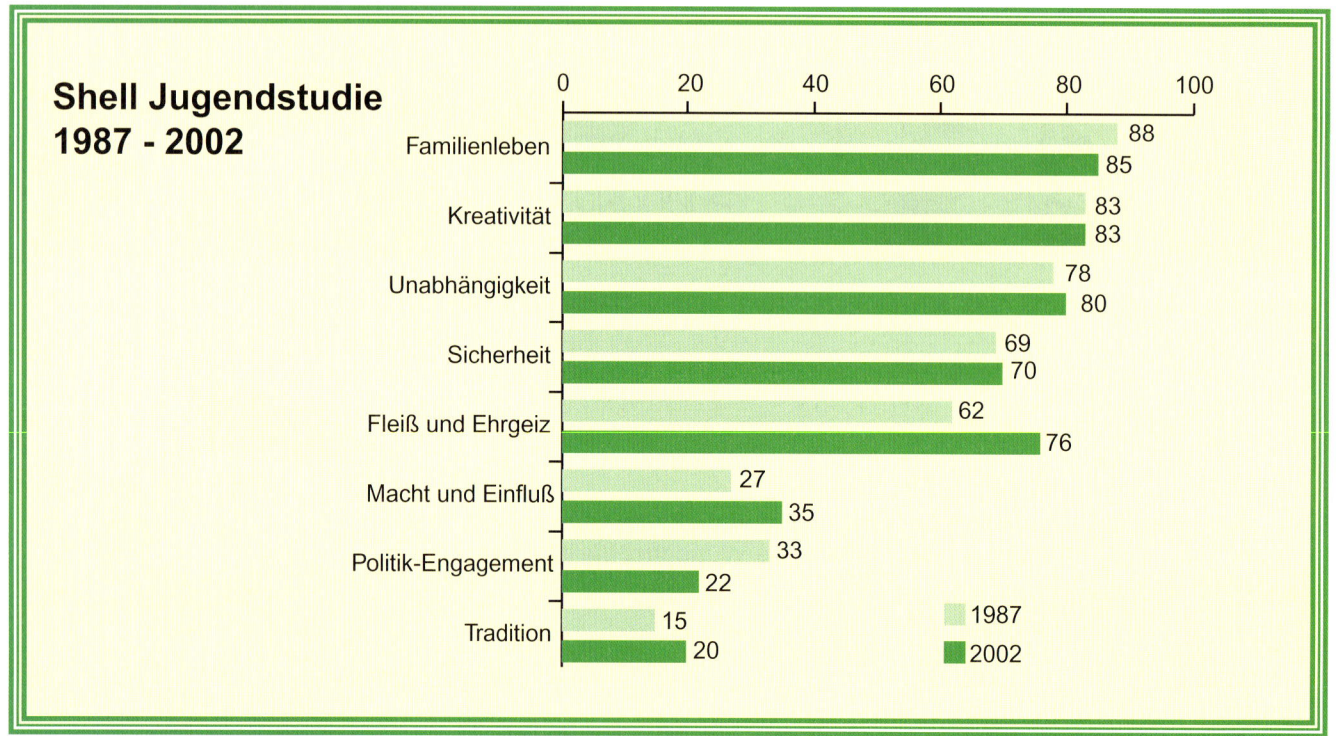

Shell Jugendstudie 1987 - 2002

	1987	2002
Familienleben	88	85
Kreativität	83	83
Unabhängigkeit	78	80
Sicherheit	69	70
Fleiß und Ehrgeiz	62	76
Macht und Einfluß	27	35
Politik-Engagement	33	22
Tradition	15	20

Quelle: 14. Shell Jugendstudie

- ... ist wichtiger geworden.
- ... ist weniger wichtig als vorher.
- ... ist genauso wichtig wie ...
- ... spielt eine wichtigere Rolle als ...
- ... ist für die Jugendlichen noch wichtiger geworden.
- ... ist für ... Prozent nicht mehr so wichtig.
- ... halten ... Prozent für wichtig.
- ... halten die Jugendlichen 2002 für wichtiger / weniger wichtig als vorher.

2 Wie wichtig sind diese Dinge für dich? Nummeriere sie von 1 bis 8 und begründe.

Am wichtigsten ist für mich ..., weil ...
... ist für mich genauso wichtig wie ..., denn ...
Da ich ..., halte ich ... für nicht so wichtig ...

3 Die Klasse 8b wollte wissen, was die Schüler an ihrer Schule für wichtig halten und hat eine ähnliche Umfrage an ihrer Schule gemacht. Höre dir die Interviews an und notiere, wer von den Schülern was für wichtig hält.

Familienleben: Philipp, ...
Kreativität:
Unabhängigkeit:

Wünsch dir 'was

4 Was könnten die Personen noch sagen? Denke daran: In solchen Situationen benutzt man häufig den Konjunktiv.

Gnädiges Fräulein, dürfte ich um den nächsten Tanz bitten?

Auf dem Rückweg könntest du etwas langsamer fahren!

5 Wie höflich sind wohl die Menschen in diesen Situationen? Arbeitet zu zweit und schreibt Dialoge zu den Bildern. Spielt sie dann der Klasse vor.

Auto hergeben   Blumen gießen   Tasche herunternehmen   Fenster öffnen

So kannst du um etwas bitten:

☹ Auto hergeben!
   Gib das Auto her!
   Gib bitte das Auto her!
   Gibst du mir bitte das Auto?
   Darf ich bitte das Auto haben?
   Würdest du mir das Auto geben?
▼ Könntest du mir bitte das Auto geben?
   Bitte, sei so nett und gib mir das Auto.
☺ Wärst du so nett, mir das Auto zu geben?

So kannst du einen Ratschlag formulieren:

Fahr nicht so schnell!
An deiner Stelle würde ich nicht so schnell fahren.
Es wäre besser, wenn du langsamer fahren würdest.
Du könntest
Du solltest   langsamer fahren.
Du müsstest

6 Höre dir jetzt die Texte an. Welcher Dialog passt zu welchem Bild?

13 Wünsch dir 'was

D Partnerübung

 Partner A

1 Auf dem Foto siehst du zwei erfolgreiche Mädchen aus Dortmund. Dein Partner kennt die Geschichte dieser beiden Mädchen. Notiere dir einige Fragen, die du deinem Partner stellen möchtest.

Wie...? Wo...? Wer...? Was...? Warum...? Wann...? Wozu...? Womit...? Mit wem...?

2 Dein Partner stellt dir Fragen über die Zwillinge. Beantworte diese.

3 Auf dem Foto siehst du zwei andere erfolgreiche Mädchen aus Deutschland. Dein Partner kennt die Geschichte dieser Mädchen. Notiere dir einige Fragen, die du deinem Partner stellen willst.

Sie haben es geschafft! Maria Rother (links) und Ricarda Ramünke freuen sich über die Premiere ihres Films „Die Blindgänger" in Berlin. Darin spielen sie zwei blinde Freundinnen, die davon träumen, Musikerinnen zu werden. Maria und Ricarda sind auch im wirklichen Leben blind. Maria ist 17 und hat schon vor acht Jahren einen Film gedreht. Die 14-jährige Ricarda stand zum ersten Mal vor der Kamera. Eigentlich will sie Journalistin oder Politikerin werden. Aber sollte es nicht auch blinde Schauspieler geben?, fragt sie sich nun.
Ein wenig kann sie übrigens noch sehen, ganz verschwommen. Sie kann allein mit dem Zug fahren und einkaufen gehen, sie besucht ein Gymnasium in Marburg und will Abitur machen. Ein ganz normales Mädchen eben, findet Ricarda: „Ich bin nicht einfach, aber nett, sozial und überhaupt nicht schüchtern."

4 Dein Partner stellt dir Fragen über Maria und Ricarda. Beantworte diese.

5 Berichte über die beiden Mädchen aus Dortmund. Wenn etwas nicht stimmt, hilft dir dein Partner.

6 Höre dir den Bericht deines Partners über die jungen Schauspielerinnen an und korrigiere ihn, wenn etwas nicht stimmt.

Partnerübung

Partner B

1 Lies den folgenden Text durch und mach dir genaue Notizen.

Sie sehen einander ähnlich und teilen eine große Leidenschaft: Die Zwillinge Matea und Laura Wendt lieben den Eiskunstlauf! Schon als Dreijährige standen sie auf Schlittschuhen; mit sechs begannen sie, regelmäßig zu trainieren; jetzt, mit zwölf Jahren, ist der Sport das Wichtigste in ihrem Leben. Nach der Schule stehen sie täglich auf dem Eis des Olympia-Stützpunktes in Dortmund und üben mit ihrer Trainerin.

Dabei ist Matea (oben im schwarzen Kleid) ihrer Schwester oft um eine Nasenlänge voraus. Sie ist vier Minuten älter – und die Zahl vier scheint für die Mädchen fast magische Bedeutung zu haben. Manche Sprünge hat Matea vier Wochen oder vier Monate vor Laura geschafft. Und manche Unterschiede sind klar zu sehen: Laura läuft lieber zu lustiger Musik, Matea zu ernster; Laura springt höher, Matea bewegt sich weicher. Beide haben schon viele Wettkämpfe gewonnen und wollen es noch weit bringen. Erst einmal bis zur deutschen Jugendmeisterschaft. Und irgendwann zu den Olympischen Spielen. Mal sehen, wer dort die Nase vorn hat.

2 Dein Partner stellt dir Fragen über die Zwillinge. Beantworte diese.

3 Auf dem Foto siehst du zwei andere erfolgreiche Mädchen aus Deutschland. Dein Partner kennt die Geschichte dieser Mädchen. Notiere dir einige Fragen, die du deinem Partner stellen willst.

Wie? Wo? Wer? Was? Warum? Wann? Wozu? Womit? Mit wem?

4 Stell deinem Partner nun deine Fragen. Er antwortet. Mach dir Notizen, damit du später selbst über die beiden Mädchen berichten kannst.

5 Höre dir den Bericht deines Partners über die beiden Mädchen aus Dortmund an und korrigiere ihn, wenn etwas nicht stimmt.

6 Berichte über die jungen Schauspielerinnen. Wenn etwas nicht stimmt, hilft dir dein Partner.

Wünsch dir 'was

14 Einmal München und zurück

A Die Schüler der Klasse 8b des Friedrich-Schiller-Gymnasiums in Weimar planen eine Klassenfahrt. Frau Wehmeier, die Klassenlehrerin, hat Prospekte zu verschiedenen Reisezielen mitgebracht.

1 Schaut euch die Prospekte genau an. Wohin würdet ihr am liebsten fahren? Warum? Macht euch zu den verschiedenen Zielen Notizen im Heft.

Hamburg großer Hafen, Hafenrundfahrt, Alster ...

Berlin – das ist Lebendigkeit:

auf den Plätzen, in den Kunstausstellungen, auf den Flohmärkten, in den Hunderten von Kneipen und Restaurants. Das Brandenburger Tor, der Fernsehturm am Alexanderplatz, die Gedächtniskirche am Kurfürstendamm, der Gendarmenmarkt, die Reichstagskuppel sowie Berlins Innenstadt und der Potsdamer Platz bieten den Besuchern alte und moderne Architektur, Shopping und Unterhaltung. Das alles macht Berlin zu einer der spannendsten Metropolen in Europa.

Hamburg...

... ist zu jeder Jahreszeit eine Reise wert. Im Frühling, mit den ersten Sonnenstrahlen, locken die Flüsse Elbe und Alster zu Erkundungstouren. Wie wäre es jetzt mit einem Rundgang durch die historische Speicherstadt oder mit einer Schiffsrundfahrt in einem der größten Häfen Europas? Oder doch lieber eine Tagestour an Nord- oder Ostsee?
Im Herbst können Sie am besten Museen und Musicals, Konzerte und Kabaretts, Bühnen und Ballett besuchen – Hamburgs Kultur ist bunt und lebendig.
Und im Winter? Natürlich ein Gang über die wunderschönen Weihnachtsmärkte. Und wer weiß: Mit ein wenig Glück und viel Frost friert die Alster zu. Dann starten die Hamburger auf Schlittschuhen zum großen Alstervergnügen.

2 Höre nun die Diskussion der Schüler. Welche Reiseziele werden vorgeschlagen? Notiere sie in deinem Heft.

Lars: Also, ich bin für Hamburg oder Berlin.
Kerstin: Mensch Lars, bloß keine Großstadt. Ich finde es viel schöner, in die Natur zu fahren. In den Schwarzwald zum Beispiel, zum Wandern.
Lars: Wandern! Kerstin, das ist doch todlangweilig!
Martin: Genau. Das ist auch meine Meinung. Warum nicht eine schöne Stadt, wie Hamburg?
Sebastian: Ich finde sowohl den Schwarzwald als auch Hamburg langweilig! Wie wäre es mit ...?

Einmal München und zurück

Schwarzwald

Lassen Sie den Alltag hinter sich und machen Sie Ihre Ferienträume in der Urlaubsregion **Mittlerer Schwarzwald** wahr. Gehen Sie auf den zahlreichen Wanderwegen spazieren, suchen Sie Deutschlands höchsten Wasserfall in Triberg auf, bestaunen Sie die größte Kuckucksuhr der Welt in Schonach und besuchen Sie das Fürstenbergische Schloss mit dem berühmten Schlosspark in Donaueschingen. Eine Fahrt mit den historischen Dampfzügen in Blumberg bleibt bestimmt unvergesslich.

Probieren Sie auch die kulinarischen Spezialitäten der Region, wie den Schwarzwälder Schinken oder die berühmte Schwarzwälder Kirschtorte. Sie werden sehen: Außerhalb der Stadt, hier bei uns im Schwarzwald, ist die Luft frischer, der Himmel blauer und der Urlaub schöner!

MÜNCHEN

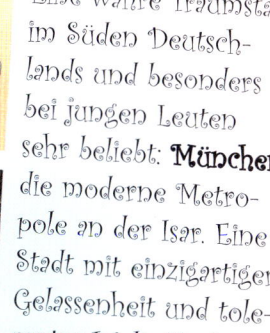

Eine wahre Traumstadt im Süden Deutschlands und besonders bei jungen Leuten sehr beliebt: **München**, die moderne Metropole an der Isar. Eine Stadt mit einzigartiger Gelassenheit und toleranter Weltoffenheit. Immer einen Besuch wert! Mit Oktoberfest und Oper, Hofbräuhaus und Pinakothek, BMW und FC Bayern verbinden sich altbayerische Tradition mit einem lebendigen Kulturangebot.

Ostsee

Die deutsche **Ostseeküste** hat mehr als nur eine typische Landschaft zu bieten: Breite Strände mit allerfeinstem, hellem Sand und grasgrünes Hinterland: Schon der Anblick grüner Hügel und Wälder lässt Sie den grauen Alltag vergessen.

Die Landschaft ist sehr bekannt für ihre steilen Küsten und schroffen Felsen über dem Meer. Wellness-Anhänger und Wassersportler finden hier ideale Voraussetzungen.

🐵 **3** Bildet je eine Gruppe für jedes Reiseziel. Hört die Diskussion noch einmal und notiert die Argumente für euer Reiseziel (und gegen die anderen Ziele) auf einer Dialogkarte.

🐵 **4** Überlegt euch weitere Argumente für euer Reiseziel und ergänzt die Dialogkarte. Verwendet dabei die Informationen aus den Prospekten. Diskutiert dann in der Klasse und versucht, die anderen zu überzeugen.

Aussage	Ablehnung	Zustimmung
Ich würde gerne / am liebsten ...	Ich möchte lieber ... / Ich würde lieber ...	Genau!
Ich glaube schon, dass ...	Das sehe ich anders: ...	Das sehe ich auch so!
Ich meine, ...	Das glaube ich nicht.	Ja, das stimmt!
Ich denke, ...	Daran hab ich nicht gedacht, aber ...	Das ist auch meine Meinung.
Ich schlage vor, dass wir ...	Das stimmt, aber ...	Das finde ich auch!
Da steht doch, dass ...	Auf keinen Fall!	Gute Idee!

14 Einmal München und zurück

B Die Klasse fährt also nach München. Aber es gibt noch viel zu tun:
Herr Rensch, der Geschichtslehrer, informiert sich über Veranstaltungen in München und besorgt Prospekte.
Die Klasse stellt ein Programm für die viereinhalb Tage in München zusammen.
Frau Wehmeier kümmert sich um die Bahnfahrt.
Kerstin sucht eine Jugendherberge in München aus und reserviert die Zimmer.

1 Hier sind zwei Seiten aus dem Prospekt, den Lars besorgt hat. Was würdest du am liebsten machen?
Suche dir eine Veranstaltung aus. Benutze dabei das Wörterbuch.

ANTIGONE

Ein alter Mythos in neuen Bildern: Die spannende Bearbeitung des Dramas von Sophokles durch den französischen Autor Jean Anouilh bietet interessante Unterhaltung für Jung und Alt.
Spieldauer: 70 Minuten

Deutsches Theater
Sa 19.02. - Mo 14.03.
Preise: € 16,- bis € 57,-

CRAZY BROADWAY

Die schräge Musical-Komödie mit den Welthits von Elton John und den Bee Gees. Über 30 ihrer großen Superhits sind live zu erleben - mit großem Orchester, Chor und Solisten der Top-Liga.

Philharmonie - München
Mo 07.03.: 20.00 Uhr
Preise: € 33,- bis € 69,-

5. musica viva Veranstaltung

Johannes Schöllhorn
„Red and blue" [1999]
für sechs Schlagzeuger

Adriana Hölszky
„Gemälde eines Erschlagenen für 72 Vokalisten" [1993]

Cynthia Lee Wong
„Three portraits" [2004]
Kompositionsauftrag der musica viva
Uraufführung

Artur Schnabel
„Dritte Symphonie" [1949]

Herkulessaal der Residenz
Donnerstag, 10. März 2005, 20 Uhr
(2. Abonnementkonzert 2005)
Preise: € 5,00 bis € 18,00

Bavaria Filmstadt

- **Filmstadt Vorführung**
- **Stunt-Show**
- **3D Erlebnis Kino**
- **Das filmende Klassenzimmer**

Öffnungszeiten
Die Bavaria Filmstadt ist täglich geöffnet. Die Kulissen sind nur im Rahmen einer 90-minütigen Führung zu besichtigen.

Wir bitten Gruppen ab 10 Personen um eine rechtzeitige Anmeldung.

Sommeröffnungszeiten 2005
1. März - 6. November: 9.00 - 16.00 Uhr
(Start der Führung mehrmals stündlich). Die letzte Führung beginnt um 16.00 Uhr und dauert bis etwa 17.30 Uhr.

High-Tech-Kulisse aus dem Film Enemy Mine – Geliebter Feind

Eintrittspreise inkl. Stunt-Show + 3D-Kino:
Erwachsene: 17,- €
Kinder: 14,- €
Gruppen (ab 20 Personen): 16,- € pro Person

2 Was kann man wo machen oder sehen?

Im Deutschen Theater kann man ...

 3 Welche Veranstaltungen passen zu welcher Kategorie? Notiere die Titel / Namen in deinem Heft. Du kannst eine Veranstaltung auch unter mehreren Kategorien nennen.

Sport	Musik	Film	Unterhaltung	Bildung	Kunst	Erholung	Konzert

Einmal München und zurück

14

 4 Überlegt euch Fragen zu den Veranstaltungen und stellt sie euch gegenseitig.
- Wo kann man etwas essen und trinken?
- Wo gibt es Sonderprogramme für Schulklassen?
- Wann kann man ...?
- Wie viel ...?
- ...?

GA 13.3

Ich würde gerne ...

Dazu habe ich keine Lust. Ich habe einen besseren Vorschlag. Könnten wir nicht ...?

5 Suche dir einen Partner. Einigt euch auf eine Veranstaltung.

Deutsches Museum

Europas größtes technisches Museum bietet Sonderprogramme für Schulklassen, während derer die Schüler von zwei Pädagoginnen begleitet werden. Informationen werden in kleinen Gruppen gesammelt und bestimmte Tätigkeiten selbst ausprobiert. Zur Zeit bieten wir u.a. folgende Sonderprogramme für Schulklassen an:

- **Schreibstube und Druckwerkstatt:** Zur Geschichte des Schreibens und Druckens
- **Licht an!** Im Reich von Licht und Schatten
- **Das Besucherlabor -** Genforschung begreifen

Führungen:
Anmeldung und weitere Informationen
Tel.: 089-2179-462

Öffnungszeiten des Museums:
Täglich von 9.00 – 17.00 Uhr

Preise:
Erwachsene 7,50 €
Schüler und Studenten 3.00 €

Eislauf-Dorado

Auf geht's zum Schlittschuhlaufen! Auf die Besucher warten 30 mal 60 Meter Eislaufvergnügen pur mit Musik und Flutlicht. Die moderne Tribüne des Prinzregentenstadions bietet 450 Personen Platz – hier sind auch Zuschauer herzlich willkommen. Im Sportgeschäft kann man Schlittschuhe gegen eine Gebühr ausleihen. Ein Außenkiosk und das Restaurant „Aquamarin" sorgen für das leibliche Wohl.

Öffnungszeiten:
Montag, Mittwoch 9.00 – 16.00 Uhr
An den anderen Tagen 9.00 – 22.00 Uhr

Eintrittspreise:
Erwachsene 3,50 €
Jugendliche 2,50 €

Neue Pinakothek

Barer Straße 29
80799 München
Eingang: Theresienstraße
Telefon: (089) 23805 195

Öffnungszeiten
Täglich außer Di. 10.00 – 17.00,
Mi. 10.00 – 20.00

Regulärer Eintritt
5 €, ermäßigt 3,50 €, inklusive Audioführung zur ständigen Sammlung

Eintritt Sonderausstellung
»Das Neunzehnte neu entdecken«

4 €, ermäßigt 2,50 €
Inklusive Audioführung zur Ausstellung
Schulklassen pro Schüler 1 €

6 Höre dir folgende Sätze an und sprich sie nach:

Die erste Vorstellung von *Crazy Broadway* ist am 7. März.
Antigone läuft vom 19. Februar bis zum 14. März.
Die Bavaria Filmstadt ist vom 1. März bis zum 6. November täglich geöffnet.
Am 10. März findet das zweite Abonnementkonzert der *musica viva* statt.
„Das Neunzehnte neu entdecken" ist die zweite Sonderausstellung in der Neuen Pinakothek in diesem Jahr.

7 Ihr wollt nun selbst nach München fahren. Bildet Gruppen und stellt euer Wunschprogramm zusammen. Macht auch Vorschläge zu Veranstaltungen, die ihr im Internet findet.

Montag 6.3: Abends _____
Dienstag 7.3: _____

hundertelf 111

14 Einmal München und zurück

C

1 Frau Wehmeier kümmert sich um die Fahrkarten für die Zugfahrt. Sie notiert sich einige Fragen und schaut zunächst im Internet nach.
Schau dir die Seite an:
Wo findet sie Antworten auf ihre Fragen?
Welche Informationen bekommt sie nicht?

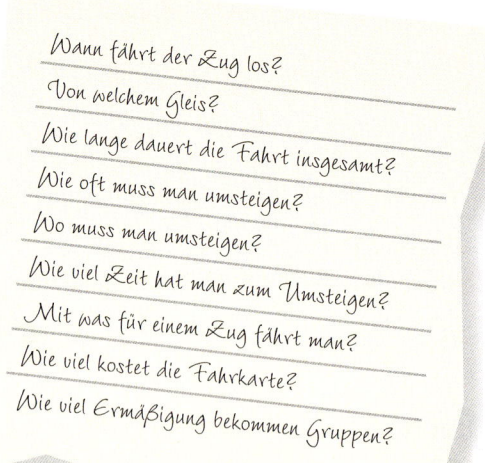

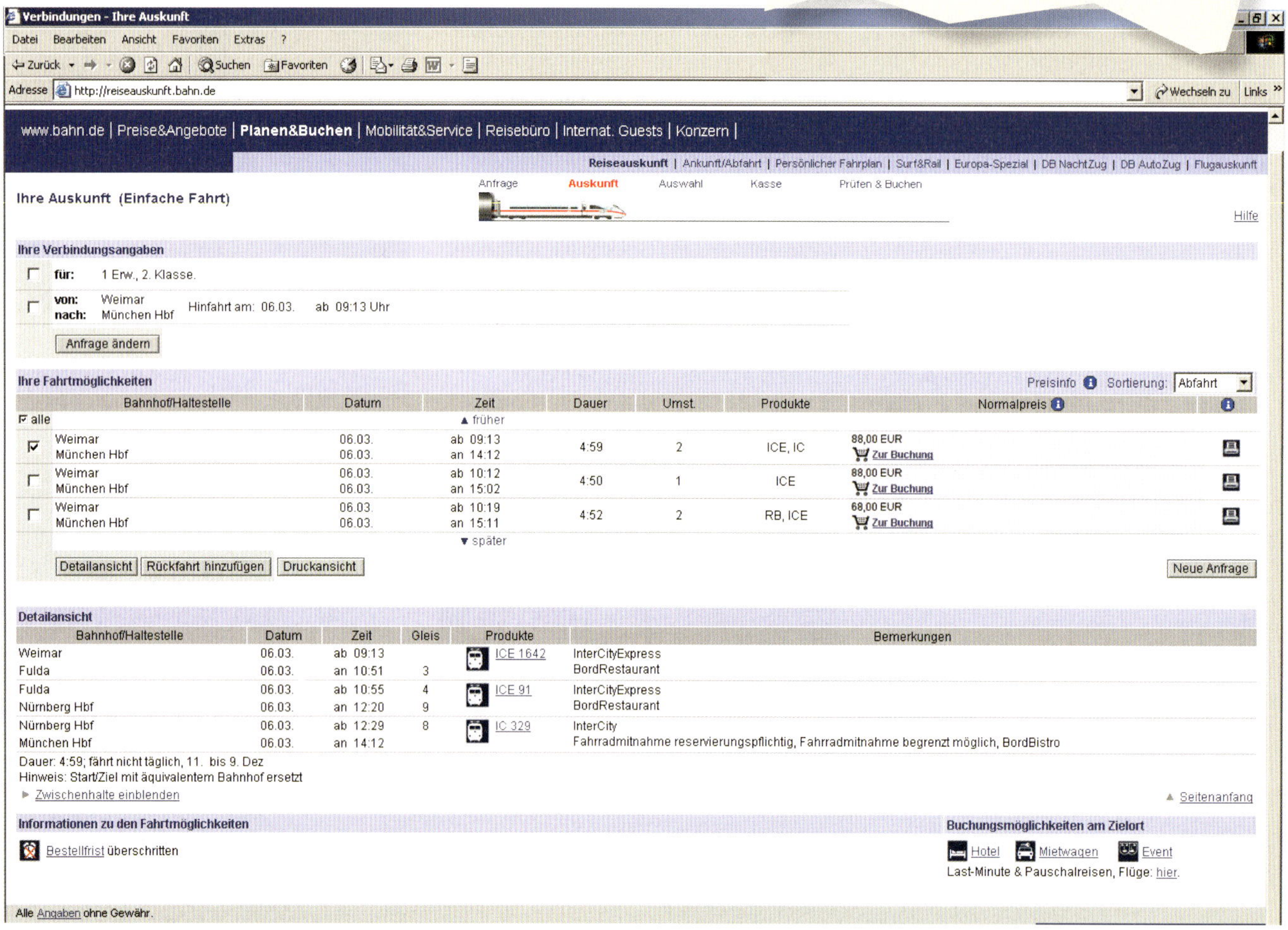

Wann fährt der Zug los?
Von welchem Gleis?
Wie lange dauert die Fahrt insgesamt?
Wie oft muss man umsteigen?
Wo muss man umsteigen?
Wie viel Zeit hat man zum Umsteigen?
Mit was für einem Zug fährt man?
Wie viel kostet die Fahrkarte?
Wie viel Ermäßigung bekommen Gruppen?

2 Schaut selbst im Internet nach und sucht die entsprechenden Verbindungen.

3 Da es für Gruppen besondere Preise gibt, will Frau Wehmeier am Bahnhof einen Gruppenfahrschein kaufen. Höre dir das Gespräch mit dem Bahnbeamten an. Notiere die Preise für jeden Schüler, die beiden Lehrer und die ganze Gruppe.

Beamter	Guten Tag! Was kann ich für Sie tun?
Fr. Wehmeier	Guten Tag. Ich möchte im März mit meiner Klasse nach München fahren und möchte mich nach Zugverbindungen erkundigen.
Beamter	Im März? – Das ist sicher kein Problem. Haben Sie schon die genauen Reisetage?
Fr. Wehmeier	Ja, am 6. März hin und am 11. März zurück.
Beamter	Nach München Hauptbahnhof?
Fr. Wehmeier	Ja, bitte.
Beamter	Also schauen wir mal ...

4 Frau Wehmeier berichtet der Klasse, wann und wie sie nach München fahren werden. Übernimm die Rolle von Frau Wehmeier und verwende dabei deine Notizen aus Aufgabe 3. Du kannst so anfangen:

Also wir fahren am 6. März hier ab. Und zwar um ... Uhr. ...

Einmal München und zurück

5 In München möchte die Klasse in einer Jugendherberge übernachten. Kerstin ruft den Herbergsvater an. Welche Fragen stellt sie ihm? Arbeitet zu zweit: Notiert mindestens fünf Fragen und spielt das Gespräch.

Jugendherbergen sind einfache und preiswerte Hotels, vor allem für junge Menschen. Voraussetzung für die Übernachtung in Jugendherbergen ist die Mitgliedschaft im deutschen oder in einem internationalen Jugendherbergswerk.

Name:	München - Neuhausen
Adresse:	Wendl-Dietrich-Str. 20 80634 München Tel: 089/131156 Fax: 089/1678745 E-Mail: jhmuenchen-neuhausen@djh-bayern.de
Kontakt:	Herr Peter Krausnick
Raumangebot:	82 Mehrbettzimmer, mit 2 bis 6 Betten, Speisesaal, TV- und Aufenthaltsraum, zwei kleine Seminarräume.
Preise:	Ü/F ab 20,60 € HP ab 25,00 € VP ab 28,30 €
Bahnhof:	München Hbf
U-Bahn:	U 1 oder U 7
Bushaltestelle:	Rotkreuzplatz
Anreise:	Mit öffentlichen Verkehrsmitteln: vom Hauptbahnhof mit der U-Bahn-Linie 1 bis Haltestelle Rotkreuzplatz, von dort fünf Gehminuten.

6 In dem Prospekt rechts oben steht auch, wie die Klasse vom Hauptbahnhof mit öffentlichen Verkehrsmitteln zur Jugendherberge kommt. Wie kommen sie vom Hauptbahnhof zu den verschiedenen Sehenswürdigkeiten in München? Einer spielt den Herbergsvater, der andere stellt Fragen.

Ihr **steigt** am Marienplatz / an der Haltestelle Karlsplatz in die U-Bahn Richtung Isartor **ein**
und **fahrt** zwei Stationen bis zur Haltestelle Karlsplatz.
Da **steigt** ihr in die Straßenbahn 17 **um**. / Von da **fahrt** ihr mit der Straßenbahn 17 drei Stationen **weiter**.
Ihr **steigt** dann an der Station Pinakothek **aus**.
Bis zum Museum müsst ihr dann noch ungefähr fünf Minuten zu Fuß gehen.

München

- Information
- Museum
- Theater, Oper
- Hotels; Restaurants
- Kirche; Synagoge
- Biergarten
- Denkmal, Turm
- Polizei
- Krankenhaus
- Post; Bibliothek
- Straßenbahnlinie mit Haltestelle
- S-Bahn mit S-Bahn-Station
- U-Bahn mit U-Bahn-Station
- Parkplatz; Parkhaus
- Hallenbad; Freibad
- Bemerkenswertes Gebäude
- Öffentliches Gebäude
- Kaufhaus, Markt
- Fußgängerzone

1. Kaufhaus Beck
2. Viktualienmarkt
3. Kunstpark
4. Glockenbachviertel
5. Asamkirche
6. Residenz
7. Alte Pinakothek
8. Deutsches Museum
9. Lenbachhaus
10. Pinakothek der Moderne
11. Valentin-Karlstadt-Museum
12. Englischer Garten

14 Einmal München und zurück

D

1 Lies das Tagebuch der Klasse 8b und notiere, welche Sehenswürdigkeiten sich die Schüler bei ihrem Besuch in München angeschaut haben.

Um halb zehn geht's los. Wir treffen uns am Hauptbahnhof und verabschieden uns von unseren Eltern. Im Zug gibt es zuerst Ärger, weil unsere Plätze nicht reserviert sind. Aber dann beschweren sich Frau Wehmeier und Herr Rensch beim Schaffner und wir bekommen schließlich unser eigenes Abteil. Während der Fahrt wollen sich die meisten erholen. Es kann aber keiner schlafen, stattdessen spielen wir Karten und essen unseren ganzen Proviant auf. Müde, aber satt, kommen wir in München an.

Ankunft bei minus 2 Grad! Brrr! So etwas gibt es zu dieser Jahreszeit nur in München. Wegen der Kälte ziehen einige von uns gleich noch einen zweiten Pullover an, gerade jetzt will sich niemand erkälten. Am Nachmittag machen wir die erste Tour zu Fuß zu den Sehenswürdigkeiten der Münchener Innenstadt, hier sind wir gerade am Marienplatz. Wer fehlt auf dem Bild? Sven, wer sonst! Herr Rensch macht sich schon Sorgen, weil er denkt, dass Sven sich verlaufen hat. Aber er hat mal wieder Hunger gehabt und sich eine Butterbrezel gekauft ... Typisch!

Unsere Jugendherberge. Die Zimmer sind eigentlich o.k. und der Herbergsvater war uns gleich sympathisch. Blöd ist nur: Ab 22.00 Uhr müssen wir leise sein und dürfen uns nicht mehr gegenseitig in den Zimmern besuchen. Zimmer 3 (Sebastian, Lukas, Tim ...) ist das heimliche „Nachtcafé" von den Jungs – Karten spielen kann man ja auch leise! Unsere „Mustermädchen" von Zimmer 6 (Lina, Amelie, Marie ... - wer sonst?) sind immer pünktlich in ihrem Zimmer. Morgens sehen sie trotzdem wie Gespenster aus. Wahrscheinlich haben sie sich die ganze Nacht über irgendwelche Jungen unterhalten ...???

Dienstag: Ein ganzer Tag im Deutschen Museum! Das Museum ist so groß, dass wir uns trotzdem beeilen müssen, um alles Interessante zu sehen. Für jeden ist etwas dabei: Hier seht ihr Marie, Daria und Felizia, unsere Möchtegernpilotinnen, die besonders an den Flugzeugmodellen interessiert waren. Obwohl es überhaupt nicht langweilig ist, haben wir alle nach sechs Stunden genug und freuen uns auf einen gemütlichen Abend in der Jugendherberge mit Tischfußball und Kartenspielen.

Mittwoch: Katharinas Geburtstag. An der Kasse der Bavaria Filmstadt stellt sich heraus, dass unser Geburtstagskind keinen Eintritt bezahlen muss. Vor Freude will Katharina gleich eine Runde auf Fuchur, dem Drachen aus dem Film „Die unendliche Geschichte", fliegen. Nach der Besichtigung bekannter Kulissen (zum Beispiel des U-Bootes aus dem Film „Das Boot") dürfen wir mit Hilfe der Filmleute selbst einen fünfminütigen Film drehen. Dabei entsteht der Thriller „Die Rache der Streber".

GA 14.4

Einmal München und zurück

Donnerstag: Ein Höhepunkt für viele von uns ist der Besuch bei „Bayern München" (vor allem für Nils, stimmt´s? ☺). Die Spieler sind echt nett zu uns: Sie lassen sich von uns fotografieren und geben uns sogar Autogramme. Nachmittags trennen wir uns. Eine Gruppe geht in den Englischen Garten (Schneeballschlacht!), die andere fährt in die Neue Pinakothek – ein Kunstmuseum. Geschmackssache ...

Freitagnachmittag: Noch ein letztes Foto vor dem verschneiten Olympiastadion. Schade, dass die Reise so schnell vergangen ist. Wir haben uns während dieser Tage keinen Augenblick gelangweilt. Am Samstagmorgen im Zug haben wir uns noch bei Frau Wehmeier und Herrn Rensch für die schöne Reise bedankt. Trotz der eisigen Temperaturen war es eine tolle Klassenfahrt!

2 In der Jugendherberge gibt es auch einen Internetraum, viele aus der Klasse verschicken E-Mails. Hier sind ein paar Stichwörter daraus. Arbeitet zu zweit:
Schreibt die Mail eines Schülers oder einer Schülerin an seine / ihre Eltern.

Tischfußball, Kunstmuseum, Neue Pinakothek, Schneeballschlacht, Olympiastadion, Jugendherberge, Filmstadt, "Mustermädchen", "Bayern München", letzter Tag

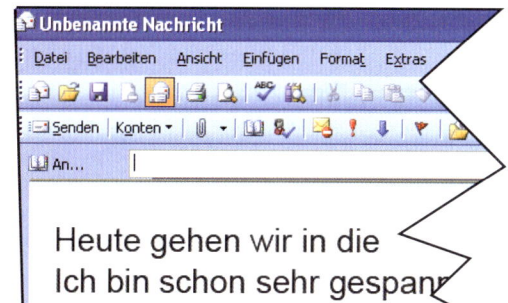

Heute gehen wir in die
Ich bin schon sehr gespan

3 Welche E-Mails schreiben die Schüler aus der Klasse 8b an ihre Freunde? Hier sind die Personen, über die sie schreiben. Schreibt jetzt die Mail dieses Schülers oder dieser Schülerin an seinen Freund / ihre Freundin.

Sebastian   Sven   Daria und Felizia   Eltern   Frau Wehmeier   Katharina

Lina und Amelie   Schaffner   Marie   Nils   Lukas und Jim

4 Die Texte über die Klassenfahrt enthalten viele Verben mit Reflexivpronomen. Suche diese Verben und schreibe sie ins Heft.

wir treffen uns ..., wir verabschieden uns ...

`GA 14.2`

5 Zeichne eine Tabelle in dein Heft und sortiere die Verben mit Reflexivpronomen. Einige kommen auch ohne Reflexivpronomen vor, schau im Wörterbuch nach.

IMMER MIT REFLEXIVPRONOMEN	MIT UND OHNE REFLEXIVPRONOMEN
sich erkälten	etwas anschauen / sich (etwas) anschauen
sich beeilen	

6 Am Anfang der Lektion habt ihr euer eigenes Wunschprogramm für München zusammengestellt. Vergleicht euer Programm mit dem der Klasse 8b: Was stimmt überein? Was ist anders?

7 Stellt euch nun vor, ihr wärt wirklich nach München gefahren:
Teilt euch in Gruppen auf. Jede Gruppe übernimmt einen Tag eurer Reise und beschreibt ihn. Natürlich könnt ihr auch Fotos aus dem Internet herunterladen und in eure Texte einbauen.
Macht aus allen Texten und Bildern einen gemeinsamen Reisebericht für die Schülerzeitung.

15 Leseratten aufgepasst!

A

1 Hat deine Schule eine Schulbibliothek? Bist du oft dort? Was machst du dort?

2 Wiebke macht mit der Schulbibliothekarin, Frau Nehme, ein Interview für die Schülerzeitung Denkpause. Lies das Interview.

Wiebke	Hallo, Frau Nehme. Darf ich Ihnen mal ein paar Fragen für die Schülerzeitung stellen?
Frau Nehme	Gerne. Worum geht's denn?
Wiebke	Wir machen eine Umfrage über Lieblingsbücher. Bitte sagen Sie uns doch: Was wird besonders gern gelesen?
Frau Nehme	Na ja, anspruchsvolle Literatur wird eigentlich nur im Unterricht gelesen. Für ihre Freizeit leihen sich die Schüler vor allem Unterhaltungsliteratur aus. Hier, diese Reihe zum Beispiel: *Freche Mädchen - freche Bücher*. In den Büchern geht es eigentlich immer um Liebe, Urlaub und Freundschaften. Es gibt aber auch etwas ernstere Jugendromane – eine Autorin, die mir dazu gerade einfällt, ist Jana Frey. Ihre Romane handeln oft von Jugendlichen, bei denen nicht alles glatt läuft, die Probleme haben. Ihre Bücher sind sehr beliebt und werden oft ausgeliehen – vor allem von den Mädchen.
Wiebke	Hm. Leihen die Jungen keine Bücher aus?
Frau Nehme	Doch, aber Jungen in deinem Alter lesen eher Sachbücher, zum Beispiel über Technik oder Astronomie. Das machen die Mädchen nicht so oft. Es gibt aber auch Romane, die von den Jungen gerne gelesen werden, zum Beispiel die Bücher vom Thienemann Verlag. Auf dem Titelbild steht immer: Für Mädchen verboten! Das klingt dann natürlich interessant! Fantasy-Literatur wie Harry Potter oder die Bücher von Cornelia Funke lesen Jungen und Mädchen an unserer Schule eigentlich gleich gern. Krimis auch.
Wiebke	Können Sie mir noch ein paar Buchtipps für die Schülerzeitung geben?
Frau Nehme	Gerne! Ich seh' mal schnell in meinem Computer nach. Du kannst dir inzwischen die Klappentexte der Bücher hier anschauen, die wir gerade gekauft haben.

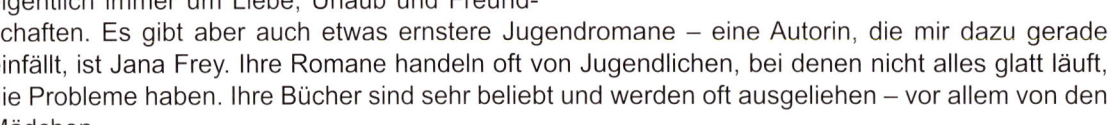

GA 15.1

3 Was sagt Frau Nehme über die unterschiedlichen Lesegewohnheiten? Mädchen lesen gerne … Jungen lesen gerne …

> Das Buch handelt von …
> Das Buch erzählt von …
> Es spielt in …
> Es geht darin um …
> Die Hauptperson …
> … wird gern gelesen von …

 4 Frau Nehme empfiehlt zwei Bücher. Höre gut zu. Was erfährst du über diese Bücher? Zeichne eine Tabelle in dein Heft und trage die Informationen ein.

Buchtitel	Hauptfigur	Handlung	Leser	Warum empfehlenswert?

 5 Macht eine Umfrage in eurer Klasse. Was für Bücher lesen die Jungen und die Mädchen in eurer Klasse gern?

Leseratten aufgepasst!

6 Schau dir die Titelbilder an. Was sind das wohl für Bücher? Ordne ihnen die Wörter aus dem Kasten zu.

Krimi
Sachbuch
Fantasy-Roman
Historischer Roman
Jugendroman

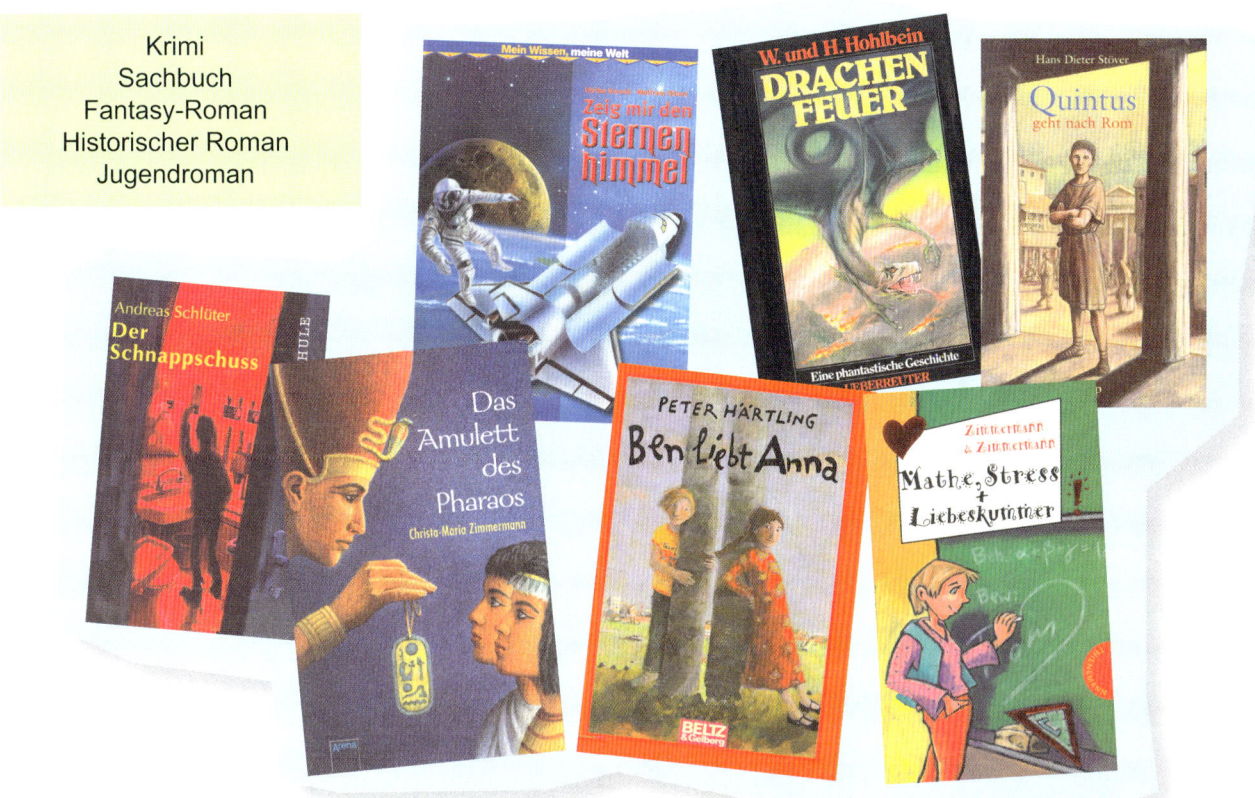

7 Lies die Klappentexte. Welcher Text passt zu welchem Titelbild?

Rom zur Zeit Caesars: Die Familie des 14-jährigen Quintus zieht nach Rom. Das neue Leben bedeutet für alle eine große Veränderung. Quintus findet Arbeit in einem Buchladen, einem »librarium«, in dem Bücher nicht nur verkauft, sondern auch hergestellt und kopiert werden. Doch bald steckt er mitten in einem gefährlichen Abenteuer, das seinen ganzen Mut erfordert!

Chris ist ein ganz normaler Junge, der mit seinem Vater nach Irland reist. Doch diese Reise wird für ihn zu einem großen Abenteuer: Durch ein Tor im Felsen gerät er plötzlich in eine Welt der Zauberer und Geister. Diese Welt wird von einem bösen Drachen bedroht, und Chris ist der Auserwählte, der ihn besiegen kann.

Was stimmt nicht mit Lehrer Niebaum? Bastian und Heiko wollen unbedingt herausbekommen, warum Niebaum die Schule so schnell wieder verlassen hat. Was ist das für ein seltsamer Fleck auf seiner Hose? Wieso wird er von der Polizei besucht? Bastian und Heiko verfolgen Niebaum und geraten dabei in große Gefahr.

Dieses Buch vermittelt auf leicht verständliche Weise aktuelles Grundwissen rund um Weltraum und Raumfahrttechnik.
Fasziniert entdecken wir den Sternenhimmel: die neun Planeten des Sonnensystems, die Milchstraße, ferne Galaxien und die bekannten Sternbilder.

Ben liebt Anna, das Aussiedlermädchen, das neu in die Klasse kommt. Und auch Anna hat Ben eine Weile sehr lieb gehabt. Das ist schön, aber auch schwer: Da gibt es Aufregung und Eifersucht, Streit mit Freunden und immer wieder die Angst, ausgelacht zu werden. Peter Härtling erzählt in seinem berühmt gewordenen Buch die Geschichte einer Liebe, aus der auch Erwachsene noch lernen können.

8 Zu zwei Büchern gibt es keinen Klappentext. Welche sind es?

9 Welches dieser Bücher würdest du gerne lesen? Warum?

10 Frage deinen Partner, welches Buch er zuletzt gelesen hat und mache dir Notizen. Schreibe dann einen Klappentext zu diesem Buch.
Was ist das Thema? Was passiert?
Gibt es Probleme? Wie werden sie gelöst?

11 Sammelt alle Klappentexte in der Klasse, klebt sie auf einen großen Papierbogen und hängt ihn an die Wand. Jetzt habt ihr ganz viele Buchempfehlungen!

hundertsiebzehn

15 Leseratten aufgepasst!

B

1 Schaut euch die Bilder der Geschichte an: Was denkt ihr, was passiert? Was sagen wohl die beiden Jungen? Schreibt einen kleinen Dialog und spielt ihn vor.

2 Was bedeuten die Wörter in den Kästchen? Schaut zuerst im Wörterbuch nach. Bildet dann zwei Gruppen. Einer aus der Gruppe spielt ein Wort, die andere Gruppe versucht, es zu erraten. Dann ist die andere Gruppe dran. Welche Gruppe erkennt mehr Wörter?

Wörter für die Gruppe A:
Wer macht das?
merken, sausen, anstarren, stammeln, rufen, verstummen, rennen, stottern, überlegen, nicken

Wörter für die Gruppe B:
Wer verhält oder fühlt sich so?
erschrocken, entsetzt, angstvoll, verwirrt, höhnisch, bestürzt, unbehaglich, erstaunt, unruhig

3 Lies den Text.

Uwe schwänzt die Schule

1 Als Thomas auf den Hof trat, merkte er, dass er sein Brot und seinen Apfel oben in der Klasse vergessen hatte. Er drehte sich um und sauste die Treppen hinauf, rannte den Flur entlang und öffnete die Klassentür. Im gleichen Augenblick sah er, wie Uwe sich aufrichtete, neben dem Platz von Günther
5 Blech. Er hielt ein Portmonee in der Hand und starrte ihn erschrocken an. „Mann!", rief Thomas entsetzt. „Was machst du denn da?" Die Frage war eigentlich überflüssig. Thomas konnte ja deutlich sehen, was Uwe da machte, oder vielmehr, was er gemacht hatte: Er hatte Günther Blechs Portmonee aus dessen Schultasche genommen.
10 „Du sagst es doch niemandem, nicht?", stammelte Uwe. „Ich tu' das Geld auch wieder zurück!" Er holte einen 5-Euro-Schein aus seiner Hosentasche, legte es in das Portmonee und steckte es in Günthers Schultasche, die seitlich in der Bank hing. „Du hast gesehen, dass ich es wieder zurückgetan habe, nicht wahr?", fragte er angstvoll.

15 Thomas sah ihn verwirrt an. „Na und?", rief er. „Was nützt denn das! Wenn ich nicht in die Klasse gekommen wäre, hättest du das Geld behalten! Weißt du, was du bist? Ein Dieb!"
Uwe wurde weiß wie eine Wand. „Thomas…", stammelte er. Aber Thomas redete schon weiter: „Und von wegen: Ich soll es niemandem sagen! Alle müssen das wissen, alle in der Klasse, und Herr Mahler auch, dass ein Dieb unter uns
20 ist! Neulich haben doch auch mal zwei Euro gefehlt, in der Klassenkasse, und wir haben schon überlegt, ob es vielleicht die Putzfrau war! Du warst es also!"
„Ich war es nicht!", rief Uwe. „Ganz bestimmt nicht! Dies hier eben war das erste Mal, dass ich etwas ge…, dass ich etwas genommen habe!" Er verstummte und senkte den Kopf.
25 „Wer's glaubt!", sagte Thomas höhnisch.
Uwe antwortete nicht. Er lief zu seinem Platz, nahm die Schultasche, riss seine Jacke vom Haken und rannte aus der Klasse.

Thomas sah ihm bestürzt nach. Uwe ging nach Hause, mitten aus der Schule ging er nach Hause! Vielleicht war ich doch zu hart mit ihm, überlegte
30 Thomas. Er holte das Schulbrot und den Apfel und ging langsam wieder hinunter auf den Hof. Aber er aß weder das Brot noch den Apfel. Ihm war sehr unbehaglich zumute.
In der nächsten Stunde hatten sie Deutsch. „Wo ist Uwe?", fragte Herr Mahler, als er Uwes leeren Platz sah. „Uwe … äh … Uwe ist nach Hause gegangen!", stotterte Thomas. „Ihm war schlecht!"
„Aber dann hätte er doch Bescheid sagen müssen!", meinte Herr Mahler erstaunt. „Er kann doch nicht so einfach
35 weggehen!"
„Er … äh … ihm war sehr schlecht!", stammelte Thomas. „Ihm war so schlecht, dass er nicht mehr Bescheid sagen konnte. Er hat gesagt, ich soll es Ihnen sagen!"
„Ach so!", nickte Herr Mahler. „Na, in Ordnung. Hoffentlich ist er bald wieder gesund!"
Aber Uwe fehlte am nächsten Tag und auch am übernächsten. Thomas wurde immer unruhiger. Uwe ist bestimmt
40 nicht krank, überlegte er. Je länger Thomas darüber nachdachte, desto klarer wurde es ihm: Uwe kam aus Angst nicht zur Schule, aus Angst davor, dass er, Thomas, den Diebstahl gemeldet hatte! Er beschloss, noch heute zu Uwe zu gehen und ihm zu sagen, dass er ihn nicht verraten hatte.

GA 15.2

Leseratten aufgepasst!

4 Welche der Wörter aus der Aufgabe 2 beschreiben Uwe, welche Thomas, welche Herrn Mahler? Wie fühlen sie sich? Beschreibe es mit eigenen Worten.

 5 Lest weiter und sammelt neue Wörter, spielt mit diesen Wörtern wie in der Aufgabe 2.

Am Nachmittag, gleich nach den Hausaufgaben, machte er sich auf den
45 Weg. Uwes Mutter öffnete die Tür.
„Guten Tag!", sagte Thomas. „Ist Uwe da? Ich bin aus seiner Klasse!" „Ja", nickte Uwes Mutter. „Nett, dass du kommst! Er ist in seinem Zimmer, da drüben die Tür!" Thomas klopfte an. „Herein!" rief Uwe.
Thomas betrat das Zimmer und sah Uwe am Tisch sitzen und an einem
50 Stück Holz herumschnitzen. „Thomas! Du!", rief er ängstlich.
„Ja, ich", sagte Thomas verlegen. „Ich wollte mich mal erkundigen, wie es dir geht! Weil du doch schon zwei Tage fehlst!"
Uwe erschrak. „Hast du das meiner Mutter gesagt?", flüsterte er. „Ich meine, dass ich fehle?"
55 Thomas schüttelte verwundert den Kopf.
„Sie weiß das nämlich nicht!", flüsterte Uwe. „Sie denkt, ich gehe jeden Tag zur Schule!"
„Wieso?", fragte Thomas erstaunt. „Das muss sie doch merken, wenn du hier bleibst!"
60 „Nein", sagte Uwe, „sie merkt das nicht. Sie geht doch schon um sechs Uhr zur Arbeit, bevor ich fort muss!"
Thomas ließ sich auf einen Stuhl fallen. „Meine Güte!"

Sie sahen sich einen Augenblick schweigend an; dann fragte Thomas, obwohl er die Antwort eigentlich schon wusste: „Und warum fehlst du?"
Uwe antwortete nicht. Er starrte auf das Holz in seiner Hand, als hätte er die Frage gar nicht gehört. 65
„Uwe", sagte Thomas, „ich habe Herrn Mahler und den anderen nichts von der Sache gesagt, und ich werde auch nichts sagen! Das wäre doch gemein!"
Uwe nickte. „Ich habe es ja sofort bereut! Ich muss in dem Moment, als ich es tat, nicht ganz bei Trost gewesen sein. Und als du dann 70 sagtest, ich wäre ein Dieb", fuhr Uwe fort, „da dachte ich, mich trifft der Schlag! Ein Dieb, nee, das will ich nun wirklich nicht sein!"
„Du kannst mir glauben", sagte Thomas, „mir war hinterher ganz schön mies zumute, weil ich das von dem Dieb zu dir gesagt habe! Deswegen hast du auch gefehlt, nicht wahr?" 75
Uwe nickte. „Ja. Ich hatte einfach Angst. Mensch, gut, dass du gekommen bist! Sonst wäre ich am Ende nie mehr zur Schule gegangen!" Uwe lachte befreit.
„Nun kommst du wieder zur Schule, nicht wahr?", fragte Thomas.
Uwe nickte. Aber plötzlich erstarrte sein Gesicht. „Mann", murmelte er, „ich brauche ja ein Entschuldigungsschreiben! Wo soll ich es bloß herkriegen?" 80
„Aber deine Mutter wird dir...", begann Thomas, unterbrach sich aber sofort. Nein, von seiner Mutter, die gar nicht wusste, dass er geschwänzt hatte, konnte Uwe kein Entschuldigungsschreiben verlangen.
„Mannomann!", stöhnte Uwe. „Was sollen wir denn bloß tun?!"

von Annemarie Norden

6 Welche Überschrift passt zu welchem Absatz? Ordne zu. Zwei passen nicht: Welche?

Ein Dieb wird gefunden   Thomas glaubt Uwe nicht   Ein neues Problem
Thomas besucht Uwe   Uwe wird krank
Thomas verrät Uwe   Die Jungen sprechen sich aus
Thomas hat ein schlechtes Gewissen

 7 Überlegt in der Klasse: Was sollen Thomas und Uwe jetzt tun?

 8 Was meint ihr, was wäre gewesen, wenn Thomas Uwe nicht erwischt hätte? Oder wenn Thomas Uwe nicht besucht hätte?

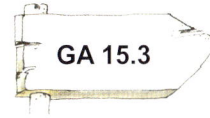

9 Überlegt euch, was ihr in dieser Situation getan hättet. Was meinen die anderen? Diskutiert in der Klasse.

 10 Wie geht es wohl weiter? Schreibe ein Ende zu dieser Geschichte.

Leseratten aufgepasst!

C

1 Erzähle über eine Geschichte oder einen Roman, die/den ihr in der Klasse gelesen habt. Wie heißt das Buch? Wer ist der Autor? Welche Art von Buch ist es? Wer sind die Hauptfiguren? Wovon handelt es? Was ist der spannendste Moment? Wie geht die Geschichte aus?

2 Wiebke schreibt in der Schülerzeitung Denkpause eine Buchbesprechung. Lies ihre Buchempfehlung. Warum gefällt ihr das Buch?

Schülerzeitung Denkpause

1   Ich möchte euch den Roman „Der verlorene Blick" vorstellen, der mir sehr gut gefallen hat. Die Autorin heißt Jana Frey. Sie ist 1969 geboren und lebt in Düsseldorf. Sie hat schon sehr viele Jugendbücher geschrieben und auch schon für das Fernsehen gearbeitet.
    Der Roman „Der verlorene Blick" handelt von der 15-jährigen Leonie, die nach einem Autounfall plötz-
5   lich blind wird. Die Autorin beschreibt in dem Buch, wie verzweifelt Leonie zuerst ist: Sie möchte lieber tot sein als blind. Sie verliert die Erinnerung an die Gesichter ihrer Freunde und Verwandten. Sie kann nicht mehr mit ihren Freunden ins Kino gehen und muss ihre Umgebung durch Tasten und Hören neu entdecken. Sie hat Angst, fühlt sich allein und hilflos. Doch ihre Familie und Freunde helfen ihr, wieder neue Lebenslust zu bekommen.
10 Irgendwann findet sie die Kraft, ein neues Leben anzufangen.
    Ich habe das Buch gelesen, weil es mir eine Freundin empfohlen hat, die sehr begeistert davon war. Und auch ich war sehr beeindruckt. Ich habe es in zwei Tagen gelesen, weil es so interessant und mitreißend geschrieben ist. Die Autorin hat dieses Mädchen persönlich kennen gelernt und kann darum ihre
15 Gefühle und Erlebnisse sehr realistisch und gefühlvoll schildern. Ich konnte mich gut in die Lage von Leonie versetzen und habe oft darüber nachgedacht, wie schrecklich es sein muss, blind zu sein. Manchmal hat es mich so traurig gemacht, dass ich beim Lesen weinen musste.
    Ich möchte euch dieses Buch unbedingt empfehlen – es ist eins der besten
20 Bücher, das ich je gelesen habe! Auf der nächsten Seite findet ihr einen Auszug aus dem Roman.

3 Philip hat das Buch auch gelesen. Was sagt er über das Buch? Teilt er Wiebkes Meinung?

4 Du kennst jetzt Wiebkes und auch Philips Meinung über das Buch. Würdest du es gerne lesen? Warum (nicht)?

5 Schau dir Wiebkes Text noch einmal genauer an. Er besteht aus fünf Teilen. Suche die Zeilen im Text, die zu diesen Teilen passen. Welcher Teil gibt dir die meisten Informationen?

Anfang   Informationen zur Autorin   kurze Inhaltsangabe   Wiebkes Meinung   Empfehlung

6 Arbeitet zu zweit. Einer verbindet sich die Augen, der andere führt ihn kreuz und quer durch das Klassenzimmer und wieder zurück an seinen Platz. Danach tauscht ihr die Rollen. Beschreibt, wie ihr euch gefühlt habt, als ihr „blind" wart.

7 Wiebke liest der Klasse aus dem Buch vor. Sie erklärt vorher, was gerade mit Leonie los ist:

Nach dem Autounfall ist Leonie schwer verletzt und muss lange im Krankenhaus bleiben. Sie ist sehr verzweifelt und will weder mit ihrer Familie noch mit ihren Freunden sprechen. Sie schämt sich und will nicht, dass andere sehen, wie ungeschickt sie jetzt ist. Darum will sie auch nur essen, wenn sie allein ist und ihr niemand dabei zuschauen kann. Ihre Eltern bitten den Psychologen des Krankenhauses, Dr. Haselmeyer, um Hilfe. Leonie wird von einer Krankenschwester zum Psychologen gebracht. Er erzählt ihr, dass ihre Eltern sich Sorgen um sie machen.

Leseratten aufgepasst!

 Höre und lies den Auszug aus dem Roman, den Wiebke in der Klasse vorgelesen hat.

1 „... ich fühle mich lächerlich – wie ein Krüppel. So hilflos wie ein Baby. Ich hasse den Gedanken, dass mich alle anschauen können, einfach wie sie wollen ..." Plötzlich weinte ich. „Ich weiß ja nicht einmal, was ich heute anhabe, ich habe jede Kontrolle über mich und mein Leben verloren. Ich bin gar nichts mehr ..."
Eine Weile weinte ich einfach weiter, und Doktor Haselmayer tat nichts, außer still neben mir zu sitzen.
5 „Hier ist ein Taschentuch", sagte er schließlich und schob es in meine Hand.
„Danke", murmelte ich und putzte mir die Nase. „Ich kann dir beschreiben, was du heute anhast", schlug der Arzt dann vor. „Möchtest du das?" Ich nickte.
„Also, du trägst eine schwarze Jogginghose und ein graues T-Shirt. Außerdem hast du schwarze Socken an und orange Hausschlappen. Am rechten Ringfinger hast du einen schönen silbernen Ring, und du bist ein
10 bisschen blass, weil du schon lange nicht mehr an der Sonne warst."
Er schwieg einen Augenblick. „Möchtest du auch wissen, wie ich aussehe?", fragte er. „Aber ich warne dich. In einer dieser Krankenhausserien würde ich höchstens einen unsympathischen Patienten spielen können."
Ich lächelte schwach.
„Also, ich bin einen Meter vierundachtzig groß, habe dunkelblonde Haare, blaue Augen und leider ein biss-
15 chen Übergewicht. Heute trage ich eine schwarze Jeans und ein blaues Hemd und weiße Turnschuhe. An mir ist eigentlich nichts Besonderes."
„... nur Ihre Stimme", sagte ich leise. - „Meine Stimme?" Ich nickte.
„Was ist mit meiner Stimme?" - „Sie klingt – schön. Ich meine nett. Nett und lustig. Ein bisschen wie die Stimme meines Bruders."
20 „Danke", sagte Doktor Haselmayer mit seiner schönen, netten und lustigen Stimme. „Und jetzt essen wir, okay? Bevor alles kalt wird."
Ich schwieg. Aber dann versuchte ich es doch. Und es klappte besser, als ich vermutet hatte. Vorsichtig stach ich mit meiner Gabel in die Pommes frites, und meistens ging es gut, und ich fand, was ich suchte. Ein paar Mal allerdings führte ich eine leere Gabel an den Mund und merkte es jedes Mal erst, wenn ich sie schon im
25 Mund hatte.
Ich biss nervös die Zähne zusammen, wenn das passierte und hoffte, dass Doktor Haselmayer es nicht gesehen hatte.

von Jana Frey

8 Fasse kurz zusammen, was hier passiert. Wie fühlt sich Leonie bei Dr. Haselmayer? Begründe.

 9 Wiebke liest ihren Klassenkameraden noch ein wenig mehr aus dem Buch vor. Ordne zuerst die Sätze den Zeichnungen zu. Höre danach den Text. Hast du richtig zugeordnet?

„Wie ist das Wetter?" – „Na, was glaubst du?"

„Wir könnten uns ans Fenster stellen."

„Die Luft riecht so trocken und sommerlich."

„Wollen wir ein bisschen frische Luft schnappen?" - „Ich will nicht nach draußen."

 10 Höre noch einmal. Mache dir Notizen zu den Zeichnungen. Was passiert da genau?

 11 Hast du Talent, Autor/in zu werden? Schreibe einen Text zu den Zeichnungen.

12 Überlegt in der Klasse: Was wird sich zwischen Leonie und ihren Freunden ändern? Was werden sie gemeinsam unternehmen können und was nicht? Was wird wichtiger werden, was weniger wichtig?

15 Leseratten aufgepasst!

D

 1 Arbeitet zu zweit. Einer von euch muss das Buch umdrehen.

Partner A:

2 Lies dir den Klappentext des Buches *Mathe, Stress und Liebeskummer* durch. Das Titelbild findest du auf Seite 117.

> Henri ist die beste Schülerin in Mathe. Eines Tages sieht sie einen Typen in der Straßenbahn. Sie ist sofort in ihn verliebt!! Ihre beste Freundin Tanja kennt ihn, er ist der Sohn der Mathelehrerin - Tom Caberg. Henri will den Jungen unbedingt wieder sehen und macht einen Plan: Sie verschlechtert ihre Note in Mathe extrem und muss dann Nachhilfe bekommen! Und wer eignet sich da besser als der Sohn der Lehrerin?
>
> Die Autoren
> Es gibt viele Gründe, warum die Deutschlehrer Irene (geb. 1955 in Ravensburg) und Hans-Günther Zimmermann (geb. 1951 in Waiblingen) seit 1994 zusammen Jugendbücher schreiben. Erstens lesen sie selbst gern, zweitens erzählen sie gern Geschichten und drittens wissen sie von ihren eigenen beiden Kindern und deren Freundinnen und Freunden, wie es ist, als Jugendlicher verliebt zu sein. Da passieren die verrücktesten Sachen ....

3 Beantworte jetzt die Fragen deines Partners zu *Mathe, Stress und Liebeskummer*.

4 Auf Seite 117 findest du auch das Titelbild des Buches *Das Amulett des Pharaos*. Stelle deinem Partner die folgenden Fragen dazu. Höre seine Antworten und mache dir Notizen.

- Wo und wann spielt der Roman?
- Wer sind die Hauptpersonen?
- Was ist ihr Problem?
- Wie versuchen sie es zu lösen?
- Wer hat das Buch geschrieben?
- Welchen Beruf hat die Autorin?
- Hat sie Kinder? Wie viele?

5 Schreibe jetzt einen eigenen Klappentext zu *Das Amulett des Pharaos*. Deine Notizen helfen dir.

Partner B:

2 Lies dir den Klappentext zum Buch *Das Amulett des Pharaos* durch. Das Titelbild findest du auf Seite 117.

> Ägypten im Jahre 1272 v. Chr.: Die 13-jährigen Zwillinge Meret und Anjet haben herausgefunden, dass ein hoher Priester Pharao Ramses II. ermorden will. Was die beiden nicht wissen ist, dass derselbe Priester auch ihren Vater Mai vergiftet hat. Sie versuchen, Ramses zu warnen. Aber wird es ihnen gelingen? Wenn nicht, ist auch ihr Leben in Gefahr.
>
> Über die Autorin
> Christa-Maria Zimmermann wurde 1943 in Wels/ Oberösterreich geboren. Sie studierte Kunstgeschichte und Geschichte, arbeitete als Redakteurin bei einer großen Tageszeitung. Ihre drei Töchter und ihr Sohn sind immer die ersten Leser ihrer Bücher und geben ihr viele Ideen für ihre Geschichten.

3 Auf Seite 117 findest du auch das Titelbild des Buches *Mathe, Stress und Liebeskummer*. Stelle deinem Partner die folgenden Fragen dazu. Höre seine Antworten und mache dir Notizen.

- Wer ist die Hauptperson?
- Was ist ihr Problem?
- Wie versucht sie es zu lösen?
- Wer hat das Buch geschrieben?
- Wann und wo wurden die Autoren geboren?
- Seit wann schreiben sie Jugendbücher?
- Welchen Beruf haben sie?
- Haben sie Kinder? Wie viele?

4 Beantworte jetzt die Fragen deines Partners zu *Das Amulett des Pharaos*.

5 Schreibe jetzt einen eigenen Klappentext zu *Mathe, Stress und Liebeskummer*. Deine Notizen helfen dir.

 6 Wählt aus: Worüber informieren die Klappentexte nicht?

die Hauptfigur/en   das Ende der Geschichte   die Autoren   das Problem der Hauptfigur

 7 Schreibe einen Klappentext zu einem Buch, das du einmal schreiben möchtest und verfasse deine eigene Kurzbiografie. Du kannst auch einen Buchumschlag entwerfen.

Leseratten aufgepasst!

8 Welches Buch hast du besonders gern gelesen? Stelle es in der Klasse vor.

Dieses Buch handelt vom Fliegen.

Ich habe das Buch / die Erzählung gelesen, weil …
- mich das Titelbild / eine Zeichnung interessiert hat.
- ich gerne Bücher von diesem Autor / dieser Autorin lese.
- ich gerne Krimis / historische Romane / … lese.
- mein Freund es mir empfohlen hat.
- ich es für die Schule lesen musste.

- … ist die Hauptperson. Sie ist …
- realistisch und genau / unglaubwürdig …
- eindrucksvoll / langweilig …
- humorvoll / trocken …
- … beschrieben / geschildert.

In dem Buch geht es um …. Das Buch handelt von … Im Mittelpunkt steht …

Ihr solltet das Buch (unbedingt / auf keinen Fall) lesen!
- Es ist eins der besten / spannendsten / abwechslungsreichsten / lustigsten / eindrucksvollsten / schlechtesten / langweiligsten Bücher, das ich je gelesen habe.
- Es bringt einen wirklich zum Lachen / Weinen.
- Es macht einen sehr nachdenklich.
- Man kann sich gut vorstellen, wie sich die Hauptfigur in dieser Situation fühlt.
- Ich dachte darüber nach, wie es wäre, selbst in dieser Situation zu sein.
- Obwohl es nicht leicht zu verstehen ist, lohnt es sich, das Buch zu lesen.
- Zuerst war es etwas langweilig, aber dann wurde es immer spannender.
- Mir hat die Handlung gefallen, auch wenn man das Ende schon vorhersehen konnte.
- Es spricht ein wichtiges Problem an.
- Der Autor / Die Autorin erzählt von den Problemen, die viele junge Leute haben.
- Es ist schön zu wissen, dass es auch andere gibt, die davon betroffen sind.

 9 Schau dir die Bilder an und schreibe eine passende Geschichte.

Aussprache

1 Höre gut zu und sprich nach.

Auf dem Charlottenburger Türmchen sitzt ein Würmchen mit 'nem Schirmchen, kommt ein Stürmchen, reißt das Würmchen mit dem Schirmchen vom Charlottenburger Türmchen.

Schwarze Katzen kratzen mit schwarzen Tatzen.

Brautkleid bleibt Brautkleid und Blaukraut bleibt Blaukraut.

Zwischen zweiundzwanzig schwankenden Zwetschgenzweigen schweben zweiundzwanzig zwitschernde Schwalben.

Fischers Fritz fischt frische Fische. Frische Fische fischt Fischers Fritz.

2 Versucht, diese Sätze mehrmals hintereinander schnell zu sprechen. Wer kann es am schnellsten?

Pfiffikus

Grammatikwörter. Suche zu jedem ein passendes Beispiel.

1. Personalpronomen im Dativ
2. Verneinung
3. Possessivpronomen
4. Imperativsatz
5. Personalpronomen im Akkusativ
6. Präteritum
7. Reflexivpronomen
8. Präposition
9. Konjunktion
10. Fragewort
11. Konjunktiv
12. Passiv
13. Trennbare Verben
14. Plusquamperfekt

a **Mein** größter Wunsch ist es, Pilot zu werden.
b Das glaube ich **dir** nicht!
c Ich mag **keine** Liebesromane.
d Er **hatte** das Essen schon **gekocht**, als die Kinder kamen.
e Ich möchte **dich** bald wiedersehen!
f In dieser Fabrik **werden** Jeans **hergestellt**.
g In München **war** es toll.
h Wir **könnten** auch ins Kino gehen.
i **Fahrt** mit dem Bus zum Karlsplatz!
j Du **hörst** mir ja gar nicht **zu**.
k Tim interessiert **sich** für technische Museen.
l Warst du auch schon mal **in** München?
m **Wohin** macht ihr eure Klassenfahrt?
n Er suchte so lange, **bis** er den Schatz gefunden hatte.

Kommunikation

1 Wer bin ich ...?
Hört die Spielregeln an. Was stimmt? ▶, ▶ oder ▶?

In diesem Spiel geht es darum, berühmte Personen ▶ zu beschreiben. ▶ zu suchen. ▶ zu raten.
Dazu darf man ▶ hinausgehen. ▶ Fragen stellen. ▶ Zettel lesen.
Bei diesem Spiel muss man ▶ sprechen. ▶ sich viel bewegen. ▶ sehr leise sein.

Welche Satzteile passen zusammen?

1 Bildet Gruppen mit ... ... auf die man mit „ja" oder „nein" antworten kann.
2 Jeder Mitspieler schreibt ... ... er ist?
3 Er befestigt ... ... jeweils vier bis sechs Personen.
4 Wichtig ist, ... den anderen Mitspielern Fragen zu stellen.
5 Nun muss jeder herausfinden, ... dass dieser Spieler nicht weiß, was auf dem Zettel steht.
6 Einer fängt an, ... dann den Zettel am Kragen eines Mitspielers.
7 Er darf aber nur Fragen stellen, ... ist der nächste Spieler dran.
8 Sobald er ein „nein" erhält, ... wer er ist.
9 Wer findet am schnellsten heraus, wer ... ... den Namen einer berühmten Person auf einen Zettel.

Lies dir die Fragen durch: Welche anderen Fragen kannst du noch stellen? Notiere sie alle auf einem Zettel.

Bin ich ein Mann (Junge) oder eine Frau (ein Mädchen)?
Bin ich alt / jung?
Bin ich berühmt?
Bin ich ein Mensch / Tier / eine Comicfigur?
Lebe ich noch? Bin ich schon tot?
Ist mein Beruf....?
Habe ich etwas Wichtiges erfunden?
Bin ich ...?
Kann ich gut ...?
...

2 Eure Klasse hat bei einem Wettbewerb eines Fernsehsenders für Jugendliche mitgemacht. Ihr habt gewonnen! Darum dürft ihr für diesen Jugendsender das Fernsehprogramm für die nächste Woche zusammenstellen (Montag bis Sonntag). Pro Tag dürfen es 5 Stunden sein. Überlegt in Gruppen (5-6 Schüler):
Welche Sendungen soll der Sender zeigen?
An welchen Tagen? Um wie viel Uhr?
Entwerft ein Fernsehprogramm in Form einer Tabelle.

Ich möchte einen Vorschlag machen.	Ich schlage vor, dass wir ...
Ich fände es sinnvoll .... (zu machen)	Ich bin dagegen, dass ... weil
Ich würde ...	Ich bin dafür, dass ... weil
Es wäre viel sinnvoller / besser / lustiger ...	Du hast Recht. Das stimmt!
Wäre es nicht sinnvoller / besser .... (zu machen)?	Das finde ich nicht.

3 Stellt den anderen Gruppen eure Lösung vor. Erklärt, warum ihr sie gewählt habt.

2 Das Mega 3 - Spiel

+ PLUS

START

DIE REGELN:
- Ihr spielt zu zweit.
- Ihr braucht einen Würfel und zwei unterschiedliche Spielfiguren (z.B. Münzen oder Knöpfe). Stellt eure Spielfiguren auf das Start-Feld.
- **So geht´s los:** Jeder würfelt mit einem Würfel. Der Spieler mit der höheren Augenzahl beginnt.

Was kann man am Strand machen? Nenne drei Tätigkeiten.

Wie lautet das im Perfekt?:
Er gewinnt, sie verliert.
Sie erklärt, er versteht.

Was ist das?

Was ist falsch? „Ich möchte für den Kurs anmelden."

Was isst man zum Frühstück? Nenne fünf Wörter.

Beschreibe dein Zimmer.

Beschreibe diesen Lehrer.

Die Tochter der Schwester deines Vaters ist deine ...

Warum telefoniert Martin?

Was ist Leas Hobby?

Kannst du hier eine Regel erklären?:
„Ein Junge sah einen Bären. Schnell rief er einen Polizisten."

Ergänze:
„Ich ... ab morgen jeden Tag joggen gehen."

126 hundertsechsundzwanzig

Lektion 1

1.1 Das Perfekt

Nur wenige Verben benutzt du im Perfekt mit dem Hilfsverb *sein* (+ Partizip Perfekt).
Die meisten Verben benutzt du im Perfekt mit dem Hilfsverb *haben* (+ Partizip Perfekt).

Das Perfekt **hast** du schon in Mega 2 **kennen gelernt.**

Diese Verben benutzt du im **Perfekt mit sein**:
- Verben, die eine **Ortsveränderung** beschreiben, wie *gehen, laufen, schwimmen, fahren, reisen, fliegen, …*
- Verben, die eine **Zustandsveränderung** beschreiben, wie *einschlafen, aufwachen, sterben, …*
- und die drei Verben: *sein*, *werden* und *bleiben*.

Und wenn sie nicht **gestorben sind**, dann leben sie noch heute!

Du	**bist**	sehr schnell	**gelaufen!**
Wir	**sind**	schnell	**eingeschlafen.**
Tobias	**ist**	in den Ferien am Meer	**gewesen.**
Er	**ist**	dort drei Wochen	**geblieben.**

Alle anderen Verben benutzt du im **Perfekt mit haben**.

Ich	**habe**	eine Radtour	**gemacht**.
Er	**hat**	im Sand einen Ring	**gefunden**.
Wir	**haben**	Würstchen	**gegessen**.

1.2 Mischung von Perfekt und Präteritum

Beim Sprechen über die Vergangenheit mischen viele das Perfekt und das Präteritum:
Sie benutzen bei den **Modalverben** und bei den **Hilfsverben** *sein* und *haben* lieber das Präteritum als das Perfekt.

In den Ferien **war** ich in London. Ich **habe** dort einen Sprachkurs **gemacht**. Ich **musste** ziemlich viel lernen und **hatte** ganz wenig Freizeit. Leider **hat** es die ganze Zeit **geregnet**.

Präteritum der Hilfsverben

	sein	haben
ich	war	hatte
du	warst	hattest
er / es / sie	war	hatte
wir	waren	hatten
ihr	wart	hattet
sie / Sie	waren	hatten

Möchte heißt in der Vergangenheit *wollte*!

Heute **möchte** Tina Sängerin werden.
Gestern **wollte** sie noch Lehrerin werden!

	können	dürfen	müssen	sollen	wollen
ich	konnte	durfte	musste	sollte	wollte
du	konntest	durftest	musstest	solltest	wolltest
er / es / sie	konnte	durfte	musste	sollte	wollte
wir	konnten	durften	mussten	sollten	wollten
ihr	konntet	durftet	musstet	solltet	wolltet
sie / Sie	konnten	durften	mussten	sollten	wollten

1.3 Fragewörter für ein Interview

Wo bist du in den Ferien gewesen?
Warum bist du dorthin gefahren?
Was hast du da gemacht?
Wer war noch dabei?
Wen hast du kennen gelernt?
Wann bist du zurückgekommen?
Wohin willst du im nächsten Jahr fahren?

Mit wem bist du in Peru gewesen?
Wie war das Wetter?
Wie lange bist du da geblieben?
Wie oft fährst du im Jahr weg?
Wie viel Geld hast du ausgegeben?
Welcher Tag war am langweiligsten?
Welchen Tag wirst du nie vergessen?

Auf Fragen **mit Fragewort** (wo, was, wann ...?) kannst du **nicht** mit „ja" oder „nein" antworten.
Nur auf Fragen **ohne Fragewort** kannst du mit „ja" oder „nein" antworten:

Heißt du Ferdinand Tesch?   Ja.
Bist du in den Ferien in Brasilien gewesen?   Nein, in Italien.

Welches Wort steht bei Ja- / Nein-Fragen an erster Stelle?

1.4 Präpositionen *in, an, zu, bei*

Das weißt du schon: *in* und *an* kannst du mit dem Akkusativ und mit dem Dativ verwenden.

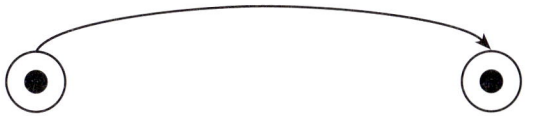

Akkusativ: Bewegung von einem Ort zum anderen. **Dativ:** Keine Bewegung oder Bewegung an einem Ort.

Anna springt auf **den** Tisch. Anna steht auf **dem** Stuhl. Jetzt tanzt sie auf **dem** Stuhl.

Zu und *bei* benutzt du immer mit dem **Dativ!**

Anna ist gern bei **ihrem** Onkel. Sie fährt aber auch gern zu **ihrer** Oma.

Die Präpositionen *in, an, zu, bei* verschmelzen manchmal mit den Artikeln *dem, das, der*.

Akkusativ:

an das → ans
in das → ins

Dativ:

bei dem → beim
zu dem → zum
zu der → zur
an dem → am
in dem → im

Wohin gehst du?

der	das	die
an den Strand	ans Meer	an die Nordsee
in den Wald	ins Meer	in die Badewanne
zum Onkel	zum Kind	zur Freundin

Wo bist du?

der	das	die
am Strand	am Meer	an der Nordsee
im Wald	im Meer	in der Badewanne
beim Onkel	beim Kind	bei der Freundin

1.5 Ländernamen

Die meisten Länder haben **keinen Artikel**: *Deutschland, Frankreich, Polen, Spanien, Peru ...*
Ich lebe **in** Deutschland. Ich fahre **nach** Frankreich.

Einige Länder haben einen **Artikel im Singular**: *die Schweiz, die Türkei, die Ukraine ...*
Ich lebe **in der** Schweiz. Ich fahre **in die** Türkei.

Einige Länder haben einen **Artikel im Plural**: *die Vereinigten Staaten, die Niederlande ...*
Ich lebe **in den** Niederlande**n**. Ich fahre **in die** Vereinigten Staaten.

1.6 Zeitangaben

Mit diesen Zeitangaben sagst du, **wann** du etwas **einmal** tust oder getan hast:
Am Montag sind wir losgefahren.
In der ersten **Nacht** habe ich schlecht geschlafen.
Am dritten **Tag** habe ich zwei nette Mädchen kennen gelernt.
In der zweiten **Woche** hatte ich schon ganz viele Freunde.

Mit diesen Zeitangaben sagst du, **wann** du etwas **immer wieder** tust:
Dienstags spiele ich immer Fußball mit meinen Freunden.
Abends lese ich gerne im Bett. **Nachts** schlafe ich.

Mit diesen Zeitangaben sagst du, **wie oft** du etwas tust:
Zum Frühstück trinke ich **immer** Kakao.
Meistens lese ich vor dem Einschlafen ein wenig.
Ich sehe **oft** fern.
Manchmal besuche ich meinen Onkel.
Ab und zu faulenze ich nur.

Lektion 2

2.1 Das Präteritum

Regelmäßige Verben

ich	lern – **t** – e
du	lern – **t** - est
er / es / sie	lern – **t** – e
wir	lern – **t** – en
ihr	lern – **t** – et
sie / Sie	lern – **t** – en

Unregelmäßige Verben

ich	schrieb
du	schrieb – **st**
er / es / sie	schrieb
wir	schrieb – **en**
ihr	schrieb – **t**
sie / Sie	schrieb – **en**

Achte auf die Vokaländerung (= Stammänderung) der unregelmäßigen Verben!
s**i**tzen – s**a**ß   st**e**hen – st**a**nd   schl**a**gen – schl**u**g
s**e**hen – s**a**h   g**e**hen – g**i**ng   f**a**hren – f**u**hr

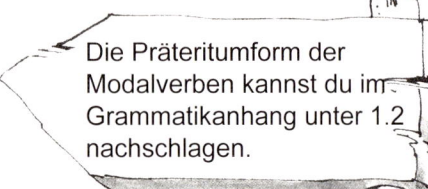
Die Präteritumform der Modalverben kannst du im Grammatikanhang unter 1.2 nachschlagen.

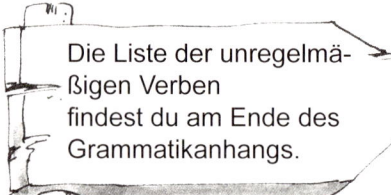
Die Liste der unregelmäßigen Verben findest du am Ende des Grammatikanhangs.

Wann benutzen wir das Präteritum?
Das Präteritum liest du meistens in Zeitungstexten oder in Erzählungen.
Beim Sprechen verwendest du das Präteritum, wenn du eine zusammenhängende Geschichte erzählst.

„Stell dir vor, gestern hat mich fast ein Auto angefahren: Ich war mit dem Fahrrad unterwegs und fuhr ziemlich schnell. Plötzlich rollte von rechts ein Ball auf die Straße. Ich musste nach links ausweichen und fiel mit dem Fahrrad auf der Straße hin. Dann hörte ich, wie das Auto hinter mir bremste. Es ist glücklicherweise nichts Schlimmes passiert. Ich habe wirklich Glück gehabt."

2.2 Personalpronomen im Dativ

Nominativ (Wer?)	Dativ (Wem?)	
ich	**mir**	Sag **mir** bitte deinen Namen!
du	**dir**	Kann ich kurz mit **dir** sprechen?
er / es	**ihm**	Reto mag die neue Schule. Sie gefällt **ihm** sehr gut!
sie	**ihr**	Frau Klein ruft mich: Ich muss schnell zu **ihr**.
wir	**uns**	**Uns** hat er nichts gesagt.
ihr	**euch**	Bei **euch** fühle ich mich immer sehr wohl.
sie / Sie	**ihnen/ Ihnen**	Mit wem sprechen Sie denn? Mit **Ihnen**, natürlich!

2.3 Adjektivdeklination mit dem bestimmten Artikel

	Singular			Plural
Nominativ	der rot**e** Rock	das lang**e** Kleid	die kurz**e** Hose	die alt**en** Schuhe
Akkusativ	den rot**en** Rock	das lang**e** Kleid	die kurz**e** Hose	die alt**en** Schuhe
Dativ	dem rot**en** Rock	dem lang**en** Kleid	der kurz**en** Hose	den alt**en** Schuhen

Die Wörter *dieser/dieses/diese*, *welcher/welches/welche*, *beide* und *alle* benutzt du genauso wie die Artikel *der/das/die*.

● **Dieser rote** Pullover gefällt mir sehr gut.
○ **Welchen roten** Pullover meinst du? Es gibt zwei. **Beide roten** Pullover sind schön.
● Stimmt. Rot ist eine schöne Farbe: **Alle roten** Pullover sind also schön! Aber **dieser dicke, warme, rote** Wollpullover hier ist besonders schön.

2.4 Adjektivdeklination mit dem unbestimmten Artikel

	Singular			Plural
Nominativ	ein rot**er** Rock	ein lang**es** Kleid	eine kurz**e** Hose	alt**e** Schuhe
Akkusativ	einen rot**en** Rock	ein lang**es** Kleid	eine kurz**e** Hose	alt**e** Schuhe
Dativ	einem rot**en** Rock	einem lang**en** Kleid	einer kurz**en** Hose	alt**en** Schuhen

Nach **Possessivpronomen** (*mein, dein ...*) und *kein* gilt diese Tabelle auch, im Plural ist es aber etwas anders:

Nominativ	meine alt**en** Schuhe
Akkusativ	meine alt**en** Schuhe
Dativ	meinen alt**en** Schuhen

2.5 Abtönungspartikel *ziemlich, eigentlich*

Mit diesen „kleinen Wörtern" kannst du einen Satz verändern. Du gibst dem Satz damit einen anderen „Ton".

eigentlich
Eigentlich (= normalerweise) habe ich keine Probleme in der Schule, aber Mathe fällt mir sehr schwer.
Einstein ist sein Spitzname, aber *eigentlich (= in Wirklichkeit)* heißt er Herr Steiner.

ziemlich (= relativ)
Herr Heinrich ist *ziemlich* nett, aber Herr Steiner ist viel netter!
Heute ist es *ziemlich* kalt, aber mit einer dickeren Jacke ist es nicht so schlimm.

2.6 *müssen* und *sollen*

Du sagst „ich muss", wenn du selbst weißt, was du tun musst.
Ich möchte eine bessere Note in Mathe bekommen.   Ich **muss** mehr lernen!
Mein Zug fährt schon in fünf Minuten!   Ich **muss** mich beeilen!

Du sagst „ich soll", wenn jemand anderes dir sagt, was du tun musst.
Meine Mutter sagt: „Pass auf deine kleine Schwester auf!"   Ich **soll** auf meine kleine Schwester aufpassen.
Unser Lehrer will, dass wir mit ihm immer auf Englisch reden.   Wir **sollen** mit ihm auf Englisch reden.

2.7 Wortbildung: Adjektive

Einige Adjektive bilden ihr Gegenteil mit der Vorsilbe *un-*:

Das ist nicht **möglich.** – Das ist **unmöglich**.
Er ist kein **geduldiger** Mensch. – Er ist ein **ungeduldiger** Mensch.
Sie war nicht **freundlich.** – Sie war **unfreundlich**.

Mit den Endungen *–voll* und *–los* kannst du aus einigen Substantiven Adjektive bilden.

Maria hat Humor. = Maria ist **humorvoll**.
Der Mathelehrer hat keinen Humor. = Der Mathelehrer ist **humorlos**.
Er hat Verständnis. = Er ist ein **verständnisvoller** Mensch.
Er hat kein Verständnis. = Er ist ein **verständnisloser** Mensch.

2.8 *lassen* im Sinne von *erlauben*

Erinnerst du dich an das Verb *lassen* aus Mega 2? Was bedeutet es?

Lass mal sehen!

Jeden Tag zur Schule gehen,
find´ ich manchmal gar nicht schön.
Nur dass wir uns wieder sehn,
lässt mich trotzdem täglich gehen.

Das Verb *lassen* kann auch *erlauben* bedeuten.
Die Jungen sagen zu Lisa: „Du darfst nicht mitspielen." → Die Jungen **lassen** Lisa nicht **mitspielen**.
Meine Mutter erlaubt nicht, dass ich alleine ins Kino gehe. → Meine Mutter **lässt** mich nicht alleine ins Kino **gehen**.

Lektion 3

3.1 Der Genitiv

Mit dem Genitiv verbindest du zwei Substantive, wenn du sagen willst, dass
a) jemandem etwas gehört oder
b) etwas zu jemandem oder zu etwas gehört.

Der Name **der Band** ist *Schräge Töne*.

Das kannst du auch mit *von + Dativ* sagen:
„Der Name von der Band ist *Schräge Töne*."

	Singular			Plural
Nominativ	der Freund	das Buch	die Lampe	die Kinder
Genitiv	**des** Freundes	**des** Buches	**der** Lampe	**der** Kinder

Namen haben meistens keine Artikel. Sie bekommen die Endung –s.
Marie**s** Gitarre (= die Gitarre von Marie)
Namen, die auf *s* oder *x* enden, bekommen keine Endung.
Max' Schlagzeug (= das Schlagzeug von Max)
So fragen wir danach:
„**Wessen** Gitarre ist das?" -„Maries!"

3.2 Eine Statistik beschreiben

Die größten und kleinsten Mengen kannst du so beschreiben:

die meisten   **Die meisten** Kinder treffen gern ihre Freunde.
die wenigsten   **Die wenigsten** Kinder lesen in ihrer Freizeit.

Prozentangaben beschreibst du so:

% + Genitiv   Vierunddreißig **Prozent der Jugendlichen** sehen gern fern.
Mindestens zehn **Prozent der Menschen** sind Linkshänder.

So kannst du zwei Angaben vergleichen:

genauso gern wie   Die Kinder mögen Lesen fast **genauso gern wie** Zeichnen.
lieber als   Die Jugendlichen spielen **lieber** Computer **als** Volleyball.
weniger gern als   Die meisten essen **weniger gern** Salat **als** Pizza.

3.3 *seit* und *seitdem*

Mit *seit* und *seitdem* sagst du, wie lange etwas schon andauert.
Nach *seit* benutzt du den Dativ.

seit	Zeitpunkt / Ereignis	was bis heute andauert
Seit	dem Gitarrenkonzert	nehme ich Gitarrenunterricht.
Seit	der Klassenfahrt	sind Tobias und Rafael gute Freunde.
Seit / seitdem	ich das schöne Gitarrenkonzert besucht habe,	nehme ich Gitarrenunterricht.

Zeitpunkt / Ereignis	*seitdem* – was bis heute andauert
Vor zwei Jahren habe ich ein schönes Gitarrenkonzert besucht.	**Seitdem** nehme ich Gitarrenunterricht.
Auf der Klassenfahrt haben sich Tobias und Rafael ein Zimmer geteilt.	**Seitdem** sind sie gute Freunde.

3.4 Verben als Substantive

Aus vielen Verben kannst du sehr leicht ein Substantiv machen: Sie lauten wie der Infinitiv. Diese Wörter brauchen nicht unbedingt einen Artikel, aber wenn sie einen haben, dann immer den Artikel *das*.

tanzen -	**(das) Tanzen**	Mein liebstes Hobby ist **das Tanzen**.
lernen -	**(das) Lernen**	**Lernen** macht keinen Spaß!
verstecken -	**(das) Verstecken**	Im Garten spielen die Kinder oft **Verstecken**.
sprechen -	**(das) Sprechen**	Jutta ist erkältet: **Das Sprechen** fällt ihr schwer.

3.5 *um ... zu* und *damit*

Die Nebensätze mit *damit* und *um ... zu* geben an, warum oder mit welchem Ziel jemand etwas tut.

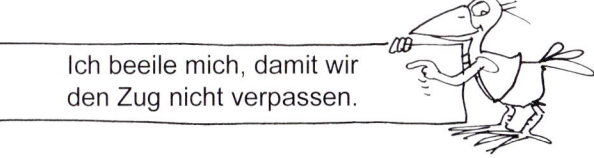

Ich beeile mich, damit wir den Zug nicht verpassen.

Wenn das **Subjekt in Haupt- und Nebensatz unterschiedlich** ist, verwendest du immer *damit*.

Sarah übt viel, **damit** ihre Tanzgruppe beim nächsten Wettkampf **gewinnt**.
(Wer übt? Sarah. Wer gewinnt? Die Tanzgruppe.)
Die Menschen klatschen, **damit** die Musikgruppe **weiterspielt**.
(Wer klatscht? Die Menschen. Wer spielt weiter? Die Musikgruppe.)

Wenn das **Subjekt in Haupt- und Nebensatz identisch** ist, verwendest du besser *um ... zu (+ Infinitiv)*.

Sarah übt viel, **um** beim nächsten Wettkampf **zu gewinnen**.
(Wer übt? Sarah. Wer gewinnt? Sarah.)
Die Menschen bleiben stehen, **um** der Musikgruppe **zuzuhören**.
(Wer bleibt stehen? Die Menschen. Wer hört zu? Die Menschen.)

Ich beeile mich, um den Zug nicht zu verpassen.

3.6 Verb mit Dativobjekt

Du kennst schon viele Verben mit einem Akkusativobjekt, z.B.: Ich sehe dich.
Viele Verben haben jedoch ein Dativobjekt, z.B. antworten, gratulieren, danken, helfen, gefallen, gehören, zuhören ...

Ich schenke dir ein Lächeln.

Ich **antworte dem** Lehrer.
Ich **gratuliere meinem** besten Freund.
Ich **helfe dem** alten Mann.
Dieses Buch **gehört dir**.
Hört mir jetzt gut zu!
Ich **danke meiner** Tante für das Geschenk.
Das Geschenk **gefällt mir**.
Der Kuchen **schmeckt ihm** sehr gut!

3.7 *Ich habe Lust zu ...*

„Hast du **Lust**, heute Abend ins Kino **zu gehen**?" – „Nein, ich habe viel mehr **Lust,** einen Videofilm **zu sehen**."
„Hast du **Lust**, Fußball **zu spielen**?" – „Nein, ich habe überhaupt keine **Lust**, Fußball **zu spielen**."
„Hast du **Lust**, Fahrrad **zu fahren**?" – „Ja, **dazu** habe ich große **Lust**!"

Mega 2

3.8 Aufforderungen

Den Imperativ kennst du schon: Gehen wir ins Kino! Spielen wir Fußball!
Wenn du Freunde auffordern möchtest, etwas zu machen, kannst du aber auch *lassen* oder *wollen* benutzen.

Wollen verwendest du bei Fragen, **lassen** bei Aufforderungen.

Du sagst zu **einer Person**:
„Lass uns ...! Wollen wir ...?"

○ Tanja, **wollen wir** ins Schwimmbad gehen?
● Ach nein, **lass uns** lieber Tennis spielen!

Du sagst zu **mehreren Personen**:
„Lass**t** uns.....! Wollen wir...?"

○ Anne zu Tanja und Tom: „**Wollen wir** ein Eis essen?"
● Tom zu Anne und Tanja: „Nein, **lasst uns** lieber Pizza essen!"

Wollen wir spielen?

Lasst uns spielen!

Lektion 4

4.1 Zusammengesetzte Substantive

Im Deutschen kannst du leicht neue Wörter bilden. Oft reicht es, zwei Wörter zusammenzusetzen. Das zusammengesetzte Wort bekommt immer den Artikel des zweiten Wortes.

der Käse + **das** Brötchen = **das** Käsebrötchen
das Obst + **der** Kuchen = **der** Obstkuchen

Manchmal steht zwischen den beiden Wörtern ein **-s-** oder ein **-n-**:

der Mittag + **s** + **die** Pause = **die** Mittagspause
das Schaf + **s** + **der** Käse = **der** Schafskäse
die Schokolade + **n** + der Keks = **der** Schokoladenkeks

4.2 Nicht trennbare Verben

Verben mit Vorsilben sind meistens trennbar.

Ich **schlafe** um elf Uhr **ein**.
Ich **stehe** um sechs Uhr **auf**.
Ich **nehme** mein Mäppchen **mit** in die Schule.
Jonas **liest** aus seinem Buch **vor**.

Nicht trennbar sind aber Verben mit den Vorsilben
ver-, be-, ge-, ent-, er-, zer-, miss-, unter-, über-, wieder-.

Ich **bekomme** bestimmt eine Drei in Mathe!
Jonas **wiederholt** die Grammatik.

Die nicht trennbaren Verben bilden das Partizip Perfekt (Partizip II) auch ohne *ge-*!

ver-	Er hat die Hausaufgaben **vergessen**.
be-	Wir haben zwei Tassen Kakao **bestellt**.
ge-	Wir haben das Spiel **gewonnen**.
ent-	Haben Sie sich schon **entschieden**?
er-	Was hat er über seine Mutter **erzählt**?
zer-	Warum hat er die Rechnung **zerrissen**?
unter-	Sie haben sich gut **unterhalten**.
miss-	Der Kellner hat uns **missverstanden**.

Auch die Verben mit der Endung *-ieren* bilden das Partizip Perfekt ohne *ge-*, z.B. *telefonieren, gratulieren, interessieren*.

-ieren Christoph **hat** seiner Oma mit einer Karte zum Geburtstag **gratuliert**.
Seine Schwester **hat** zwei Stunden lang mit ihr **telefoniert**.

4.3 *sollte* (Konjunktivform von *sollen*)

Mit dem Wort *sollte* gibt jemand einem anderen einen Ratschlag – oder auch sich selbst.

ich	sollte	
du	solltest	Ich bin müde. Heute Abend **sollte** ich früher ins Bett gehen!
er / es / sie	sollte	Im nächsten Schuljahr **solltest** du in Geographie besser aufpassen.
wir	sollten	Martin **sollte** darauf achten, dass er mehr Obst und Gemüse isst.
ihr	solltet	Die Menschen **sollten** mehr Sport treiben.
sie	sollten	

4.4 *anstatt*

Anstatt Süßigkeiten **zu** essen, sollte Martin lieber Obst essen.
Anstatt draußen **zu** spielen, sitzen viele Kinder vor dem Fernseher.

> Anstatt traurig herumzusitzen, klatsche in die Hände und singe ein Lied!

4.5 Die Endsilben *-ung, -heit, -keit*

Aus Verben kannst du Substantive bilden.
Das hast du schon gelernt:
   Ich **singe** oft allein. **Das Singen** im Chor macht mir aber auch viel Spaß.

An manche Verben und Adjektive kannst du die Endungen **-ung, -heit** oder **-keit** anhängen und bildest so ein Substantiv. Diese Substantive haben immer den Artikel *die*.

lösen –	**die Lösung**	Er kann die Aufgabe nicht lösen. - Ihm fällt keine Lösung ein.
krank –	**die Krankheit**	Sie war drei Wochen lang krank. - Ihre Krankheit dauerte drei Wochen.
schwierig –	**die Schwierigkeit**	Die Aufgabe ist nicht schwierig! - Ich habe keine Schwierigkeiten damit.

GA 3.6

Lektion 5

5.1 Die n-Deklination

Einige Substantive bekommen im Akkusativ, Dativ und Genitiv die Endung *-(e)n*.

Nominativ	Akkusativ	Dativ	Genitiv
der Bär	den Bär**en**	dem Bär**en**	des Bär**en**
der Herr	den Herr**n**	dem Herr**n**	des Herr**n**

Diese Substantive sind immer maskulin:
der Herr, der Nachbar, der Mensch, der Bär, der Prinz, der Patient ...
einzige Ausnahme: **das** Herz

> Ein kleiner Junge sah im Wald einen Prinzen. Der Prinz kämpfte mit einem Bären. Schnell rief der Junge einen Polizisten. Der Polizist jagte den Bären weg und rettete den Jungen und den Prinzen. Wollt ihr den Namen des Prinzen wissen? Er hieß Ekkehard.

Oft kannst du diese Wörter an der Endung erkennen:

-e	der Junge, der Affe, der Riese, der Kunde, der Name, der Neffe, der Zeuge ...
-ist	der Polizist ...
-ant / -ent	der Elefant, der Student ...
-at	der Automat ...

5.2 Genitiv mit Possessivpronomen

GA 3.1

Den Genitiv mit dem bestimmten Artikel kennst du schon aus dem Kapitel 3.

	Singular			Plural
Nominativ	mein Bruder	mein Kind	meine Familie	meine Bilder
Genitiv	mein**es** Bruder**s**	mein**es** Kind**es**	mein**er** Familie	mein**er** Bilder

Ich bin die Zwillingsschwester des Sohnes meiner Eltern.

Lektion 5

5.3 Adjektivendungen im Genitiv

Die Adjektive in den Fällen Nominativ, Akkusativ und Dativ kennst du schon.

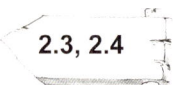 2.3, 2.4

Das ist ja einfach! Im Genitiv bekommen alle Adjektive die Endung -*en*.

Die Adjektive im Genitiv nach dem bestimmten Artikel und
dem Possessivpronomen:

	Singular			Plural
Nominativ	der kleine Bruder mein kleiner Bruder	das jüngste Kind mein jüngstes Kind	die große Familie meine große Familie	die schönsten Bilder meine schönsten Bilder
Genitiv	des klein**en** Bruders meines klein**en** Bruders	des jüngst**en** Kindes meines jüngst**en** Kindes	der groß**en** Familie meiner groß**en** Familie	der schönst**en** Bilder meiner schönst**en** Bilder

5.4 *obwohl*-Sätze

Du benutzt *obwohl*, wenn du einen Gegensatz ausdrücken willst.
Obwohl leitet einen Nebensatz ein. Darum steht das Verb am Satzende.

Wir mögen uns sehr. ←*obwohl*→ Wir streiten uns oft.

Wir streiten uns oft, **obwohl** wir uns eigentlich sehr mögen.
Meine Eltern sind unzufrieden mit mir, **obwohl** ich gute Noten habe.

5.5 Reflexive Verben

Reflexivpronomen stehen meistens im Akkusativ: Peter kämmt **sich** heute nicht.

Reflexivpronomen sind fast identisch mit den Personalpronomen im Akkusativ. Ausnahme: die dritte Person Singular und Plural (sich)!

Luise	sieht	mich	nicht.
		dich	
		ihn / es / sie	
		uns	
		euch	
		sie	

ich	kämme	**mich**	heute nicht.
du	kämmst	**dich**	
er / es / sie	kämmt	**sich**	
wir	kämmen	**uns**	
ihr	kämmt	**euch**	
sie	kämmen	**sich**	

Viele Verben kannst du sowohl mit dem Akkusativpronomen als auch mit dem Reflexivpronomen benutzen:

sich kämmen	sich waschen	Das Kind wäscht **sich**.
sich waschen	waschen	Das Kind wäscht **ihn** (den Teddy).
sich anziehen	sich anmelden	Ich melde **mich** zum Tenniskurs an.
sich anmelden	anmelden	Ich melde **dich** zum Schwimmkurs an (meine Freundin).

Andere Verben kannst du nur zusammen mit dem Reflexivpronomen benutzen:

sich freuen	Ich **freue mich** auf die Ferien.
sich beeilen	Ich **muss mich** beeilen, mein Zug kommt.
sich bedanken	Er **bedankt sich** bei seinem Freund.
sich bemühen	

Lerne diese Verben immer zusammen mit dem Reflexivpronomen!

5.6 *man*

Das Pronomen *man* benutzt du,

... wenn etwas für alle gilt oder wenn es eine Regel ist.
Vom Fernsehturm aus kann man die ganze Stadt sehen.
Was man sagt, muss man auch tun.

...wenn es nicht wichtig ist, oder du nicht weißt, wer es macht.
Wenn man Maria eine E-Mail schreibt, antwortet sie immer sofort.
Gestern hat man mir die Tasche gestohlen.

Lektion 6

6.1 *Wenn* und *wenn ... dann*

Wenn-Sätze kennst du schon aus Mega 2. Diese Sätze beschreiben eine Bedingung.

Wenn Robinson duschen **möchte**, zieht er am Seil.

Ich freue mich, **wenn** mein Onkel uns **besucht**.

Mit *dann* verstärkst du den Satz:

Wenn du mir beim Aufräumen hilfst, **dann** helfe ich dir auch bei den Hausaufgaben.

6.2 Präpositionen mit *da-, dar-*

darunter, daneben, darüber, dahinter, dazwischen, darauf, davor, darin, daran

In Hannas Zimmer steht ein Bett.
    Daneben steht ein kleiner Tisch.   (neben dem Bett)
    Davor liegt ein Teppich.   (vor dem Tisch)
    Darüber hängt eine schöne Lampe.   (über dem Teppich)

Sie hat auch einen kleinen Sessel.
    Darauf sitzt ihre alte Puppe.   (auf dem Sessel)
    Dahinter steht eine Lampe.   (hinter dem Sessel)
    Darunter liegt meistens ihre Katze.   (unter dem Sessel)

In ihrem Zimmer stehen außerdem ein Schrank und ein Regal.
    Dazwischen ist ein Ledersessel.   (zwischen dem Schrank und dem Regal)

Der Schrank ist voll.
    Darin sind alle ihre Kleider.   (im Schrank)
    Daran hängen viele Poster.   (am Schrank)

Pass auf! Wenn Personen gemeint sind, benutzt man Personalpronomen.

Auf dem Foto siehst du meinen Vater. **Neben ihm** steht meine Tante.   (Nicht: Daneben steht ...)
Meine Tante war damals sehr hübsch. Die Frau **hinter ihr** ist übrigens meine Mutter.   (Nicht: Dahinter ...)

6.3 Verbpaare *stehen/stellen, legen/liegen, hängen/hängen*

Diese Verben benutzt du oft mit den Wechselpräpositionen (*auf, unter, neben, vor, hinter, zwischen, in, an, über*).

legen, legte, hat gelegt   Ich **lege** das Buch auf den Schreibtisch.
liegen, lag, hat gelegen   Das Buch **liegt** auf dem Schreibtisch.

stellen, stellte, hat gestellt   Du kannst die Lampe neben den Tisch **stellen**.
stehen, stand, hat gestanden   Die Lampe **steht** neben dem Tisch.

hängen, hängte, hat gehängt   Meike **hängte** das Bild über die Kommode.
hängen, hing, hat gehangen   Das Bild **hat** vorher über der Kommode **gehangen**.

Wohin?   Nach *legen, stellen* und *hängen* (*hat gehängt*) kommt der Akkusativ.

Wo?   Nach *liegen, stehen* und *hängen* (*hat gehangen*) kommt der Dativ.

Lektion 6

6.4 wegen

Wegen benutzt du mit dem Genitiv.

> Tom hat keine Lust, sich **wegen seines Zimmers** mit seiner Mutter zu streiten.
> **Wegen des schlechten Wetters** ist der Ausflug ausgefallen.

Wegen des Genitivs mache ich keine Fehler!

Wegen + Personalpronomen im Genitiv haben eine besondere Form:

ich	**meinet**wegen	wir	**unseret**wegen
du	**deinet**wegen	ihr	**euret**wegen
er	**seinet**wegen	sie	**ihret**wegen
es	**seinet**wegen	Sie	**Ihret**wegen
sie	**ihret**wegen		

○ **Deinetwegen** kommen wir zu spät zur Schule! Warum bist du immer so langsam?!
● **Meinetwegen**?! Du bist viel zu spät aufgestanden!!

Viele verwenden nach *wegen* den Dativ:
„Wegen **dir** habe ich den Bus verpasst!"

Lektion 7

7.1 Relativsatz im Nominativ und Akkusativ

a Relativsätze beschreiben ein Substantiv, das vorher im Hauptsatz steht.
> Welcher Mann ist dein Vater? Der Mann, der den Bus fährt.

Relativsätze sind Nebensätze. Darum steht das Verb immer am Ende des Relativsatzes.
Relativsätze kann man in andere Sätze hineinschieben.

Der Mann, **der einen Bus fährt**, ist Busfahrer.
Die Frau, **die am Computer schreibt**, ist Sekretärin.
Das Kind, **das neben mir sitzt**, heißt Mario.

b Relativsätze können im Nominativ, Akkusativ, Dativ und Genitiv stehen.

Der Mann, **der** die Pflanzen gießt, ist Gärtner.   (**Der** Mann gießt die Pflanzen.)
Der Mann, **den** ich begrüßt habe, ist unser Nachbar.   (Ich habe **den** Mann begrüßt.)
Der Mann, **dem** ich heute morgen geholfen habe, ist krank. (Ich habe **dem** Mann geholfen.)
Der Mann, **dessen** Frau krank ist, ist traurig.   (Die Frau **des** Mannes ist krank.)

7.2 Relativpronomen

Das ist ja einfach! Relativpronomen sehen fast wie die bestimmten Artikel aus!

	Singular			Plural
Nominativ	der	das	die	die
Akkusativ	den	das	die	die
Dativ	dem	dem	der	**denen**
Genitiv	**dessen**	**dessen**	**deren**	**deren**

7.3 zwar … aber / einerseits … andererseits

zwar … aber
Mit *zwar* führst du eine Aussage ein und mit *aber* schränkst du sie ein.

> Ich finde die Fernsehsendung **zwar** interessant, sie dauert **aber** zu lange.
> **Zwar** wollen viele Jungen Piloten werden, oft sind sie **aber** nicht dafür geeignet.

einerseits … andererseits
Mit *einerseits … andererseits* kannst du zwei Aspekte in einem Satz beschreiben.

> **Einerseits** muss ich Vokabeln lernen, **andererseits** möchte ich gerne fernsehen.
> **Einerseits** möchte ich ihm gerne helfen, **andererseits** habe ich im Moment schon sehr viel zu tun.

7.4 *wo-* und *da-* mit Präpositionen

GA 6.2

Du hast schon gelernt, die Präpositionen mit *da- / dar-* zu kombinieren. Das geht auch bei Fragen. Man kombiniert dazu das Fragewort *wo-* (vor Vokalen *wor-*) mit den Präpositionen.

Worüber bist du froh?   Ich bin froh **über** meine Prüfungsergebnisse.
Worauf wartet ihr?   Wir warten **auf** den Zug.
Wofür interessierst du dich?   Ich interessiere mich **für** Physik.

Du kannst auch mit einem Nebensatz antworten:
    Ich bin froh **darüber, dass** die Prüfung gut gelaufen ist.
    Wir warten **darauf, dass** der Zug kommt.

7.5 *schon, erst, noch, nicht mehr, keine mehr*

> Das weißt du noch nicht? Doch, das weißt du schon! Das lernst du nicht erst heute!

Bist du **erst** jetzt gekommen?	Nein, ich bin **schon** seit 3 Stunden hier.
Hast du **schon** gefrühstückt?	Nein, ich habe **noch nicht** gefrühstückt.
Bist du **schon** vierzehn?	Nein, **noch** nicht. Ich werde **erst** im Januar vierzehn.
Kann ich **schon** anfangen?	Nein, du musst **noch** warten. Du fängst **erst** morgen an.
Möchtest du **noch** Kekse essen?	Ja, danke. Ich esse gerne **noch** zwei.
	Nein, danke. Ich möchte **keine mehr** essen.
Wohnt Martha **noch** in Berlin?	Ja, sie wohnt **noch** da.
	Nein, sie wohnt **nicht mehr** da.
Hast du **schon** das ganze Buch gelesen?	Nein, ich habe **erst** 30 Seiten gelesen.

7.6 Fragesätze mit *ob*

Wenn Fragesätze ohne Fragewort (Entscheidungsfragen) in einem Nebensatz stehen, fangen sie mit *ob* an.

Beißt der Hund?	Man testet, **ob** der Hund beißt.
Ist er weggelaufen?	Ich habe nicht gesehen, **ob** er weggelaufen ist.
Ist der Hund krank?	Weißt du, **ob** der Hund krank ist?

Lektion 8

8.1 Über die Zukunft reden

Es gibt zwei Möglichkeiten, über die Zukunft zu sprechen:

a Präsens (nur mit Zeitangaben)

    Morgen gehe ich nicht in die Schule.
    Nächstes Jahr fahre ich nach Griechenland.

b Futur I (Hilfsverb *werden* + Verb im Infinitiv)

    Ab Januar **werde** ich weniger **fernsehen**.
    Du irrst dich: Ich **werde** dir nicht **helfen**!
    In der Zukunft **werden** viele Menschen auf dem Mond **leben**.

ich	**werde**	
du	**wirst**	Glück haben
er / es / sie	**wird**	

wir	**werden**	
ihr	**werdet**	Glück haben
sie / Sie	**werden**	

Wenn man *werden* benutzt, steht der Infinitiv am Satzende.

    Ab jetzt **werde** ich jeden Tag mein Zimmer **aufräumen**.

Lektion 8

8.2 *um ... zu* mit Modalverben

(Er trainiert viel. Er **kann** sehr gut Tennis **spielen**.)
Ich trainiere, **um** besser Tennis **spielen zu können**.

GA 3.5

Es regnet. Ich nehme heute den Bus, **um** nicht zu Fuß **gehen zu müssen**.
Kati macht schnell ihre Hausaufgaben, **um** heute Nachmittag ins Kino **gehen zu dürfen**.

8.3 Verben mit *zu* + Infinitiv

Du hast **versprochen**,	mir	**zu** helfen!
Ich habe mir **vorgenommen**,	immer pünktlich in die Schule	**zu** gehen.
Langsam **beginne** ich,	Deutsch besser	**zu** verstehen.
Sie hat **beschlossen**,	diesen Fehler nicht	**zu** wiederholen.
Ich **plane**,	im Sommer nach Österreich	**zu** fahren.
Wir **vergessen** immer,	die Tür	**ab**zuschließen.
Der Lehrer hat **aufgehört**		**zu** reden.

8.4 Zeitangabe mit *ab*

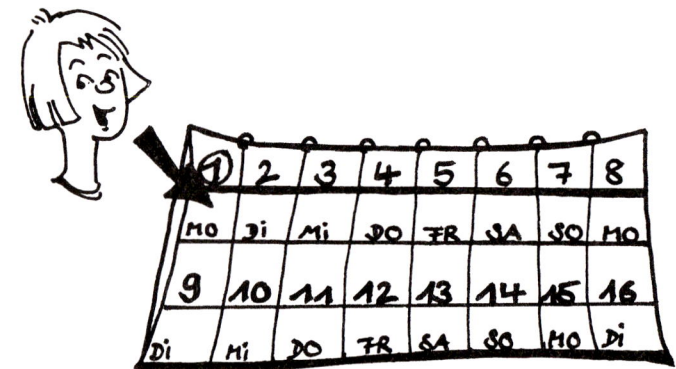

Ab morgen	werde	ich	immer früh aufstehen.
Ich	werde	**ab** nächste**r** Woche	täglich eine Stunde Gitarre üben.
Ab 16 Jahre**n**	dürfen	Jugendliche	ein Mofa fahren.

Bei **Datumsangaben** benutzt man sowohl den Dativ als auch den Akkusativ.

Ab dem zweit**en** Oktober	werden	die Busse	eine neue Strecke fahren.
Ab ersten Juli	haben	wir	Ferien.

8.5 *her-, hin-*

Ihr müsst zum Bahnhof. Wie **kommt** ihr **hin**?
Ich möchte nicht ins Kino. **Geht** ohne mich **hin**!
Oh, das ist ja fürchterlich. **Schau** nicht **hin**!

Wo **kommt** ihr **her**?
Komm her, ich möchte dir etwas zeigen!
Kinder, **schaut her**, ich habe etwas gefunden!

8.6 *herein, heraus, hinein, hinaus*

9.1 Plusquamperfekt

Man benutzt das Plusquamperfekt, wenn man über zwei Ereignisse in der Vergangenheit berichtet. Dabei liegt ein Ereignis vor dem anderen. Das frühere Ereignis beschreibt man im Plusquamperfekt, das spätere im Präteritum oder Perfekt.

1885: Carl Benz erfindet das Automobil
Nachdem Benz das Auto **erfunden hatte**,

1900: es gibt mehrere Automobilfirmen
entstanden mehrere Automobilfirmen.

8:00: alle sind wach
Nachdem alle in der Familie **aufgewacht waren**,

8:30 Frühstück
frühstückten sie zusammen.

> Hauptsatz und Nebensatz kannst du tauschen:
> Die Familie frühstückte zusammen, nachdem alle aufgewacht waren.

Das Plusquamperfekt bildet man so: **Präteritum** von *haben* oder *sein* + **Partizip Perfekt**

ich	hatte	erfunden
du	hattest	erfunden
er / es / sie	hatte	erfunden
wir	hatten	erfunden
ihr	hattet	erfunden
sie / Sie	hatten	erfunden

ich	war	gefahren
du	warst	gefahren
er / es / sie	war	gefahren
wir	waren	gefahren
ihr	wart	gefahren
sie / Sie	waren	gefahren

9.2 *bevor, nachdem*

Wenn zwei Handlungen nacheinander passieren, benutzt man *bevor* oder *nachdem*.

zuerst	später
nachdem ...	**bevor ...**

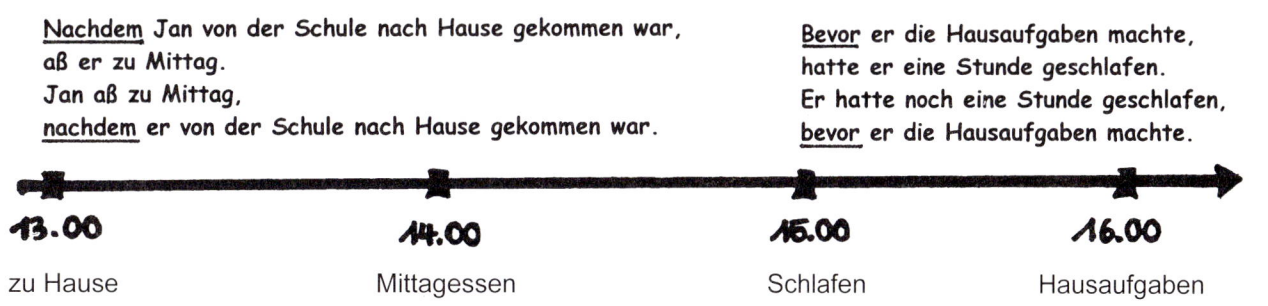

9.3 Jahreszahlen

Die Jahre 1000 bis 1099 und 2000 bis 2099 → man nennt die vollen Tausender.

| 2009 | **zweitausend**neun |
| 1098 | **eintausend**achtundneunzig |

Bei allen anderen Jahreszahlen nennt man die Hunderter.

1800	**achtzehnhundert**
1996	**neunzehnhundert**sechsundneunzig
1756	**siebzehnhundert**sechsundfünfzig

Im Jahr(e) 1824 eröffnete man in England die erste Eisenbahnstrecke.
1903 flogen die Brüder Wright zum ersten Mal mit einem motorisierten Flugzeug.

Lektion 9

9.4 Relativsätze mit Präpositionen

Man kann Relativsätze auch mit Präpositionen bilden. Die Präposition steht immer vor dem Relativpronomen.

Zeppelin baute einen Ballon,	**mit dem** man über Berge und Ozeane fliegen konnte.
Das ist das Luftschiff,	**an dem** er so lange gearbeitet hat.
Endlich kommt die Bahn,	**auf die** ich schon so lange warte.
Das sind die Kinder,	**von denen** ich dir erzählt habe.
Wo sind die Bücher,	**aus denen** ich lernen muss?

9.5 *während, als* und *wenn*

a *während* und *als*

Bei mehreren gleichzeitigen Handlungen benutzt man *während* oder *als*. *Während* beschreibt eine länger andauernde Handlung oder einen Zustand, *als* ein kurzes Ereignis. Die Zeitformen im Haupt- und Nebensatz sind immer gleich.

Während die Ampel rot war,	stieg die Frau aus dem Auto.
Als die Ampel grün wurde,	fuhr der Mann weiter.
Während ich in der Schule war,	kochte mein Großvater das Mittagessen.
Als ich zu Hause ankam,	stand das Mittagessen auf dem Tisch.

Während kann auch eine Präposition sein: Man benutzt sie mit dem Genitiv.

Während der Autofahrt unterhalten sie sich.
Während des Konzerts darf niemand laut reden.

b *als* und *wenn*

Montag: **Wenn** morgen der Wecker klingeln wird, stehe ich auf.
Mittwoch: **Als** gestern der Wecker klingelte, stand ich sofort auf!

Wenn es regnet, bin ich immer traurig.
Ich hatte früher immer Angst, **wenn** es donnerte.

	passiert einmal	passiert immer wieder
Gegenwart oder Zukunft	wenn	wenn
Vergangenheit	**als**	wenn

9.6 Fragewörter

a Die **einfachen Fragewörter** kennst du schon: *wie, wo, wohin, wann, warum, wer, wen, was, wem, wessen.*

b Fragewörter mit Substantiven

Wie viel(e)

Wie viel Geld hast du dabei?
Wie viele Geschwister hast du?

Wie viel ist zweimal zwei?

Welcher, welches, welche benutzt man, wenn man aus einer bestimmten Menge eine Person oder Sache wählen kann.

Welche Stunde fällt heute aus?
Welchen Zug nehmen wir?
Mit **welchem** Fahrrad bist du gekommen?

Was für ein(e), was für welche benutzt man, wenn man ganz allgemein nach einer Sache oder nach einer Person fragt.

- ● **Was für** Bücher liest du am liebsten?
- ○ Detektivgeschichten.

- ● Ich möchte ein neues Fahrrad haben.
- ○ **Was für eins?**
- ● Ein Mountainbike.

- ● Ich möchte mir Fahrradlampen kaufen.
- ○ **Was für welche** denn?
- ● Halogenlampen.

c Fragewörter mit Präpositionen

Fragen nach **Sachen**:
wo(r)+ Präposition

Wofür brauchst du das Geld? – Für das Geschenk.
Woran denkst du? – An die Ferien.
Womit schreibst du? – Mit einem Bleistift.
Worüber sprecht ihr? – Über den neuen Lehrer.
Störe ich euch? **Wobei?** – Beim Lesen!

Fragen nach **Personen**:
Präposition + Personalpronomen

Für wen kaufst du das Geschenk? – Für euch.
An wen denkst du? – An meinen Bruder.
Mit wem spielst du Tennis? – Mit Lukas.
Über wen sprecht ihr? – Über ihn.
Bei wem hast du gewohnt? – Bei meinen Großeltern.

9.7 Fragesätze als Nebensätze

(Warum sind Sie bei rot über die Straße gegangen?)
Erzählen Sie mir, **warum** Sie bei rot über die Straße gegangen sind!

● Wie konnte das passieren?
○ Ich verstehe nicht, **wie** das passieren konnte.

● Wo ist sie ausgestiegen?
○ Ich weiß nicht, **wo** sie ausgestiegen ist.

Bei Fragen ohne Fragewort (Entscheidungsfragen) steht immer die Konjunktion *ob*.

Ich möchte wissen, ob morgen das Wetter wieder so schön ist.

(Ist die Frau immer noch böse auf ihren Mann?)
Weißt du, **ob** sie noch böse auf ihren Mann ist?

(Darf ich heute fünf Minuten früher nach Hause gehen?)
Ich möchte wissen, **ob** ich heute früher gehen darf.

(Möchtest du einen Nachtisch essen?)
Sag mir doch, **ob** du einen Nachtisch essen möchtest.

Lektion 10

10.1 Satzstellung der Personalpronomen im Akkusativ und Dativ

Im Satz steht das **Dativobjekt vor dem Akkusativobjekt**.

Die Verkäuferin	gibt	dem Mädchen	die Bluse.

Wenn in einem Satz zwei Objekte vorkommen (ein Akkusativobjekt und ein Dativobjekt) und nur eines davon ein Pronomen ist, dann steht das **Pronomen immer vorne**, direkt hinter dem Verb.

Die Verkäuferin	gibt	ihr	die Bluse.
Die Verkäuferin	gibt	sie	dem Mädchen.

Bei mehreren Pronomen steht das **Akkusativpronomen vor dem Dativpronomen**.

Die Verkäuferin	gibt	sie	ihr.

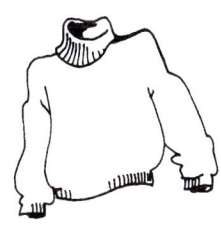

Lektion 10

10.2 Das Demonstrativpronomen *dieser, dieses, diese*

Das Demonstrativpronomen benutzt man, wenn man sagen möchte:
„**Genau diese** Person oder Sache, nicht eine andere!"

Die Demonstrativpronomen haben die gleichen Endungen wie der bestimmte Artikel.

	Singular			Plural
	(der)	(das)	(die)	(die)
Nominativ	dies**er** Mann	dies**es** Kind	dies**e** Frau	dies**e** Kinder
Akkusativ	dies**en** Mann	dies**es** Kind	dies**e** Frau	dies**e** Kinder
Dativ	dies**em** Mann	dies**em** Kind	dies**er** Frau	dies**en** Kindern
Genitiv	dies**es** Mannes	dies**es** Kindes	dies**er** Frau	dies**er** Kinder

Dieser Rock passt mir ganz gut.
Ich probiere **diesen** Pullover auch an.
In **diesen** Kleidern siehst du ganz anders aus.
Der Stoff **dieses** Pullovers gefällt mir nicht.

Die Demonstrativpronomen können auch alleine stehen.

● Welche Hose gefällt dir am besten?   ● In welchem Kleid kommst du zur Party?
○ **Diese**.   ○ In **diesem**.

10.3 Das Partizip Präsens (Partizip I)

Das Partizip Präsens benutzt man, wenn jemand zwei Dinge gleichzeitig macht.

Ein Schüler kommt **singend** in die Klasse.   (Der Schüler kommt in die Klasse. Er singt dabei.)
Andy ging **lächelnd** über den Schulhof.   (Andy lächelte, als er über den Schulhof ging.)
Weinend erzählte Miriam ihm alles.   (Miriam erzählte Sven alles. Dabei weinte sie.)

Ganz einfach: **Infinitiv + d!** → lachen**d**, singen**d**, tanzen**d**

Wenn man das Partizip I wie ein Adjektiv gebraucht, bekommt es die gleichen Endungen wie ein Adjektiv:

ein fröhlich**er** Junge – ein lächelnd**er** Junge
das traurig**e** Mädchen – das weinend**e** Mädchen

10.4 *lassen*

Das Verb *lassen* benutzt man auf zwei Arten: zusammen mit einem anderen Verb oder alleine.

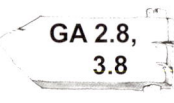
GA 2.8, 3.8

a Verb *lassen* + ein anderes Verb: Hier kann *lassen* drei verschiedene Bedeutungen haben.

Warum **lassen** uns die Jungen nicht **mitspielen**?   = erlauben
Lass uns ins Kino **gehen**!   = auffordern / „Ich möchte das!"
Ich **lasse** mir die Haare **schneiden**.   = ein anderer macht etwas für mich

b Verb *lassen* allein: Hier kann *lassen* ganz verschiedene Bedeutungen haben.

Ich **lasse** den Regenschirm heute zu Hause.   (zu Hause lassen = nicht mitnehmen)
Sven **lässt** Kai in Ruhe.   (in Ruhe lassen = nicht stören)
Die Mutter **lässt** das Kind nicht allein.   (allein lassen = fortgehen)

11.1 Substantive ohne Artikel

Du weißt schon, dass vor den meisten Ländernamen kein Artikel steht.
So ist es auch bei einigen anderen Wörtern, wie Eigennamen, Flüssigkeiten und Materialangaben und bei den Bezeichnungen für Berufe und Nationalitäten.

Eigennamen: Namen von Personen und geographische Namen (Städte, Länder und Kontinente)

Lilienthal lebte im 19. Jahrhundert.
Dr. Schellinger kommt heute später.

Die Hauptstadt von **Deutschland** ist **Berlin**.
Europa und **Asien** sind Kontinente.

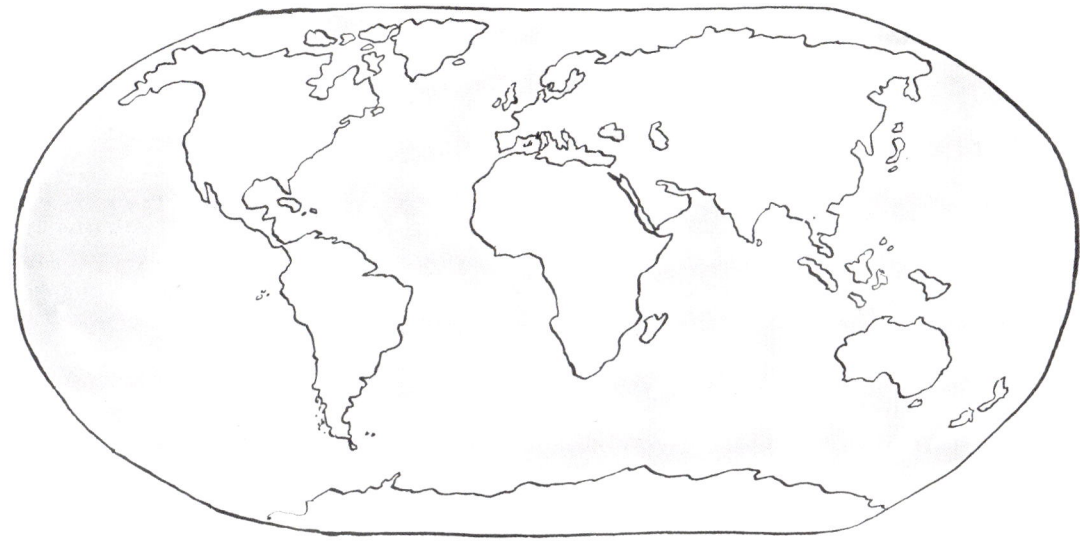

Flüssigkeiten und **Materialangaben** bekommen keinen Artikel, wenn man ganz allgemein über sie spricht. Wenn man aber eine ganz bestimmte Flüssigkeit oder bestimmtes Material meint, benutzt man den Artikel.

Die Flüsse versorgen das Meer mit **Wasser**.
    aber: **Das Wasser** im Hafen ist sehr schmutzig.

Papier wird aus **Holz** gemacht.
    aber: **Das Holz** von Nadelbäumen ist sehr weich.

Ich habe kein **Geld** bei mir.
    aber: **Das Geld**, das auf dem Tisch liegt, gehört Kira.

Zum Frühstück trinkt man in Deutschland **Kaffee** oder **Tee**.
    aber: **Der Tee**, den wir bei Max getrunken haben, schmeckt nach Himbeere.

Im Gebirge liegt im Winter **Schnee**.
    aber: **Der Schnee** in der Stadt ist schnell schmutzig und grau.

Vor Bezeichnungen für **Beruf** und **Nationalität** mit den Verben *sein* und *werden* oder nach dem Wort *als* steht auch kein Artikel.

Nach der Schule will Nils Medizin studieren und **Tierarzt** werden.
Sie ist eigentlich **Lehrerin**, arbeitet jetzt aber **als Kindergärtnerin**.

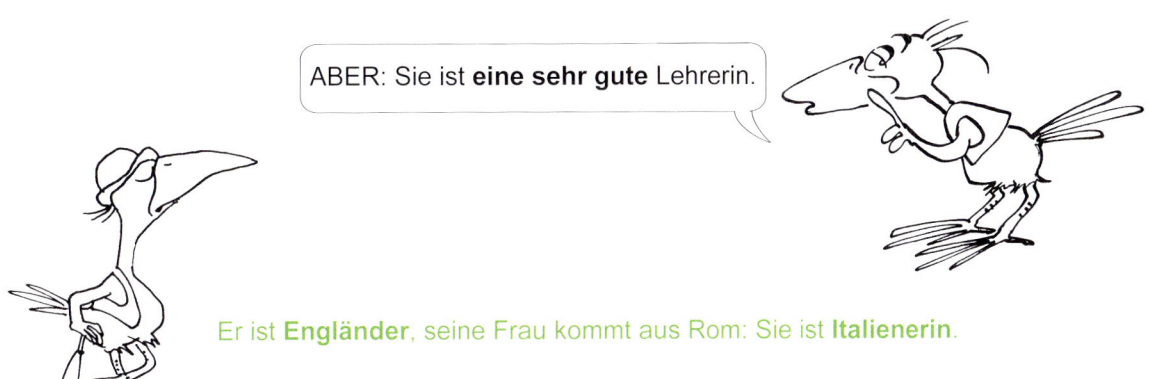

ABER: Sie ist **eine sehr gute** Lehrerin.

Er ist **Engländer**, seine Frau kommt aus Rom: Sie ist **Italienerin**.

Lektion 11

11.2 Das Passiv Präsens

Aktivsatz:
  Die Kellner decken die Tische.
Wer macht das? – Die Kellner.

Passivsatz:
  Die Tische werden gedeckt.
Wer macht das? – Das weiß man nicht.
  Es ist unwichtig.

Die Männer in der Werkstatt reparieren das Auto.
Die Menschen holzen den Wald ab.
Die Menschen werfen Müll oft einfach in den Wald.

Das Auto wird repariert.
Der Wald wird abgeholzt.
Müll wird oft einfach in den Wald geworfen.

Das Subjekt aus dem Aktivsatz (z.B. *die Menschen*) nennt man im Passivsatz nicht immer. Wenn man es aber doch nennt, dann mit

von + Dativ

Die Menschen jagen die Tiger.   Die Tiger werden (**von den Menschen**) gejagt.

Man bildet das Passiv mit dem Hilfsverb *werden* und dem Partizip Perfekt des Vollverbs.

	Präsens von *werden*		Partizip Perfekt
Das Wasser	wird	(von den Schiffen)	verschmutzt.
Die Wale	werden	(vom Menschen)	gejagt.
Die Wälder	werden		abgebrannt.
Aus Holz	wird	Papier	gemacht.

So ähnlich bildet man doch auch das Perfekt, oder?

11.3 *doch* in Antworten

Wenn du auf eine verneinende Frage eine positive Antwort gibst, fängst du mit *doch* an.

● Können die Seehunde im Wasser also gar **nicht** schlafen?
○ **Doch**, das können sie.

● Möchtest du **keinen** Kuchen?
○ **Doch**, ich esse gerne ein Stück.

● Deine Schwester hat jetzt bestimmt **keine** Zeit.
○ **Doch**, sie hat im Moment nichts zu tun.

11.4 Infinitiv statt Imperativ

Wenn man eine Forderung stellt, die für alle gilt, benutzt man nicht den Imperativ, sondern den Infinitiv.

Gilt nur für bestimmte Personen:
  Tretet nicht auf das Gras!
  Wartet bitte!

Gilt für alle:
  Nicht auf das Gras treten!
  Bitte warten!

Nicht auf Vögel schießen!

Lektion 11

11.5 Der Imperativ bei Anrede mit *Sie*

Diese Imperativformen kennst du schon:

Ich möchte, dass	du antwortest.	**Antworte** auf meine Frage!
	ihr kommt.	**Kommt** her zu mir!
	wir gehen.	**Lass(t)** uns ins Schwimmbad gehen!

GA 3.8

Wenn man jemanden mit *Sie* anredet:

Ich möchte, dass	Sie kommen.	**Kommen** Sie bitte her!
	Sie lesen.	**Lesen** Sie bitte den Brief!
	Sie schließen.	**Schließen** Sie bitte das Fenster!

Achtung, eine Ausnahme:

| Ich möchte, dass | Sie leiser sind. | **Seien** Sie bitte leiser! |

11.6 Adverbien mit Akkusativ

alt	Unsere kleine Katze ist erst **ein halbes Jahr** alt.
breit	Der Tisch ist **einen Meter** breit.
dick	Das Heft ist **einen Zentimeter** dick.
hoch	Das neue Haus in der Straße ist **vier Stockwerke** hoch.
tief	Das Wasser im Teich ist nur **einen Meter** tief.
lang	Die Schlange an der Kasse ist **sieben Meter** lang.
schwer	Das Buch ist fast **ein Kilo(gramm)** schwer.
weit	Paula kann höchstens **einen Meter** weit springen.

11.7 *doch* als Konjunktion

doch hat eine ähnliche Bedeutung wie *aber*.
Es zeigt einen Widerspruch oder Gegensatz.

Viele Tiere sind vom Aussterben bedroht, **doch** im Naturreservat werden sie geschützt.
Für die Seepferdchen bekommt Lien nicht viel, **doch** ihre Familie braucht das Geld.
Janne wollte erst in einem Krankenhaus arbeiten, **doch** dann entschied sie sich für die Arbeit mit den Seehunden.

11.8 Das Zustandspassiv

„Ihr müsst die Betten machen, die Kleider wegräumen, die Schuhe putzen!"

Das Bett wird gemacht, die Kleider werden weggeräumt, die Schuhe werden geputzt.

Die Betten **sind gemacht**, die Kleider **sind weggeräumt**, die Schuhe **sind geputzt**.

Lektion 12

12.1 Die Indefinitpronomen

Die Indefinitpronomen haben eine allgemeine, unbestimmte Bedeutung.

etwas, nichts
gebraucht man für Sachen.

> Ich muss dir **etwas** erzählen: Meike geht morgen zum Geburtstag von Peter, aber sie hat noch **nichts** für ihn gekauft.

man, jemand, niemand
gebraucht man für Personen.

> Vom Fernsehturm aus kann **man** die ganze Stadt sehen.
> Ist **jemand** im Haus? – Nein, **niemand**. Das Haus ist leer.

alle, jeder, einige, manche, mehrere, viele, wenige, andere
gebraucht man für Sachen und für Personen.
Sie können mit oder ohne Substantiv stehen.

> Peter hat zu seiner Geburtstagsparty **alle** Kinder aus seiner Klasse eingeladen. **Jeder** hat ein Geschenk mitgebracht. **Einige** Gäste kamen viel zu früh. **Andere** haben sich verspätet. **Mehrere** sind gar nicht gekommen. Nur **wenige** Kinder durften lange bleiben. Nach zwei Stunden sind schon **viele** nach Hause gegangen.

irgend- + *ein / e*
irgend- + *jemand*
irgend- + Fragewort
gebraucht man für Personen oder Sachen, wenn man sie nicht genau kennt oder nicht benennen möchte.

irgendein/e	Hast du **irgendein** Problem? Du siehst so traurig aus.
irgendjemand	Hat **irgendjemand** für mich angerufen?
irgendein/e	**Irgendeine** Frau hat für dich angerufen. Ich habe leider ihren Namen vergessen.
irgendwer, irgendetwas	Nach dem Abitur möchte ich **irgendetwas** Besonderes machen. **Irgendwer** hat mir mal erzählt, dass er dann eine weite Reise mit dem Motorrad gemacht hat.
irgendwann, irgendwie	Ich möchte **irgendwann** nach Mexiko reisen. Ich werde das Geld **irgendwie** zusammensparen.
irgendwo, irgendwohin	Ich habe meine Brille **irgendwohin** gelegt, jetzt weiß ich nicht mehr, wo sie ist. **Irgendwo** muss sie doch sein!

etwas und *nichts* verändern ihre Form nicht.

> Mit **etwas** Glück erreiche ich meinen Zug noch.
> Ich habe **nichts** gesehen.

jemand, niemand, alle, jeder, einige, manche, mehrere, viele, wenige und die Formen mit *irgend-* können dekliniert werden. Sie haben dann die gleichen Endungen wie die bestimmten Artikel.

> Du warst gestern im Kino. Hast du jemand**en** aus unserer Klasse getroffen? – Nein, niemand**en**.
> Er hat mit jed**em** Schüler gesprochen.
> Hast du irgendein**en** Stift für mich?

12.2 *denn*

denn hat eine ähnliche Bedeutung wie *weil*.
Das Verb im *denn*-Satz kommt aber nicht ans Ende.

Paul macht die Milch heiß,	**denn**	er	trinkt	immer Kakao zum Frühstück.	
Paul macht die Milch heiß,	**weil**	er		immer Kakao zum Frühstück.	trinkt.

Lektion 12

12.3 um ... zu, anstatt ... zu, ohne ... zu

Die Sätze mit *um ... zu* und *anstatt ... zu* kennst du schon.
Sarah trainiert viel, **um** beim nächsten Wettkampf **zu** gewinnen.
Anstatt Süßigkeiten **zu** essen, sollte Martin lieber Obst essen.

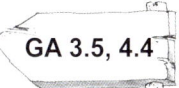
GA 3.5, 4.4

ohne ... zu benutzt du, wenn jemand etwas anders macht, als man es erwartet.
Thomas verließ die Party, **ohne** sich **zu** verabschieden.
Ich habe den Brief in den Briefkasten geworfen, **ohne** eine Briefmarke darauf **zu** kleben.

12.4 sowohl ... als auch, weder ... noch

Du redest über zwei Sachen.

Das eine ist so und das andere ist auch so:
Der Film hat mir gut gefallen. **Sowohl** die Geschichte **als auch** die Schauspieler fand ich toll.

Das eine ist nicht so und das andere ist auch nicht so:
Nina ist nicht im Haus und sie ist auch nicht im Garten. Sie ist **weder** im Haus **noch** im Garten.

Lektion 13

13.1 Der Konjunktiv II von Hilfsverben und Modalverben

So bildest du diese Verbform:
Nimm die Stammformen des Präteritums und hänge diese Endungen an:

ich	– e
du	– (e)st
er / es / sie	– e
wir	– en
ihr	– et
sie / Sie	– en

Dabei verändern sich oft die Stammvokale:
a → *ä*
o → *ö*
u → *ü*

Präsens	→	Präteritum	→	Konjunktiv II		Präsens	→	Präteritum	→	Konjunktiv II
ist	→	war	→	wäre		muss	→	musste	→	müsste
hat	→	hatte	→	hätte		kann	→	konnte	→	könnte
wird	→	wurde	→	würde		soll	→	sollte	→	sollte

Diese benutzt du sehr häufig. Lerne sie gut!
möchte kennst du aber schon lange.

	Hilfsverben			Modalverben					
ich	wäre	hätte	würde	müsste	könnte	dürfte	möchte	sollte	wollte
du	wär(e)st	hättest	würdest	müsstest	könntest	dürftest	möchtest	solltest	wolltest
er / es / sie	wäre	hätte	würde	müsste	könnte	dürfte	möchte	sollte	wollte
wir	wären	hätten	würden	müssten	könnten	dürften	möchten	sollten	wollten
ihr	wär(e)t	hättet	würdet	müsstet	könntet	dürftet	möchtet	solltet	wolltet
sie / Sie	wären	hätten	würden	müssten	könnten	dürften	möchten	sollten	wollten

Lektion 13

13.2 Der Konjunktiv II mit *würde* + Infinitiv

Den Konjunktiv II der anderen Verben bildet man heute meistens mit dem Hilfsverb *werden* im Konjunktiv.

Konjunktiv II

(Wenn er mich **fragte**, **sagte** ich ja.)
(Wenn sie mein Buch **fände**, ...)
(An deiner Stelle **arbeitete** ich nicht so viel.)
(Er **ginge** am liebsten sofort.)
(Wenn es dich nicht **gäbe** ...)

***würde* + Infinitiv**

Wenn er mich **fragen würde**, **würde** ich ja **sagen**.
Wenn sie mein Buch **finden würde**, ...
An deiner Stelle **würde** ich nicht so viel **arbeiten**.
Er **würde** am liebsten sofort **gehen**.
Wenn es dich nicht **geben würde** ...!

13.3 Wann benutzt man den Konjunktiv II?

Wenn du über Wünsche und Träume sprichst:

Ich **wäre** gerne endlich erwachsen!
Wenn ich eine Million Euro **hätte**, **würde** ich um die ganze Welt **reisen**!
Ich **müsste** dann nie wieder in die Schule **gehen**!

Wenn du höflich sein willst:

Würden Sie mir bitte **sagen**, wie spät es ist?
Wären Sie so freundlich, mir zu helfen?
Könnten Sie kurz auf meinen Koffer **aufpassen**?
Ich **möchte** ein Roggenbrot und ein Rosinenbrötchen, bitte.
Wir **hätten** gerne einen Kaffee und ein Wasser.

Wenn du etwas vorschlägst:

Du **solltest** weniger Schokolade **essen**.
Du **könntest** schon den Tisch **decken**.
Ich **müsste** netter zu meiner Schwester **sein**.

13.4 Präpositionen mit dem Dativ

Viele kennst du schon aus Mega 2:

Das Kind fing an zu weinen und rannte **aus** dem Zimmer.
Außer der besten Schülerin hat niemand in der Klasse eine Eins bekommen.
Ich bin krank, ich muss **zum** Arzt gehen.

Auch diese Präpositionen benutzt du mit dem Dativ: **ab**, **gegenüber**, **nach**.

Ab nächster Woche ist das Schwimmbad geschlossen.
Gegenüber der Post wird ein neues Haus gebaut.
Nach dir bin ich dran.

Lektion 14

14.1 Ordinalzahlen und Datumsangaben

Ordinalzahlen werden wie Adjektive dekliniert.

Die erste Vorstellung des neuen Stücks ist **am** 19. (= neunzehn**ten**) Februar.
„**Das** Neunzehn**te** neu entdecken" ist dieses Jahr **die** zwei**te** Sonderausstellung in der Neuen Pinakothek.

Den wieviel**ten** haben wir heute?
Heute haben wir **den** zwei**ten** (Oktober).

Der 2. Juni (= **der** zwei**te** Juni) fällt in diesem Jahr auf einen Sonntag.
Am Samstag, den 13. August (= **den** dreizehn**ten** August) fahren wir nach Italien.
Seit dem 14. Februar (= **dem** vierzehn**ten** Februar) ist die Ausstellung eröffnet.
Vom 1. bis zum 9. Januar (= **vom** ers**ten** bis **zum** neun**ten** Januar) ist die Eishalle geschlossen.

14.2 Reflexive Verben

Die reflexiven Verben kann man in zwei Gruppen teilen:

Viele Verben sind fest mit einem Reflexivpronomen im Akkusativ verbunden. Diese sind „echte" reflexive Verben.

sich erkälten	In dieser dünnen Jacke wirst du **dich** erkälten!
sich befinden	Der Eingang befindet **sich** um die Ecke.
sich verspäten	Warum musst du **dich** immer verspäten?!
sich entschuldigen	Bitte entschuldige **dich** bei Frau Müller.

Du kennst schon solche Verben, die sowohl reflexiv als auch mit einem Akkusativobjekt gebraucht werden können. Diese nennt man auch „unechte" reflexive Verben.

sich anmelden	Ich melde **mich** zum Kurs an.
jemanden anmelden	Ich melde **meine Freundin** zum Kurs an.

GA 5.5

14.3 Reflexivpronomen im Akkusativ und Dativ

Wenn reflexive Verben noch ein Akkusativobjekt haben, steht das Reflexivpronomen im Dativ.

Ich wasche **mich**.   Ich wasche **mir** jeden Tag **die Haare**.
Ich ziehe **mich** an.   Ich ziehe **mir** schnell **ein sauberes Hemd** an.

	Akkusativ	Dativ
ich	mich	mir
du	dich	dir
er / es / sie	sich	
wir	uns	
ihr	euch	
sie / Sie	sich	

14.4 Präpositionen mit Genitiv: *trotz, während, wegen, statt, außerhalb, innerhalb*

trotz	Trotz **der** eisigen Kälte sind wir in die Stadt gegangen.
während	Während **der** Fahrt spielten Thomas und Lars Karten.
wegen	Wegen **der** Verspätung haben wir unseren nächsten Zug fast verpasst.
(an)statt	Statt **des** dicken Pullover**s** habe ich meinen Mantel angezogen.
außerhalb	Außerhalb **der** Stadt ist die Luft besser.
innerhalb	Innerhalb **eines** Jahre**s** haben wir alles erledigt.

14.5 Abtönungspartikel *überhaupt, ganz, ja*

Mit diesen Wörtern kann man die Bedeutung eines Satzes leicht verändern: Damit gibt man dem Satz einen anderen „Ton".

Obwohl es **überhaupt** nicht langweilig war, wollten wir nach sechs Stunden gehen.
Karten spielen kann man **ja** auch leise!
Die Mädchen waren von den Spielern **ganz** begeistert.

Lektion 15

15.1 Abtönungspartikel *denn*, *doch*

denn benutzt man in Fragen:
  Worum geht's **denn**?
  Ist das **denn** so schlimm?

doch verstärkt, was man sagen will:
  Sag **doch** nicht so etwas!
  Erzählen Sie mir **doch** mehr von Ihrem Urlaub!
  Wenn du es unbedingt wissen willst: Du kannst ihn **doch** fragen!
  Er ist **doch** kein Kind mehr!

doch kennst du auch schon in zwei anderen Bedeutungen:

○ Möchtest du keinen Kaffee?
● Doch, ich würde sogar sehr gerne einen trinken.

Die Tiere sind bedroht, doch hier werden sie geschützt.

GA 11.3

GA 11.6

15.2 *je ..., desto*

In Sätzen mit *je ..., desto* benutzt du den Komparativ:

  Je länger Thomas darüber nachdachte, **desto** klarer wurde ihm das Problem. (je länger – desto klarer)
  Je lauter unser Nachbar mit uns schimpfte, **desto** mehr mussten wir lachen. (je lauter – desto mehr)
  Je fleißiger du Geige übst, **desto** besser kannst du spielen. (je fleißiger – desto besser)

Je heißer es ist, desto mehr Durst habe ich.

15.3 Die Vergangenheitsform von Konjunktiv II

Im Konjunktiv gibt es nur eine Vergangenheitsform.
Diese wird mit dem Hilfsverb im Konjunktiv II + Partizip Perfekt des Vollverbs gebildet.

Perfekt
ich **bin** gewesen
er **hat** gedacht

Konjunktiv II Vergangenheit
ich **wäre** gewesen
er **hätte** gedacht

Er starrte auf das Holz in seiner Hand, als **hätte** er die Frage gar nicht **gehört**.
Sonst **wäre** ich nie mehr zur Schule **gegangen**!
Wenn ich **gewusst hätte**, dass du zur Party gehst, **wäre** ich auch **gekommen**.

Die Adjektivdeklination

nach dem bestimmten Artikel
und nach *dieser*, *jeder*, *mancher*

Es gibt gar nicht so viele Unterschiede in den zwei Tabellen. Worauf du achten musst, habe ich für dich grün angemalt!

	Singular						Plural		
NOMINATIV	der	alte	Freund	das	kluge	Kind	die	alte	Freundin	die	klugen	Kinder
AKKUSATIV	den	alten	Freund	das	kluge	Kind	die	alte	Freundin	die	klugen	Kinder
DATIV	dem	alten	Freund	dem	klugen	Kind	der	alten	Freundin	den	klugen	Kindern
GENITIV	des	alten	Freundes	des	klugen	Kindes	der	alten	Freundin	der	klugen	Kinder

Wegen **der großen Hitze** müssen wir heute nicht in die Schule gehen.
Nach **diesem schweren Tag** gehe ich sehr früh ins Bett.
Jeder neue Schüler bekommt eine Schultüte.
An **manchen kalten Wintertagen** gehen wir auf dem See Schlittschuh laufen.

nach dem unbestimmten Artikel
und nach *kein*, *mein* (*dein*, *sein*, *ihr* …), *irgendein*

ein kann man nicht im Plural benutzen!

	Singular						Plural		
NOMINATIV	ein	alter	Freund	ein	kluges	Kind	eine	alte	Freundin	meine	klugen	Kinder
AKKUSATIV	einen	alten	Freund	ein	kluges	Kind	eine	alte	Freundin	meine	klugen	Kinder
DATIV	einem	alten	Freund	einem	klugen	Kind	einer	alten	Freundin	meinen	klugen	Kindern
GENITIV	eines	alten	Freundes	eines	klugen	Kindes	einer	alten	Freundin	meiner	klugen	Kinder

Hast du **einen neuen Pullover** an?
Im Blumengeschäft gab es **keine schönen Blumen** mehr.
Heute geht Paula mit **ihrer besten Freundin** ins Kino.
Ich will aber nicht **irgendein neues Fahrrad**, sondern genau dieses!

Extra II

Die Satzstellung

1 Satzstellung im Hauptsatz

		wann?	warum? wie?	wo? / wohin?
Ich	gehe	heute	zu Fuß	in die Schule.
Er	schlief	gestern Nacht	wegen seiner Erkältung schlecht.	
Unsere Direktorin	kam	um halb elf	aufgeregt	ins Klassenzimmer.
Der Hund	bellt		aufgeregt	hinter der Tür.
Das Baby	weint	morgens	laut vor Hunger.	

2 Konjunktionen
Nebensätze und Hauptsätze verbinden

Nebensätze kannst du mit verschiedenen Wörtern bilden. Viele von ihnen kennst du schon.
Wichtig: Das konjugierte Verb steht immer am Ende des Satzes.

Thomas merkte, **dass** er sein Brot und seinen Apfel oben in der Klasse vergessen **hatte**.
Uwes Mutter merkt nichts, **weil** sie schon um sechs Uhr zur Arbeit **fährt**.
Ich verstecke das Geschenk, **damit** meine Freundin es nicht **sieht**.

wenn ..., (dann)	**Wenn** ich mit den Hausaufgaben fertig bin, (**dann**) komme ich zu dir.
falls	**Falls** du Corinna siehst, grüße sie doch von mir.
als	**Als** ich bei meiner Oma war, erzählte sie mir viel aus ihrer Jugend.
	Er sah ganz anders aus, **als** ich ihn mir vorgestellt hatte.
während	**Während** wir noch schliefen, machte unser Vater schon das Frühstück.
solange	**Solange** die Sonne scheint, sollten wir noch im Garten bleiben.
bevor	Ich gehe nach Hause, **bevor** es dunkel wird.
nachdem	**Nachdem** wir gefrühstückt hatten, fuhren wir los.
sobald	**Sobald** ich meine Hausaufgaben beendet habe, komme ich zu dir.
bis	**Bis** meine Schwester zurückkommt, dürfen wir an ihrem Computer spielen.
seit	**Seit** drei Jahren lerne ich Deutsch.
seitdem	**Seitdem** ich einen Hund habe, gehe ich regelmäßig joggen.
weil	Ich habe heute keine Zeit, **weil** ich zum Zahnarzt gehen muss.
da	**Da** wir morgen eine Klassenarbeit schreiben, gehe ich heute früh ins Bett.
sodass	Er hat den ganzen Nachmittag geputzt, **sodass** am Abend die Wohnung ganz sauber war.
so ... dass	Er hat im Urlaub **so** viel Eis gegessen, **dass** er zwei Kilo zugenommen hat.
obwohl	**Obwohl** ich dich schon zweimal besucht habe, habe ich mich wieder verlaufen.
wie	Der Film war (genau)so gut, **wie** ich gedacht hatte.
	Sie durfte so lange ausgehen, **wie** sie wollte.
je ... desto	**Je** mehr man am Abend isst, **desto** mehr Hunger hat man am nächsten Morgen.
damit	Beeil dich ein bisschen, **damit** du nicht zu spät kommst.
um ... zu	Sie setzte ihre Brille auf, **um** besser sehen **zu** können.

3 Hauptsätze verbinden

Manche Konjunktionen verbinden zwei Hauptsätze. Das konjugierte Verb kommt hier **nicht** ans Ende.

a. *aber, doch, oder, denn, sondern, und*

Lili spricht gut Französisch, **aber** sie versteht kein Englisch.
Leon spielt Fußball, **doch** Tennis mag er nicht.
Ich gehe heute ins Kino, **oder** ich schaue mir einen Film im Fernsehen an.
Ich mag Anne sehr gern, **denn** sie hat so viel Humor.
Ich bleibe nicht zu Hause, **sondern** besuche einen Freund.
Heute gehen wir zu Paula **und** feiern ihren Geburtstag.

Wenn zwei Hauptsätze das gleiche Subjekt haben und mit **und** verbunden sind, kann man das Subjekt im zweiten Satz weglassen.

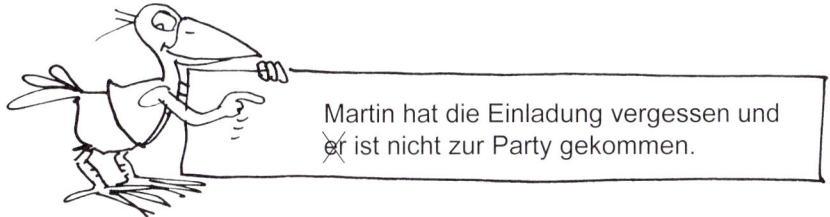

Martin hat die Einladung vergessen und ~~er~~ ist nicht zur Party gekommen.

b. *darum, trotzdem, dann, danach, einerseits ... andererseits, sonst*

Wir schreiben morgen eine Klassenarbeit,	**darum**	gehe	ich	lieber früh ins Bett.
Linda ist nicht immer nett zu Anna,	**trotzdem**	lädt	Anna	sie zu ihrer Party ein.
Der Junge atmete tief durch,	**dann**	fing	er	an zu singen.
Er aß einen großen Teller Spagetti,	**danach**	legte	er	sich ins Bett.
Einerseits ist joggen gesund,	**andererseits**	ist	es	schrecklich langweilig.
Sie ist bestimmt krank,	**sonst**	wäre	sie	doch zur Party gekommen.

Achtung, hier steht das Verb immer gleich hinter der Konjunktion.

Wenn die Grammatik nicht wichtig ist, dann lerne ich sie gar nicht!

Extra III

Liste der starken und unregelmäßigen Verben

In der Liste sind nur die Stammwörter aufgeführt, die erweiterten Formen nicht.
So enthält die Liste beispielsweise nur *setzen*, aber nicht *einsetzen*, *übersetzen*, *besetzen*, *hinsetzen* usw.

Infinitiv	Präsens (er / es / sie)	Präteritum	Perfekt
backen	backt / bäckt	backte / buk	hat gebacken
blasen	bläst	blies	hat geblasen
befehlen	befiehlt	befahl	hat befohlen
sich befinden	befindet sich	befand sich	hat sich befunden
beginnen	beginnt	begann	hat begonnen
beißen	beißt	biss	hat gebissen
beweisen	beweist	bewies	hat bewiesen
bieten	bietet	bot	hat geboten
binden	bindet	band	hat gebunden
bitten	bittet	bat	hat gebeten
bleiben	bleibt	blieb	**ist** geblieben
braten	brät	briet	hat gebraten
brechen	bricht	brach	hat gebrochen
brennen	brennt	brannte	hat gebrannt
bringen	bringt	brachte	hat gebracht
denken	denkt	dachte	hat gedacht
dürfen	darf	durfte	hat gedurft
empfehlen	empfiehlt	empfahl	hat empfohlen
empfinden	empfindet	empfand	hat empfunden
sich entscheiden	entscheidet sich	entschied sich	hat sich entschieden
erscheinen	erscheint	erschien	**ist** erschienen
erschrecken *	erschrickt	erschrak	**ist** erschrocken
essen	isst	aß	hat gegessen
fahren *	fährt	fuhr	**ist / hat** gefahren
fallen	fällt	fiel	**ist** gefallen
fangen	fängt	fing	hat gefangen
finden	findet	fand	hat gefunden
fliegen	fliegt	flog	**ist** geflogen
fließen	fließt	floss	**ist** geflossen
fressen	frisst	fraß	hat gefressen
frieren	friert	fror	**hat** gefroren
geben	gibt	gab	hat gegeben
gehen	geht	ging	**ist** gegangen
gelingen	gelingt	gelang	**ist** gelungen
genießen	genießt	genoss	hat genossen
gewinnen	gewinnt	gewann	hat gewonnen
gießen	gießt	goss	hat gegossen
graben	gräbt	grub	hat gegraben
haben	hat	hatte	hat gehabt
halten	hält	hielt	hat gehalten
hängen *	hängt	hing	hat gehangen
heben	hebt	hob	hat gehoben
helfen	hilft	half	hat geholfen
kennen	kennt	kannte	hat gekannt
kommen	kommt	kam	**ist** gekommen
können	kann	konnte	hat gekonnt
laden	lädt	lud	hat geladen
lassen	lässt	ließ	hat gelassen
laufen	läuft	lief	**ist** gelaufen
leihen	leiht	lieh	hat geliehen
lesen	liest	las	hat gelesen
liegen	liegt	lag	hat gelegen

lügen	lügt	log	hat gelogen
meiden	meidet	mied	hat gemieden
mögen	**mag**	mochte	hat gemocht
müssen	**muss**	musste	hat gemusst
nehmen	n**imm**t	nahm	hat genommen
raten	rät	riet	hat geraten
reißen	reißt	riss	hat gerissen
reiten	reitet	ritt	**ist** geritten
rennen	rennt	rannte	**ist** gerannt
rufen	ruft	rief	hat gerufen
schaffen *	schafft	schuf	hat geschaffen
schieben	schiebt	schob	hat geschoben
schlafen	schläft	schlief	hat geschlafen
schlagen	schlägt	schlug	hat geschlagen
schließen	schließt	schloss	hat geschlossen
schneiden	schneidet	schnitt	hat geschnitten
schreiben	schreibt	schrieb	hat geschrieben
schreien	schreit	schrie	hat geschrien
schweigen	schweigt	schwieg	hat geschwiegen
schwimmen	schwimmt	schwamm	**ist** geschwommen
sehen	s**ie**ht	sah	hat gesehen
sein	**ist**	war	**ist** gewesen
singen	singt	sang	hat gesungen
sinken	sinkt	sank	**ist** gesunken
sitzen	sitzt	saß	hat gesessen
sprechen	spr**i**cht	sprach	hat gesprochen
springen	springt	sprang	**ist** gesprungen
stechen	st**i**cht	stach	hat gestochen
stehen	steht	stand	hat gestanden
steigen	steigt	stieg	**ist** gestiegen
sterben	st**i**rbt	starb	**ist** gestorben
streiten	streitet	stritt	hat gestritten
tragen	trägt	trug	hat getragen
treffen	tr**i**fft	traf	hat getroffen
trinken	trinkt	trank	hat getrunken
tun	tut	tat	hat getan
unterscheiden	unterscheidet	unterschied	hat unterschieden
vergessen	verg**i**sst	vergaß	hat vergessen
verlieren	verliert	verlor	hat verloren
verschwinden	verschwindet	verschwand	**ist** verschwunden
wachsen	wächst	wuchs	**ist** gewachsen
waschen	wäscht	wusch	hat gewaschen
werden	w**i**rd	wurde	**ist** geworden
werfen	w**i**rft	warf	hat geworfen
wissen	w**eiß**	wusste	hat gewusst
wollen	w**ill**	wollte	hat gewollt
ziehen	zieht	zog	hat gezogen

* Achtung, nicht verwechseln!
erschrecken, hängen und *schaffen* gibt es auch als regelmäßiges Verb mit einer zweiten Bedeutung:

erschrecken, erschrickt, erschrak, ist erschrocken	Das Kind ist vor dem Hund **erschrocken**.
erschrecken, erschreckt, erschreckte, hat erschreckt	Der Hund hat das Kind **erschreckt**.
hängen, hängt, hing, hat gehangen	Sein Mantel **hing** wie immer im Schrank.
hängen, hängt, hängte, hat gehängt	Er **hängte** seinen Mantel in den Schrank.
schaffen, schafft, schuf, hat geschaffen	Der Maler **schuf** ein neues Kunstwerk.
schaffen, schafft, schaffte, hat geschafft	Wir **schafften** in zwei Stunden die ganze Arbeit.

fahren hat auch zwei Bedeutungen, mit verschiedenen Hilfsverben:

irgendwohin fahren	Am Wochenende **sind** wir nach Berlin gefahren.
irgendetwas fahren	Der junge Mann **hat** ein blaues Auto gefahren.

Quellenverzeichnis

Texte

Seite 9: Ernst A. Ekker, „Ferien"

Seite 13: Tocotronic: „Meine Schwester", mit freundlicher Genehmigung durch LADO Musik GmbH, Hamburg

Seite 17: Paul Maar, „Noten, Noten" aus: Dann wird es wohl das Nashorn sein, 1988 Beltz & Gelberg in der Verlagsgruppe Beltz, Weinheim & Basel

Seite 18: Jörg Hackhausen, „Deutschlands kleinste Schule, Alles für einen" aus: Spiegel Online 12.08.2004

Seite 35: Erich Kästner, „Die Sache mit den Klößen" aus: Das verhexte Telefon, © Atrium Verlag, Zürich

Seite 39: Hans Manz, „Katharina, Katharine" aus: Die Stadt der Kinder, Beltz & Gelberg in der Verlagsgruppe Beltz, Weinheim & Basel

Seite 41: aus Erich Kästner, „Das doppelte Lottchen", © Atrium Verlag, Zürich

Seite 46: Klaus Martin Höfer, „Mein Nachbar ist ein Nilpferd" aus: JUMA 2/2004

Seite 48: Josef Guggenmoos, „Ein Hase, der gern Bücher las" aus: Oh Verzeihung, sagte die Ameise, 1990 Beltz & Gelberg in der Verlagsgruppe Beltz, Weinheim & Basel

Seite 53: Hans Manz, „Stimmt das?" aus: Die Welt der Wörter, 1991 Beltz & Gelberg in der Verlagsgruppe Beltz, Weinheim & Basel

Seite 58: Erich Kästner, „Spruch für die Silvesternacht" (Nachlese), © Atrium Verlag, Zürich und Thomas Kästner

Seite 60: Wolfgang Brenneisen, „Die Zukunft hat schon begonnen" aus: Süddeutsche Zeitung (gekürzt und vereinfacht)

Seite 66: Petra Kroll, „Unterwegs zur Schule" aus: JUMA 3/2001 (vereinfacht)

Seite 68: Peter Rabl, „Frau verloren" aus: Kurier 27.12.2002 (vereinfacht und gekürzt)

Seite 69: Volker Ludwig, „Gegenüber" aus: Linie 1, Grips Theater Berlin; aus Christine Nöstlinger, „Oh du Hölle!!", 1986 Beltz & Gelberg in der Verlagsgruppe Beltz, Weinheim & Basel

Seite 71: Janosch, „Der Herr von Hagen" aus: Das große Buch der Kinderreime, 1984 Diogenes Verlag, Zürich

Seite 74: Ernst A. Ekker, „Einmal bin ich zu groß"

Seite 85: „Die Natur als Schatz" aus GEOlino 12/2004 (vereinfacht und gekürzt); „Lien und die Seepferdchen" aus GEOlino 1/2005 (vereinfacht und gekürzt); „Der Seehund und das Mädchen" aus JUMA 1/2001 (vereinfacht und gekürzt)

Seite 86-87: „Botschafter für unsere Umwelt" aus JUMA 3/2004 (vereinfacht und gekürzt)

Seite 91: Quelle: TV-Magazin Gong (vereinfacht)

Seite 92-93: Wissen macht Ah!

Seite 97: Irmela Brender, „Simsalabim" aus: War mal ein Lama in Alabama, 2001 Verlag Friedrich Oetinger, Hamburg

Seite 101: „Duden, Die deutsche Rechtschreibung", 23. Auflage, 2004 Dudenverlag, Bibliographisches Institut & F.A. Brockhaus AG, Mannheim (S. 429); Klaus W. Hoffmann, „Das Wunschlied", Aktive Musik Verlagsgesellschaft mbH., Dortmund

Seite 102: „Nachdenken, querdenken, schreiben" aus: Jugendseite der Süddeutschen Zeitung, Süddeutsche Zeitung GmbH 2004 / www.sz-jugendseite.de

Seite 103: „Der Wunscherfüller" aus: Dresdner Morgenpost 02.07.2001 (vereinfacht und gekürzt)

Seite 106: „Blind vor der Kamera" aus: GEOlino 1/2005 (vereinfacht)

Seite 107: „Zwillinge und Konkurrenten" aus: GEOlino 12/2004 (vereinfacht)

Seite 118-119: aus Annemarie Norden, „Uwe schwänzt die Schule" (S.17-23) aus: Was hättet ihr getan?, 1977 Hermann Schaffstein Verlag, Dortmund (vereinfacht und gekürzt)

Seite 121: aus Jana Frey, „Der verlorene Blick", 2005 Fischer Taschenbuch Verlag, Frankfurt

Fotos

Umschlagbild: boettcher photographie, Köln

Seite 8: Hannes Clausen (Lagerfeuer); Beate Friedhoff (Hafen, Sprung, Kanu); Bronx Kletterhalle, Wesseling (Klettern); Michael Pirner (Zirkus); Gebhard Stefl (London); Jugendzentrum Dransdorf / Hajo Erkelenz (Meer)

Seite 11: Wiebke Schmidt

Seite 12: Wiebke Schmidt (Pferd); Grundschule Mitterteich / Walter Wenisch (Jongleure); Laura v. Zalewski (Sternwarte); Marianne Michels (Mädchen)

Seite 13: Amelie Meyer (Alm); Alida Kresz-Bonmann (Straße)

Seite 14: Ostfriesisches Schulmuseum Folmhusen (Schule früher); Franz Hockel (Schule heute)

Seite 18: Carsten Schmitt

Seite 19: Schule für Circuskinder, NRW

Seite 20: Sven Vogel (Zeitungsjunge); Alida Kresz-Bonmann (Park); Clemens-Brentano-Gymnasium, Dülmen (Chor); Teresa Herzmann (Mädchen)

Seite 21: Melanie Jurewicz

Seite 23: Melanie Jurewicz (Feuerwehr, Tänzer); Alida Kresz-Bonmann (Trommler); GGS Rheinbach / Annegret Müller (Müllsammler)

Seite 24: KuK Schlachthof, Wiesbaden (Plakat); Robert Hofacker (Eintrittskarte SSVR); KKHT / Herr Bohlscheid (Sportdemo); Lara Semmelhack und Pia Röder (Heusteigviertel)

Seite 25: Event Profile, Köln (Festival); Schlachthof Wiesbaden (Konzert); Wiebke Schmidt (Karussell); Grundschule Mitterteich / Walter Wenisch (Jongleure); Sven Diedrich (Junge)

Seite 29: „Der kleine Herr Jakob / Dabei sein ist alles" aus: Hans Press, Der kleine Herr Jakob, 2002 Beltz & Gelberg in der Verlagsgruppe Beltz, Weinheim & Basel

Seite 31: Alida Kresz-Bonmann

Seite 32: Alida Kresz-Bonmann (Supermarkt, Fast-Food-Restaurant, Kioskschild, Marktstand, Wurstbude, Bäckerei, Dönerladen, Eisdiele); Bäckerei Rentsch / Gebelzig (Bäcker)

Quellenverzeichnis

Seite 34: PD Dr. med. Stephan Niemann

Seite 36: Edmund-Josef Köstner (A); Familie Jurewicz (B, C, D); Familie Schmachtel (E); Wiebke und Dirk Herzog (F); Paul und Carsten Schmitt (G)

Seite 37: Familie Jurewicz (Junge, 13); Amelie Meyer; Clemens Meyer (Junge, 12)

Seite 40: Nikolett und Gábor Bánfai (Zwillinge); Berthold Berghoff (Drillinge)

Seite 43: Alida Kresz-Bonmann

Seite 44: Nele Fritsch

Seite 45: Amelie Meyer (a); Clemens Meyer (b); Teresa Herzmann (c); Sanja Köster (d)

Seite 46: Klaus Martin Höfer

Seite 54: Clemens Meyer (Junge); Dr. Eckhard Bonmann (Mann)

Seite 55: Johannesschule Weeze (Mädchen); Nicolaus Preuss-Neudorf (Junge); Redaktion Denkpause, Kevelaer (Schülerzeitung)

Seite 57: WDR Kinderweltspiegel, Köln

Seite 63: Familie Jurewicz

Seite 64: Alida Kresz-Bonmann (Zug, Auto, Straßenbahn); Matthias Neef (Motorrad); Karl-Heinz Klein (Hochrad); KOMMA, Paderborn (Reiter); Auto&Technik Museum e.V., Sinsheim (Flugzeug); Privatbesitz Kulturkreis Mellingen (Postkutsche); Reinhard Horber (Eisenbahn); Wiebke Schmidt (Fahrrad); PixelQuelle.de (Schiff)

Seite 65: Archiv Otto-Lilienthal-Museum, Anklam (Lilienthal); Lorli und Prof. Ernst Jünger (Briefmarke)

Seite 66: Hacky Hagemeyer (Bilder 1-4); Norbert Drapos (Bild 5)

Seite 68: Alida Kresz-Bonmann

Seite 69: Mathias Veit (Musical)

Seite 70: „Der kleine Herr Jakob / Der Hochstapler" aus: Hans Press, Der kleine Herr Jakob, 2002 Beltz & Gelberg in der Verlagsgruppe Beltz, Weinheim & Basel

Seite 73: Deutsche Bahn AG (Fahrplanausschnitt, IC); Deutsche Bahn AG / DB Museum (Fliegender Hamburger); André Werske (ICE)

Seite 74: Sanja Köster; Barbara Stammberger; Andrea Kreuter; Alida Kresz-Bonmann; http://gal.mvc.ru

Seite 75: Amelie Meyer (Kundin); Kerstin Diedrich (Verkäuferin)

Seite 77: Splash! Entertainment GmbH & Co. KG (Skateboarder); Karin Brose (Schulklasse)

Seite 78: Wilhelm Wolba (Junge); Karin Herzmann (Frau); Anke Bickenbach (Mädchen)

Seite 79: Katharina Adolph; Christian Clemens

Seite 80: Kerstin Diedrich (Kakadu, Möwe, Ziege); PixelQuelle.de (Meer, Wal, Fisch, Elefant, Löwen, Giraffe, Berge, Adler, Wald, Hirsch, Leguan)

Seite 81: © Cunningham / Greenpeace (Walfang); © Jim Hodson / Greenpeace (ölverschmutzer Vogel); © Markus Mauthe / Greenpeace (Steppe mit Pferden); Familie Ambühler (Skilift); Patuca e.V (Brandrodung)

Seite 82: Kerstin Diedrich (Wattenmeer); Wernicke / Nationalparkamt Schleswig Holsteinisches Wattenmeer (Seehunde); Seehundstation Friedrichskoog (Heuler); PixelQuelle.de (Schiff, Touristen, Industrie); Manfred Knake, Wattenrat Ostfriesland (tote Seehunde)

Seite 83: Archiv der Schutzstation Wattenmeer (Demonstration); Kajo Jung (Pallas-Havarie); © B. Nimtsch / Greenpeace (Pestizide, Schiff); Alida Kresz-Bonmann (Fahrrad); PixelQuelle.dc (Baustelle); Familie Ambühler (Abfall)

Seite 84: Axel Horn (Störche); Bildagentur naturganznah (Biber); PixelQuelle.de (Steinbock)

Seite 85: GEOlino / Gruner+Jahr AG & Co KG, Hamburg (Globen); Antje Ahrends / Fotografin (Kenia); Jeremy Horner: Panos Pictures (Vietnam); Michael Kämpf Fotografie, Berlin (Deutschland)

Seite 86: © Martin Storz / GRAFFITI / Greenpeace (Greenteam); Fotograf Marcus G. Lauri, Binningen / Aufnahmeort: Zoo Basel, Schweiz (Nordamerikanischer Wolf); PixelQuelle.de (Tiger, Orang Utan); Kerstin Diedrich (Hirsch); Watzmann Pictures (Bär)

Seite 87: © 2001-2005 Globus Infografik GmbH (Tropenwälder in Gefahr, Die letzten großen Wälder)

Seite 88: PixelQuelle.de (Sport); © RBB / Norbert Kuhröber (Krimi Tatort); Dolce Media GmbH (Wetten, dass); WDR / Bettina Fürst-Fastré (Wissen macht Ah!); Hörzu 19.02.2005 (Programmzeitschrift)

Seite 89: PixelQuelle.de (Länderspiegel); RTV-Family Entertainment, München (Landmaus und Stadtmaus auf Reisen); Bild ARD (Tagesschau); Ascania Media Filmproduktion GmbH (Schloss Einstein); Hörzu 3.09.2005 (Programmzeitschrift)

Seite 90: Dolce Media GmbH (Wetten, dass); Thomas Vieth (Tim)

Seite 91: Dolce Media GmbH (Wetten, dass)

Seite 92-93: Thomas Vieth (Chrissa); WDR / Michael Fehlauer (Wissen macht Ah! / Wanne); WDR / Bettina Fürst-Fastré (Wissen macht Ah! / Kochmütze); Wissen macht Ah! (Kakaohaut, Schrumpelhaut)

Seite 94-95: Thomas Vieth (Moritz); © Askania Media / BAVARIA MEDIA licensed by Bavaria Sonor, Bavariafilmplatz 8, 82031 Geiselgasteig (Schloss Einstein); HÖRZU 11.2.2005 (Programmzeitschrift)

Seite 98: PixelQuelle.de

Seite 102: Süddeutsche Zeitung GmbH 2004 / www.sz-jugendseite.de

Seite 106: Monique Yazdani / Fotografin

Seite 107: dpa Picture-Alliance GmbH (Die Blindgänger)

Seite 108: Presse- und Informationsamt des Landes Berlin / G. Schneider (Modenschau, Fernsehturm, Unter den Linden, Potsdamer Platz); Partner für Berlin / FTB-Werbefotografie (Brandenburger Tor); Janine Grobe (Landungsbrücken); PixelQuelle.de (Speicherstadt, Tivoli, Weihnachtsmarkt, Alster)

Seite 109: Martin Duffner / www.schwarzbaldbahn.net (Schwarzwaldbahn); Multimedia Service Buchmann / www.MSBu.de & Firma Pfefferle / www.schwarzwalduhren.de (Kuckucksuhr); Landhaus Dieterle (Schwarzwälder Kirschtorte); PixelQuelle.de (Triberger Wasserfall); Fremdenverkehrsamt

Quellenverzeichnis

München (Münchner Marienplatz, München Ansicht); PixelQuelle.de (Chinesischer Turm, Brezen, Oktoberfest); Tourismusverband Mecklenburg-Vorpommern e. V. / Topel (Segelboot), / Eisenack (Kreidefelsen), / René Legrand (Rapsfeld)

Seite 110: Nevin Gülmez (Antigone); Maike Schmidt (Residenz München); Gastspiel- und Theaterdirektion Gerhartz GmbH (Crazy Broadway); © Bavaria Filmstadt (Enemy Mine)

Seite 111: Karen Balg (Neue Pinakothek); Samtgemeinde Harsefeld / K. Scholz (Eissporthalle)

Seite 112: Deutsche Bahn AG

Seite 113: DHJ Landesverband Bayern (Jugendherberge München-Neuhausen); © MairDumont, Ostfildern (Stadtplan München)

Seite 114-115: Hildburg Realschule Rinteln / Beate Formann (Schülerinnen am Bahnhof); Jugendherberge München-Neuhausen (Gäste an der Rezeption); Nadja Wegfahrt / Schuldorf Bergstraße (Mädchen auf Drachen); Schüler der Markgrafen-Schule Münzesheim (Marienplatz, Deutsches Museum, Bayern München, Olympiastadion)

Seite 116: Thomas Vieth (Wiebke, Frau Nehme)

Seite 120: Thomas Vieth (Wiebke, Philip)

Seite 123: „Das fesselnde Buch" aus: e.o. plauen „Vater und Sohn" in Gesamtausgabe Erich Ohser © Südverlag GmbH, Konstanz 2000

Seite 127: Kilian Spinnler / alpmatten-chalets bettmeralp

Bei einigen Fotos ist es uns leider nicht gelungen, den Rechteinhaber ausfindig zu machen. Für Hinweise sind wir dankbar.

Das Werk ist in all seinen Teilen urheberrechtlich geschützt!